# 民法6 事務管理・不当利得・不法行為

大塚 直・前田陽一・佐久間 毅［著］

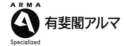

ARMA
有斐閣アルマ
Specialized

　本書は，アルマシリーズ民法全7巻のうちの1巻として，事務管理・不当利得・不法行為という契約外の債権関係が生ずる場面に関する制度を対象としています。アルマシリーズに共通するように，基礎的な事項に重点を置き，初学者に理解できるように努めました。他方で，最先端の議論も取り込めるよう，あえて二兎を追った部分も少なくありません。

　民法の財産法の制度の分類を大別すると，①当事者が契約した場合に関する規定（財貨の積極的移転を図る制度。社会の動的な面）と，②当事者間にそのような契約関係がない場合に好ましくないことが起きたときにこれに対処する制度についての規定（社会の静的な面。あるべき状態の保護のための制度）の2つに分かれますが，②の中には，1）妨害排除・除去の制度として，物権的請求権，占有訴権，2）違法な原因によって発生した損害の塡補のための制度として，不法行為に基づく損害賠償請求権（ないし，一定の場合の原状回復請求権），3）全体を通じて，財貨の移動が法律上の根拠を欠いている場合に元に戻す制度として，不当利得返還請求権があります。4）また，他人の利益を守るために義務なくその財産の管理を始めた場合に，これを合法的なものとして保護し，この管理者に不当な損失を被らせないようにこれに要した費用の求償を認めるとともに，この管理が無責任に行われないようにするための債務を管理者に負わせる制度として，事務管理制度があります（さらに，個別的処理を行っている諸規定が存在します）。

　本書の事務管理・不当利得・不法行為は，②の2）〜4）を対象

としています。これらは，契約によらない債権発生原因を扱うものですが，他方で，財産法の中で②の中の多くの部分を扱っていることにも留意しなければなりません。

　②の各制度によって，財産的利益の保護手段は尽くされており，整然と整理されているように見えますが，実際には様々な課題が残されています。わが国の民法典が，②について今日必要とされるすべての場面を扱っていないとすれば，民法典をどのように解釈をし，どのような制度が用意されるべきかが改めて問題となるでしょう。


　本書の執筆時期はコロナ禍と重なっており，オンラインでたびたび会合を開き，緊密に調整をし，議論しながら推敲を重ねました。3名の都合が合うのが休日となってしまうのが殆どでしたが，有斐閣法律編集局学習書編集部の藤本依子さんにおかれてはそれにもかかわらずすべての会合にご臨席くださいました。有益なご示唆をいただき，私どもの執筆を終始リードしてくださるなど，様々なご支援・ご協力をいただきました。この場を借りて心より御礼を申し上げます。


　2023 年 7 月

　　　　　　　　　　　　　　　　　　　執筆者一同

## *PART 1*　事 務 管 理

| 第1章 | *事 務 管 理*　2 |

*1*　序　　論 …………………………………………………………2

*2*　事務管理の要件 ……………………………………………5

*3*　事務管理の効果 …………………………………………12

　　1　管理者の義務（13）

　　2　管理者の権利（15）

　　3　管理者の不法行為責任の否定（17）

*4*　準事務管理 ………………………………………………17

## *PART 2*　不 当 利 得

| 第2章 | *序　　論*　22 |

*1*　不当利得の意義 …………………………………………22

*2*　不当利得制度の本質 ……………………………………24

*3*　不当利得に関する民法の規定 …………………………27

| 第3章 | *侵 害 利 得*　30 |

*1*　意　　義 …………………………………………………30

*2*　要　　件 …………………………………………………32

3 効　　果 ……………………………………………………………39

　　1 序　　論 (39)

　　2 原物の返還 (39)

　　3 処分の利益の返還 (40)

　　4 使用の利益等の返還 (48)

　　5 金銭の返還義務 (51)

第4章 *給付利得*　53

1 意　　義 ……………………………………………………………53

2 要　　件 ……………………………………………………………56

3 効　　果 ……………………………………………………………56

　　1 一方的給付利得の場合 (56)

　　2 双務契約の無効による原状回復 (60)

4 給付の返還が認められない場合 …………………………………67

　　1 債務の不存在を知ってした「弁済」(67)

　　2 期限前の弁済 (68)

　　3 他人の債務の弁済 (70)

　　4 不法原因給付 (72)

第5章 *支出利得*　81

1 序　　論 ……………………………………………………………81

2 求 償 利 得 ……………………………………………………………85

3 費 用 利 得 ……………………………………………………………88

## 第6章　多数当事者間の不当利得　94

**1** 序　　論 ……………………………………………………94

**2** 騙取金銭による弁済 ………………………………………95

**3** 転用物訴権 …………………………………………………98

**4** 指図に基づく出捐 ………………………………………104

   1 序　　論（104）

   2 対価関係の不存在（106）

   3 補償関係の不存在（107）

   4 対価関係および補償関係の不存在（109）

# *PART 3*　不 法 行 為

## 第7章　不法行為制度の意義と構造　116

**1** 不法行為制度の意義 ……………………………………116

   1 民事責任としての不法行為（117）

   2 損害の塡補（118）

   3 個人の行動の自由の保障（120）

   4 権利・法益の保護と新たな権利・法益の生成（122）

**2** 不法行為制度の構造 ……………………………………124

## 第8章　一般不法行為　126

**1** 序 ……………………………………………………………126

   1 一般不法行為と統一的不法行為要件（126）

   2 一般不法行為の要件と効果（127）

*2* 故意・過失 ……………………………………………128

   1 故　　意（128）

   2 過　　失（130）

*3* 権利法益侵害と違法性 …………………………………147

   1 権利侵害要件に関する考え方の変遷

      ——「権利侵害から違法性へ」（148）

   2 権利論の再生と民法の現代語化（152）

   3 今日における権利法益侵害・違法性論（155）

*4* 被侵害利益の諸相 ………………………………………159

   1 序（159）

   2 財産的利益の侵害——序（160）

   3 絶対権の侵害（161）

   4 債権の侵害（165）

   5 その他の財産的利益（168）

   6 人格的利益の侵害——序（171）

   7 生命・身体・健康（171）

   8 生活妨害等と人格的利益（173）

   9 身分上の人格的利益（176）

   10 名誉・プライバシー等の侵害（179）

   11 新たな人格的利益（190）

*5* 不法行為の成立を阻却する事由 ………………………194

   1 序（194）

   2 責任無能力（195）

   3 正当防衛・緊急避難（198）

　　④　被害者の承諾・危険の引受け・危険への接近（200）

　　⑤　正 当 行 為（201）

　　⑥　自 力 救 済（202）

6　損害・因果関係・賠償範囲・金銭的評価 ……………………203

　　①　概　　　観（203）

　　②　損害の発生（204）

　　③　事実的因果関係（207）

　　④　損害賠償の範囲（213）

　　⑤　損害の金銭的評価（220）

7　損害額の減額・調整 …………………………………………232

　　①　序（232）

　　②　過 失 相 殺（232）

　　③　素因と過失相殺類推適用（239）

　　④　その他の割合的減額（243）

　　⑤　損益相殺・損益相殺的調整（244）

8　損害賠償の方法 ………………………………………………249

　　①　金銭賠償の原則（249）

　　②　原 状 回 復（254）

　　③　差　　止（255）

9　損害賠償請求権 ………………………………………………264

　　①　請求権者とその範囲（264）

　　②　譲渡と債権者代位（275）

　　③　消 滅 時 効（277）

第9章 *特殊不法行為*　285

　1　序 ……………………………………………………………285

　2　共同不法行為と競合的不法行為 ………………………286

　　□1　序（286）

　　□2　共同不法行為の態様と要件（288）

　　□3　共同不法行為の効果（300）

　　□4　競合的不法行為（302）

　3　使用者責任 ………………………………………………307

　　□1　序（307）

　　□2　使用者責任の要件（310）

　　□3　賠償義務者（319）

　　□4　求　　償（319）

　4　監督者責任 ………………………………………………323

　　□1　意　　義（323）

　　□2　要　　件（324）

　　□3　賠償義務者（330）

　5　物の管理者の責任 ………………………………………333

　　□1　土地工作物責任の意義（333）

　　□2　土地工作物責任の要件（335）

　　□3　土地工作物責任の賠償義務者（341）

　　□4　動物占有者責任（344）


第10章 *特別法による責任*　346

　1　製造物責任 ………………………………………………346

　　　　①　製造物責任の意義，責任根拠（346）

　　　　②　製造物責任の内容（347）

　　2　自動車損害賠償保障法 ……………………………………356

　　　　①　序（356）

　　　　②　運行供用者（357）

　　　　③　運　　行（358）

　　　　④　他　　人（358）

　　3　失火責任法 …………………………………………………359

　　4　原子力損害賠償法 …………………………………………362

　　　　①　原子力損害の賠償に関する法律の概要（362）

　　　　②　賠償されるべき損害（366）

　　　　③　期　間　制　限（369）


事 項 索 引（370）
判 例 索 引（379）

*Column* 目次 ●◦●◦●◦●◦●◦●◦●◦●◦●◦●◦●◦●◦●◦●◦●◦●◦●◦●◦●◦

　①　誤振込み（112）

　②　危殆化行為類型と予防原則（137）

　③　債権侵害の類型（166）

　④　旧民法財産篇 386 条 1 項と民法 722 条 1 項（250）

　⑤　真正企業損害（最判昭 54・12・13 交民 12 巻 6 号 1463 頁）（272）

　⑥　類型化に関する学説（293）

　⑦　「弱い関連共同性」と場所的・時間的近接性（299）

⑧　二つの最高裁判決の事案の相違（306）

⑨　サッカーボール事件（最判平 27・4・9 民集 69 巻 3 号 455 頁）（328）

⑩　JR 東海事件（最判平 28・3・1 民集 70 巻 3 号 681 頁）（332）

⑪　国賠法 2 条（営造物責任）（339）

⑫　欠陥の類型と欠陥の判断基準（351）

⑬　原子力損害賠償法の適用事例（363）

⑭　中間指針の新規性（367）

**Web 目次**

物権的請求権と双務契約の無効による原状回復請求権の競合（66）

民法 708 条本文の趣旨の考慮（79）

被用者が第三者との間で権限を逸脱した取引的不法行為をした場合，
715 条と 110 条との関係はどうか（317）

## 著者紹介

大 塚　　直（おおつか　ただし）

　第8章 *1*～*4* ①～⑨・⑪・*8*，第9章 *1*～*3*，第10章 *1*・*4* 執筆

　早稲田大学教授

　主要著作　『新注釈民法(16)　債権(9)』（編著，有斐閣，2022 年），
　　『事件類型別不法行為法』（共編著，弘文堂，2021 年），『民法改正
　　と不法行為法』（編著，岩波書店，2020 年）


前 田 陽 一（まえだ　よういち）

　第7章，第8章 *4* ⑩・*5*～*7*・*9*，第9章 *4*・*5*，第10章 *2*・*3* 執筆

　前立教大学教授

　主要著作　『民法Ⅵ　親族・相続（第6版）』（共著，有斐閣，2022 年），
　　『環境法入門（第4版）』（共著，有斐閣，2020 年），『債権各論Ⅱ
　　不法行為法（第3版）』（弘文堂，2017 年）


佐 久 間　　毅（さくま　たけし）

　第1章～第6章執筆

　同志社大学教授

　主要著作　『民法の基礎2　物権（第3版）』（有斐閣，2023 年），『民
　　法の基礎1　総則（第5版）』（有斐閣，2020 年），『民法Ⅰ　総則
　　（第2版補訂版）』（共著，有斐閣，2020 年）

1　法令名の略語について

　＊（　）内での条文の引用にあたって，民法は原則として，条数のみを引用した。関係法令の略記については特別なものをのぞいて，有斐閣版『六法全書』巻末の「法令名略語」に基づいた。主なものは以下の通り。

| | | | |
|---|---|---|---|
| 会社 | 会社法 | 借地借家 | 借地借家法 |
| 刑 | 刑法 | 消費契約 | 消費者契約法 |
| 原賠 | 原子力損害の賠償に関する | 著作 | 著作権法 |
| | 法律 | 特許 | 特許法 |
| 自賠 | 自動車損害賠償保障法 | | |

2　判例の略記について

＊最判平 13・3・13 民集 55 巻 2 号 328 頁

＝最高裁判所平成 13 年 3 月 13 日判決，最高裁判所民事判例集 55 巻 2 号 328 頁

| | |
|---|---|
| 大判（決） | 大審院判決（決定） |
| 大連判（決） | 大審院連合部判決（決定） |
| 最判（決） | 最高裁判所判決（決定） |
| 最大判（決） | 最高裁判所大法廷判決（決定） |
| 控判 | 控訴院判決 |
| 高判（決） | 高等裁判所判決（決定） |
| 地判（決） | 地方裁判所判決（決定） |

＊判例集

　民録　　大審院民事判決録

刑録　大審院刑事判決録

民集　大審院民事判例集，最高裁判所民事判例集

刑集　大審院刑事判例集，最高裁判所刑事判例集

下民集　下級裁判所民事裁判例集

交民　交通事故民事裁判例集

新聞　法律新聞

判時　判例時報

判タ　判例タイムズ

金判　金融・商事判例


3　コラムについて

　本書は，学習上の便宜を考慮し，コラムにいくつかの種類を設けた。

　*Column*　学習内容に関連して，現在議論されている問題，
　　新しい制度などを説明する。

　Web　民法上の類似の制度との比較や特別法について解説。
　　民法の立体的な理解を目指す。

◆　学習内容に関連して，制度の沿革や高度な論点などを取り
　　上げる。応用力を養成する。


4　リファーについて

　図表・別項目などへのリファーは⇒で示した。表記については，
以下の通り。

　⇒第8章2②　　第8章2②全体を参照

　⇒第8章2② 過失の構造 ）　　第8章2②の窓見出し
　　 過失の構造 ）を参照

# ■ *PART 1*　事務管理

# 第1章 事務管理

> 本章では，事務管理とは何か，事務管理はどのような
> ときに成立し，どのような法律関係を生ずるか，およ
> び，事務管理の規定を拡張して適用する可能性について
> 理解しよう。

## *1* 序　論

事務管理の意義

ひとは自らの生活関係を自ら形成すること
ができるとする考え方が，民法の基本原則
の一つとされている（私的自治の原則）。この原則によると，各人は，
自己の承認なしに他人の行為によって法律関係に変動を受ける（特
に義務づけられる）べきではない。また反対に，各人は，権限なしに
他人の法律関係に干渉してはならない。

　もっとも，社会生活の実際においては，権限のない者が他人の権
利領域に属する事務を処理することがある。そして，それが他人の
利益となり，社会の連帯につながることもある。そのため，それら
の事務処理をすべて違法とすることも，それらの事務処理によって
当事者間に権利義務の関係は一切生じないとすることも，適当では
ない。このことは，次のような例で明らかになる。

Case 1-1 ──────────────────────────────

　Ａが隣家（甲建物）の前を通りかかったところ，室内でＢが倒れていること，火事が発生していることを発見した。Ａは，甲建物が施錠されていたため窓ガラスを割って中に入り，室内にあった消火器で火事を消し止め，意識不明状態のＢをＣ病院に運んだ。治療費のＣへの支払も，ひとまずＡがした。

────────────────────────────────────────

　物を所有者の了解なしに使用したり破壊したりすることは，本来，違法行為であり，それによって所有者に損害が生じたならば，その損害を賠償しなければならない（709条）。では，Case 1-1 において，Ａが甲建物の窓ガラスを割ったこと，甲建物内に立ち入ったこと，消火器を使ったことも違法行為であり，Ａは，それによってＢに生じた損害を賠償しなければならないとすべきか。Ａは，Ｂを救助するために行動しており，窓ガラスの破壊等はそのためにしたことである。このような場合，Ａの行為を違法とせず，Ａは責任を負わないとすべきだろう。

　また，ＢがＣから受けた治療の費用について，Ｂは自らの意思により治療を受けたのではなく，Ａが勝手に受けさせたとしても，最終的にはＢの負担とすることが適当であると考えられる。そうすると，Ｂは，Ａに対し，治療費に相当する金額を支払う義務を負うべきことになる。

　他方で，Ａにも，救助に関連して一定の義務が課せられてよい。たとえば，窓を割ってＢの救助を始めた以上，自分の手に負えないからといって，途中で救助活動を一切やめることは許されず，他に応援を求めるなど，Ｂの救助に努めるべきである。Ｂが頭を打ったことが明らかな場合には，むやみにＢを動かさないようにするなど，Ｂの救助という目的にふさわしい行動をすることが求められ

よう。

　このように，義務なく他人のために事務の処理が開始されたことにより，その事務を処理される者（〔事務の〕本人）と処理する者（〔事務〕管理者）の間に一定の法律関係が法により設定される場合を，**事務管理**という。

　事務管理の成立が認められると，事務処理が違法視されて管理者がその責任を負うことはなくなり（管理者が，事務処理上の義務に違反したこと〔債務不履行〕により損害賠償責任を負うことはある），管理者と本人の間にさまざまな権利義務が発生する。

　管理者が他人の権利領域に無断で干渉したにもかかわらず，それによって他人に生じた損害について当然には責任を問われず，それどころか他人に対し一定の権利を有すると認めることは，管理者の優遇にあたる。この優遇は，一般に，行為の利他性を理由とすると説明されている。他方で，管理者の優遇は，本人にとって，自己の意思によらずに権利領域に干渉され，さらに義務の負担まで強いられることを意味する。そのため，事務管理をめぐる法律関係を考える際には，本人の私的自治の尊重と利他的行為の社会的価値をどのようにして調整するかが，重要な課題になる。

　　　　　　　　　　　　　　　　（1）　**委任との関係**　　事務管理において本
| 他の法制度との関係 |
　　　　　　　　　　　　　　　　人と管理者の間に認められる法律関係は，委任における委任者と受任者の間の法律関係に類似する。

　もっとも，委任は契約の一種であり，したがって委任者と受任者の間の法律関係は契約によって生じ，定まる。

　それに対し，事務管理の本人と管理者の間の法律関係は，法律の規定によって認められる。そこで，事務管理は，「契約なき委任」，「法定委任」などと呼ばれることがある。

　　（2）　**不当利得との関係**　　事務管理は，法律の規定に基づいて債

権債務が発生する点で，不当利得および不法行為と共通する（事務管理，不当利得，不法行為によって生ずる法律関係を総称して，「法定債権（債務）関係」と呼ばれることがある）。

もっとも，**不当利得**は，当事者（受益者と損失者）の間に，法律上の原因を欠く（その意味で法的に正当化されない）利益と損失が生じた場合に，もっぱらその結果を矯正するための財産移動を目的とする債権債務関係を生ずるものである。

それに対し，事務管理は，当事者（本人と管理者）の間に，実質的に不当利得の関係があるためその結果を矯正することを目的とする債権債務関係を生ずることもあるが，本人の権利領域に属する事柄を管理者が処理するという委任類似の債権債務関係を生ずることになる。

（3）**不法行為との関係**　不法行為も，基本的な効果として，当事者（被害者と加害者）の間に，損害の金銭による賠償という財産移動を目的とする債権債務関係を生ずる。加害者が財産移動を目的としない行為（謝罪広告，違法行為の停止等）を命じられることもあるが，それらの行為は，被害者の権利領域に属する事柄を加害者（他人）が処理するという性質のものではない。また，不法行為の効果は，当該の行為が違法と評価されるために認められるものである。

それに対し，事務管理は，当事者の間に財産移動を目的とする債権債務関係を生ずるほか，委任類似の債権債務関係を生ずることになる。そして，事務管理は，管理者の行為が違法という評価を受けない場合に認められる。

## *2* 事務管理の要件

事務管理は，ある者（管理者）が，「義務なく他人のために事務の

管理を始め」ることによって，成立する（697条1項）。

　ここから，事務管理の成立要件は，一般に，①事務の管理の開始，②その事務の他人性，③処理者の他人のためにする意思（事務管理意思）の存在，④その事務の管理をする義務の不存在に分けられている。さらに，⑤本人の意思または利益に適合することを加える見解もある。

| 事務の管理の開始 |

　ここにいう**事務**とは，法的な評価の対象となりうる行為によって目的が実現される事柄をいう。人命救助（Case 1-1），物の保存や修繕，債務の弁済などが，その例である。Case 1-1 の場合，Bの救助が事務にあたる。Aが，B宅の窓を割ること，B宅に立ち入ること，消火器を使用して火事を消し止めること，BをC病院へ運ぶこと，Cと治療契約を結ぶことなどは，Bの救助という事務の目的を実現するための手段となる行為である。また，B所有の甲建物が燃えないように保存することを，Bの救助と別の事務とみることもできる。その場合，Aが，B宅の窓を割ること，B宅に立ち入ること，消火器を使用することは，甲建物の保存という事務の目的を実現するための手段となる行為である。

　事務の「**管理**」とは，事務の目的の実現に向けた営みをいう。したがって，Case 1-1 の場合，Aは，B宅のガラス窓を割ることで，Bの救助という事務の管理を開始したことになる。甲建物の保存をBの救助と別の事務とみる場合には，Aは，B宅のガラス窓を割ること，または消火器の使用を始めたことで，その事務の管理を開始したことになる。

| 事務の他人性 |

　事務は，他人の**事務**でなければならない。「他人の」事務とは，その結果が他人に帰属する事務（目指されていることが他人の権利領域で実現する事務）を

いう。

　事務の他人性を判断するにあたって，一般に，事務が，客観的他人の事務，客観的自己の事務，中性の事務に分類されている。

　**客観的他人の事務**とは，その性質上，結果が事務処理者以外の者（他人）に帰属する事務をいう。Case 1-1 の A による B の救助，A による B 所有の甲建物の保存はこれにあたる。客観的他人の事務の場合，他の要件が充たされることにより事務管理が成立する。また，客観的他人の事務については，事務処理者の事務管理意思（⇒次の <u>他人のためにする意思</u>）の存在が事実上推定される。

　**客観的自己の事務**とは，その性質上，結果が事務処理者自身に帰属する事務をいう。たとえば，ある者 X が，その所有物（乙）を修理することがこれにあたる。客観的自己の事務の場合，事務管理は成立しない。たとえば，乙が代替物であり，X が乙を Y 所有の物と誤信して Y の利益を図ろうと修理をしたとしても，事務管理が成立することはない。

　**中性の事務**とは，その性質からは結果が誰に帰属するかを判別することができない事務をいう。中性の事務については，事務処理者の事務管理意思の有無により事務管理の成否が分かれ，事務管理意思をもってされた場合（主観的他人の事務と呼ばれる）において，そのことが行為の時に明らかになっていたときは事務管理が成立しうるが，そうでなければ事務管理は成立しないとされている。よく挙げられる例として，建物を修理するための材料購入の契約は，誰の建物を修理するためでもありうるため，購入者の事務管理意思の有無により他人の事務か否かが分かれ，購入者の所有建物を修理するためであるときは他人の事務にならず，他人の所有建物を修理するためであるときは，効果を他人に帰属させることが購入時に明らかであるならば，他人の事務になるとされている。

◆**事務の捉え方**　　上に挙げた建物の修理材料の購入の場合，その購入を事務とみるほかに，建物の修理が事務であり，材料の購入はその手段としての行為とみることができる。

　前者の場合，購入が主観的他人の事務になることはあるものの，契約の結果を他人にその意思によらずに引き受けさせることは，他人の権利領域への干渉，私的自治に対する無権限の介入でしかない。これは，その結果が他人の利益になるとしても同じである。契約それ自体を事務とみる場合には，この干渉を正当化することはできない（事務管理となるには本人の追認が必要）と考えられる。

　もっとも，契約は何らかの目的（動機）をもってされるはずであり，その目的とされた事柄が事務にあたりうる。たとえば建物の修理材料の購入の場合，建物の修理を事務とみることができる。そして，建物が他人の所有に属し，修理が事務管理の要件を満たす場合には，その修理に用いられた材料の調達に要した費用は事務管理の費用となり，修理者（管理者）は，建物所有者（本人）にその償還を請求することができる（702条1項）。

　Case 1-1 でAがCとの間でした契約は，Bの治療を内容とし，その結果は当然にBにおいて生ずる。そのため，これを事務として捉えれば客観的他人の事務となる。そして，その治療がBの健康の回復や救命のために必要であり，Bがその治療を受けるか否かにつき意思表示をすることができない状態であったときは，通常，事務管理の成立が認められる。もっとも，この例でも，Bの救助を事務とし，AがCとの間でした契約をそのための行為の一つに位置づけることもできる。

---

他人のためにする意思

　　　　　697条その他の法律の規定において明らかにされているわけではないが，事務管理が成立するためには，他人のためにする意思（事務管理意思）が必要である。たとえば，Aが自己の物と誤信してBの物を修理した場合には，他人のためにする意思がないため事務管理は成立しない（不

当利得〔⇒第5章*3*〕の問題になりうる）。

　他人のためにする意思は，一般に，他人の利益を図る意思（利他的意思）をいうと説かれている。事務管理においては，管理者は他人の権利領域にその他人の意思によらずに介入するのに，その無断介入は違法と評価されず，管理者にその他人に対する一定の権利も認められる。管理者にこのような特別の保護を与えるには理由が必要になるところ，他人の利益を図るという「良い意図」による行いであることがその理由になる，という考えによるものと思われる。

　事務管理意思が認められるために，事務の本人が特定されていること（管理者が事務の本人は誰かを知っていること）を要しない。管理者Ａが，実際にはＢの事務（たとえば，Ａが迷い犬の世話をした場合において，その犬がＢの飼い犬であったとき）について，他人のためであることは知っていたが，その他人が誰かを知らなかった（Ａが誰の犬かを知らなかった）場合や，Ｃの事務と誤信していた（ＡがＣの飼い犬と考えていた）場合にも，Ｂを本人とする事務管理が成立しうる。

　自己のためにする意思もあることは，事務管理意思の存在を否定することにならない。たとえば，Case 1-1 において，Ａが自己の所有建物の類焼を防ぐことも目的として消火活動をしていた場合でも，そのことによって事務管理の成立が妨げられることはない。

◆他人の「ため」の意味　　事務管理の成立を判断する際に，利他的意思の存在の証明が求められているとは考えられない。実際には，事務の結果が他人に帰属した場合において，その事務が他人の利益になる性質（利他的性質）のものではなかったとき，または行為者にその結果を他人に帰属させる意思がなかったときに，事務管理意思がないため事務管理は成立しないとされていると考えられる。そもそも，内心の意思の善良性の証明はしようがなく，これを要件と

することは実際的でない。また，他人の「ためにする」意思とは，他人の「利益を図る」意思をいうのではなく，他人に「結果を帰属させる」意思をいうとすることが，民法の規定において同様の文言が用いられている場合（たとえば，99条・183条・330条2項・376条2項・398条の7第1項・464条・499条・537条の見出し・646条2項等）とも整合的である。管理者の優遇は，内心の意思の善良性を理由とするのではなく，客観的にみて利他的性質の事務をすることによって根拠づけられる（そして，それは，後述の本人の意思および利益への適合性の要件に現れる）と考えることができる。

| 義務の不存在 | 事務処理者が他人（本人）との関係でその事務をする義務を負っていたときは，他の |

要件が充たされていても，事務管理は成立しない。義務がある場合には，事務処理者と本人の間の関係はその義務を生ずる基礎となった法律関係によって規律されるため，事務管理の成立を認める必要がないからである（事務管理の補充性と呼ばれる）。

　事務処理者が事務処理の義務を負っているときとして，委任や雇用などその事務の処理を目的とする（または目的に含む）契約があるとき，親族の扶養義務（877条）など法律の規定において私法上の義務が定められているときがある。

　◆義務の存否が問題になる例　警察官や消防職員等の国または地方公共団体の職員が職務として市民を救助する場合，警察官等は個人としてその市民に対し救助の義務を負っているわけではない。しかしながら，警察官等は，国等が負う市民の安全を保障する責務を職員として遂行するため，救助者と被救助者との間に事務管理は成立しない。

　　船長は，船員法により，船舶に急迫の危険がある場合や他の船舶の遭難を知った場合などに，人命等の救助に必要な手段を尽くす義務を負う（船員12条以下）。船長のこの義務は国との関係で認められるものであり，船長は，たとえば他の船舶の遭難を知った場合に，

その乗組員との関係で救助義務を負うものではない。そのため，船長が遭難船の乗組員を救助したときは，事務管理が成立しうる。

| 本人の意思および
利益への適合性 |

　私的自治の原則の下では，各人は，自らの法律関係を自らの意思により形成することができ，意思に基づかない法律関係の変動（権利の取得，義務の負担）を受け入れなければならないのは，法律によってそれが認められるときに限られる。ただ，たとえば法律に定めさえすれば意思に基づかない法律関係の変動を各人に強制することができるとするのでは，私的自治の原則を認めた意味がなくなる。そのため，各人の意思に基づかない法律関係の変動を法において認める場合も，私的自治との抵触を意識して要件が設定される必要がある。そこで，事務管理は本人の意思に基づかない法律関係の変動を法が認めるものであることから，697条その他の規定からは明らかでないが，事務管理が成立するために，事務処理が本人の意思および利益に適合することが必要か否かが問題とされている。

　上に述べた趣旨から，事務処理が本人の意思と利益に適合することが事務管理の成立要件となる，とする見解もある。もっとも，多数説は，本人の意思に反し，または本人に不利であることが明らかであることが開始された事務管理を中止すべき事由とされていること（700条ただし書）を手がかりとして，開始の時に本人の意思に反することが明らかであるとき，または利益に適合しないことが明らかであるときは，事務管理は成立しないとしている。

　本人の意思に反すること，または利益に適合しないことを理由として事務管理が成立しないとする場合，それは，本人の私的自治を尊重し，本人の利益を保護するためである。そうであれば，本人が後に自己のための事務として認めることを妨げる理由はない。そこで，本人の追認（事務管理の追認）により，はじめから事務管理が成

立していたものとして扱われる。

◆**事務管理の成立要件としての本人意思適合性**　　他人の権利領域への介入は，原則としてする必要がなく，すべきでもない。私的自治の原則の下，これは，介入が他人の利益になるとしても同じである（そうでなければ，他人に権利または利益を一方的に押し付けることができることになる）。反対に，他人の利益にならない（不利益になる）場合でも，その他人（本人）が認めるならば介入が許される。したがって，事務管理の成否について，事務が本人の利益に適合するか否かは直接関係せず，本人の意思に適合するか否かが問題になる。

　その際，本人の現実の意思を問題とすることは，事務処理者が事務の処理を始める時にその意思を知ることは困難であるため，適切でない。事務処理者がその時に判断することができるのは，その事務が当該事情の下で社会通念に照らして本人の通常の意思に適合するか否かに限られる。そして，事務管理が私的自治の原則の下で社会連帯の促進，社会における「善行」の保護を図るための制度であるならば，当該事情の下で社会通念に照らして本人の通常の意思に適合すると考えてよい行為は，本人のために適法にされたものと認め，本人に権利義務を生じさせる原因とすることが適当である。

　そこで，事務が当該事情の下で社会通念に照らして本人の通常の意思に適合すると認められることが事務管理の成立要件になるとしつつ（本人の利益に適合しない場合，この意味での本人意思適合性が通常否定される），そのように認められるときであっても，事務処理者が本人の意思に反することを知っていたときは別であるとすることが考えられる。

## *3* 事務管理の効果

　事務管理が成立した場合，本人と管理者の間に，以下の法律関係が認められる。

## 1　管理者の義務

事務処理についての
義務

（1）**管理義務**　管理者は，開始した事務を本人のために管理する義務を負う。

（2）**管理上の注意義務**　管理者は，原則として，その事務の性質に従い，本人の利益に最も適合する方法によって事務の管理をしなければならない（697条1項）。ただし，本人の意思を知りまたは推知することができるときは，その意思に従わなければならない（同条2項）。

この義務に反する行為によって本人に損害が生じたときは，管理者は損害賠償義務を負う（415条）。ただし，本人の身体，名誉または財産に対する急迫の危害を免れさせるために事務管理（**緊急事務管理**）をしたときは（Case 1-1のBの救助，甲建物の消火はこれにあたる），管理者は，悪意または重大な過失がある場合に限って損害賠償の責任を負う（698条）。緊急事務管理の場合に原則的な注意義務を尽くすよう求めることは，管理者に過度の負担となり，管理の目的の実現を困難にし，本人の利益に反することにもなりかねないからである。

管理者は，他人の事務を処理する者として，善良な管理者の注意をもって事務を処理しなければならないとされることが多い。しかしながら，事務管理については，697条および698条が管理者の注意義務の内容を具体的に定めており，これと別に，管理者は善管注意義務を負うとすることに意味があるとはいえない。

（3）**管理継続義務**　事務管理は，目的の達成または達成不能によって終了する。管理者は，その終了前は，原則として，本人，その相続人または法定代理人が管理をすることができるようになるまで，事務の管理を継続しなければならない（**管理継続義務**。700条本

文）。事務の中止により本人の利益が害されるおそれがあることから，本人の現実の意思によらずに本人の権利領域への干渉を開始したことを根拠として，管理者にこの義務が課されている。もっとも，管理継続義務は本人の利益を保護するために認められることから，本人等による管理が可能となる前であっても，管理の継続が本人の意思に反するとき，または本人に不利であることが明らかであるときは，管理者は管理を中止しなければならない（700条ただし書）。

管理者は，本人がすでに知っているときを

通知義務，報告義務

除き，管理の開始を遅滞なく本人に通知しなければならない（699条）。管理は，本来，本人の意思に基づいてされるべきものであることから，本人に意思決定をする機会をできるだけ早く与えるためである。

また，管理者は，本人の請求があるときは，いつでも事務の処理の状況を報告し，管理が終了した後は，遅滞なくその経過と結果を報告しなければならない（701条〔645条準用〕）。事務処理状況の報告義務は，本人に，生じうる法律関係の変動とその内容を認識し，管理者による管理を継続させるか否かを判断するための情報を与えることを目的とする。事務処理の経過および結果の報告義務は，費用償還，受取物の引渡し，損害賠償等の有無と内容を認識または判断するための情報を本人に与えることを目的とする。

管理者は，管理のために受け取った金銭そ

受取物引渡義務等

の他の物およびその物から収取した果実を本人に引き渡す義務（701条〔646条1項準用〕），および管理者が本人のために自己の名で取得した権利を本人に移転する義務（701条〔646条2項準用〕）を負う。その本質は不当利得の返還義務であるが，法律の規定によって本人と管理者の間に委任類似の関係が認められることを反映して，本人が損失を超える利益の取得を認められる点

に特徴がある。

　管理者は，本人に引き渡すべき金額または本人の利益のために用いるべき金額を自己のために消費したときは，その消費した日以後の利息を支払わなければならず（701条〔647条前段準用〕），本人にそれを超える損害があるときは，その損害の賠償をしなければならない（701条〔647条後段準用〕）。管理者が，受任者類似の地位にあることから，委任の規定に従い419条1項の原則よりも重い責任を負う点に特徴がある。

## ②　管理者の権利

費用償還請求権等

　管理者は，本人のために有益な費用を支出したときは，その費用の償還を本人に請求することができる（702条1項）。ただし，事務管理が本人の意思に反してされた（が，そのことが明らかでなかったため事務管理が成立した）ときは，本人が現に利益を受けている限度でのみ償還を請求することができる（同条3項）。ここにいう有益な費用は，有益費のほか，必要費を含む（大判昭10・7・12判決全集1輯20号24頁）。この費用償還請求の本質は不当利得の返還請求であるが，原則として費用の全部償還が認められる点に特徴がある。

　管理者が本人のために有益な債務を負担したときは，管理者は，本人に対し，自己に代わってその弁済をすること（代弁済）を請求することができる（702条2項〔650条2項準用〕）。また，その債務が弁済期にないときは，本人に対し，相当の担保の提供を請求することができる（702条2項〔650条2項準用〕）。これらの請求も，費用償還請求と同様に，事務管理が本人の意思に反してされたときは，本人が現に利益を受けている限度でのみすることができる（702条3項）。

管理者は，管理のために自己に過失なく損害を被ったとしても，受任者と異なり（650条3項参照），その損害の賠償を本人に請求することができない。たとえば，Case 1-1において，Aが消火の際にやけどを負ったとしても，その治療に要した金額の支払をBに求めることはできない。事務の本人は，委任者と異なり，その意思により管理をゆだねたのではないため，事務管理の利益を受けることの反射として事務管理に伴う不利益を負担すべきであるとはいえないからである。

もっとも，たとえば消火にあたって身の安全のために水をかぶり，身につけていた洋服が汚損したときのように，事務管理のために必要な費用と認めることができるときは，管理者に生じた財産的な不利益が費用の償還として償われる。

報酬について　管理者は，管理の対価として報酬を請求することができない。委任の場合も，受任者は特約がなければ委任者に報酬を請求することが原則としてできないから（648条1項），契約によらずに事務を処理する者に報酬請求権が認められないのは当然である。

もっとも，たとえばB所有の甲建物の修理が事務管理と認められる場合に，Aが業者に修理工事を依頼したときは，通常の報酬（修理代金）が費用と認められ，Aは，その償還または代弁済をBに請求することができる。そうであれば，Aが修理業者である場合において，Aが自ら甲建物を修理したときは，費用として材料代しか認められないとすることは適当でない。事務管理のためにされる行為が管理者の職業（営業）上の行為に属するときは，相当な報酬をもって費用と認められるべきである。

なお，商法792条1項，遺失物法28条等の規定により，管理者に，本人に対する報酬に相当する金銭の請求が認められることがあ

る。

### ③ 管理者の不法行為責任の否定

　事務管理が成立する場合，管理者は，その管理のためにした行為によって不法行為責任を負うことはない。

　たとえば，Case 1-1 において，A は，B の所有建物の窓ガラスを故意に割っている。この事実だけをみれば，B が不法行為による損害賠償を A に請求した場合，その請求は認められるはずである。しかしながら，その場合，A は，窓ガラスの破損は B の救助という（緊急）事務管理のためにした行為であることをもって争うことができ，その主張が認められるときは，行為の違法性が阻却され，または責任が阻却され，B の請求は認められない。

## *4* 準事務管理

Case 1-2

　A が所有するワイン（甲）を盗んだ B が，これを C に 5 万円で売った。甲は C がすでに飲み干した。甲と同種同量のワインは，B が盗んだ時から現在に至るまで 1 万円前後で取引されている。

問題の所在

　Case 1-2 では，A は，甲の返還を受けることができない。そのため，被った損失について，金銭の支払を B または C に求めるほかない（以下，B のみを問題にする）。

　甲の処分の利益は A に帰属すべきものであるところ，B がその利益を法律上の原因なく取得しているから，A は，B に対し，不当利得の返還を請求することができる。この場合，A が請求するこ

とができるのは，甲の処分時の価額（客観的に評価された額）の返還となる（⇒第3章3③価額返還）。また，Bの行為は所有権侵害の不法行為にあたるから，Aは，Bに対し，不法行為を理由として損害賠償を請求することができる。この場合も，Aが請求することができるのは，通常，甲の滅失時の価額の賠償である。そうすると，Case 1-2では，Aは，Bに対し，1万円程度の支払を求めることはできるが，Bが得た5万円全額の支払を求めることはできない。この結果を認めてよいか，一般化していえば，他人の権利を無断で利用または処分して，その権利の価額を上回る利益（以下，「超過利益」という）を得た者がある場合に，その者が超過利益を終局的に取得することを認めてよいか，それとも，権利者が超過利益分も支払を受けられる（したがって，無権利者が得た利益の全部償還を求めることができる）とすべきか，後者であれば，その結論をどのような法理によって導くかが問題とされている。

### 既存の法理による場合

不当利得，不法行為等の既存の法理の一般的理解を前提とする場合，権利者は超過利益分の支払を求めることができない。超過利益は，無権利者が（その才覚や努力等によって）生み出した価値とみることができ，この結果を一概に不当と断じることはできないからである。

### 準事務管理論

もっとも，これでは他人の権利の無断利用や無断処分（以下，特に必要がない限り処分で代表させる）という不当な行為を助長することにもなりうる。また，超過利益分も社会において目的財産（Case 1-2では甲）がもちうる価値であり，権利者に帰属すべきものであって，無断処分者に不正な利益の取得を許すべきでないとも考えられる。こういったことから，権利者に無断処分者が得た利益全部の償還を受けさせるべく，次のように説かれることがある。

権利の処分は，その性質上，権利者に結果が帰属する事務であり，権利者以外の者が権利を処分することは，客観的他人の事務にあたる。ただ，他人の権利を無断で処分する者は，その結果として得られる利益を自ら収めることを意図しており，事務管理意思を有しない。また，無断処分者がその利益を収めることは，本人の合理的意思と利益に明らかに反する。そのため，権利の無断処分は事務管理にあたらない。そうであっても，他人の事務が自己のために処理された場合を事務管理に準ずるもの（準事務管理）とみて，事務管理の規定を類推適用すべきである。これにより，準事務管理者（Case 1-2 では B）は，本人（A）に対して受取物引渡義務を負うため（701条の類推適用），権利の処分によって受けた利益全部（5万円）を本人（A）に引き渡さなければならない。他方で，準事務管理者は，その利益を得るために費用を要したのであれば，現に利益が存する限度で本人にその償還を請求することができる（702条1項・3項の類推適用）。

　なお，他人の権利の無断利用への対処が特に重要となる場合について，一定の立法的手当がされている。たとえば，特許権や著作権などの知的財産権が無断利用された場合について，無断利用者（侵害者）が得た利益を権利者の損害額と推定する規定が，各種の法律に設けられている（商標38条2項，著作114条2項，特許102条2項，半導体25条1項，不正競争5条2項等）。いずれも損害賠償に関する規定であり，これらの規定の背後には，事務管理の法理を用いた救済は難しいという認識がある。

　◆準事務管理論の問題点　　事務管理において事務管理意思は不可欠の要素であり，その意思を欠く場合を事務管理に準ずるものとみて事務管理に関する規定を類推適用することは，権利の無断処分者に得た利益全部を吐き出させるという，論者が考える望ましい結果

を実現するための便法にすぎない。しかも，それが望ましい結果であるかも疑わしい。超過利益は，他人の権利がなければ得られないものの，無断処分者が生み出したり（たとえば，Case 1-2で，Bが経営するレストランで客Cに甲を提供していた場合），無断処分者に与えられたりしたもの（たとえばCase 1-2で，CがBに資金援助するために高額で買い取った場合）であり，権利者が支配または把握していた価値にあたらない。それゆえに償還を認める法理がないのであり，無断処分者が超過利益を保持する結果となることはやむをえないと思われる（もっとも，超過利益であることの認定は慎重に行うべきである。そもそも財産の価額の算定は容易でないこと，算定の方法が多様であることも珍しくない。Case 1-2の甲のように同種の物や権利につき市場があり，市場価格が形成されているときは，その価格をもって価額とされることが一般的であるが，市場価格が形成されていない物や権利については，無断処分者が取引によって得た額が客観的値値を表すとみることができる場合も少なくないと思われる）。

　権利者に利益の全部償還を受けさせるために，権利者は無権利者による権利の無断処分を事務管理として追認することができ，これによって事務管理の規定の適用が可能になると説かれることもある。しかしながら，事務管理の追認は，事務が本人のためにされた場合，すなわち，本人に効果が及ぶものとしてされた場合において，本人の意思に反すること，または利益に適合しないことを理由として事務管理の成立（事務の効果が本人に及ぶこと）が否定されるときに，本人の承認があればその瑕疵が治癒されるとして，事務管理の成立を遡及的に認めるものである。それに対し，他人の権利の無断処分は，無断処分者が自己のために，すなわち，自己に効果（処分の利益）が帰属するものとしてするものである。権利者といえども，他人（無断処分者）の意思を変更する権限を有しないから，「追認」によって事務管理を成立させることはできない。

# ■ *PART 2* 不当利得

# 第2章 序　論

本章では，不当利得とは何か，不当利得となるのはどのような場合か，不当利得について民法典にどのような規定が設けられているかなど，不当利得に関する基本的な事柄を理解しよう。

## *1* 不当利得の意義

　権利または利益は，法が認める原因があるときに取得される。利益を事実として得た者があっても，法が認める原因に基づくのでなければ，その者がその利益を法的に取得することはできない。

　この場合に，誰の利益も害されないならば，その利益の保持を妨げる必要はない。それに対し，その利益の取得のために他人が不利益を被り，その他人を保護する必要があるときは，利益の保持をそのまま認めるわけにはいかない。

Case 2-1 ─────────────────────────────

　A 所有の自動車（甲）を，B が A に無断で 3 日間使用した。B はその間に約 200 km 走行し，甲のタンク内のガソリン 15ℓ を消費した。

Case 2-2 ─────────────────────────────

　C 所有の自動車（乙）につき，C と D の間で売買契約が締結され，D

は代金として 100 万円を C に支払い，C は D に乙を引き渡した。ところが，D が錯誤を理由にこの契約の意思表示を取り消した。

---

Case 2-3

E が，衰弱した状態で路上に横たわる犬（丙）を保護し，獣医による治療を受けさせた。E は丙を野犬と考えていたが，その後，F が丙の所有者であることがわかり，丙を F に返還した。

---

Case 2-1 では，甲とそのタンク内のガソリンは A の所有に属する。そのため，甲を使用する利益，ガソリンを処分する利益は A に帰属すべきものであり（206 条），B は，その使用や処分を認める契約を A との間でしたなど法の認める原因がない限り，それらの利益を取得することができない。ところが，B は，法が認める原因がないのにそれらの利益を事実として得た。他方 A は，甲の使用の利益とガソリンを失った。この場合，A がその損失の補償を B に求めることができるとしなければ，206 条の規定の意味が失われる。

Case 2-2 では，C と D の間で乙の売買契約が成立した。C は，その契約という法が認める原因により乙を引き渡し，金銭を受け取った。D は，同じ原因により金銭を支払い，乙を受け取った。ところが，その契約が無効となったため，C と D は，互いに，法の認める原因がないのに利益を受け，損失を被ったことになる。この場合，C と D が給付したものの返還を互いに求めることができるとしなければ，契約が無効とされたことの意味が失われる。

Case 2-3 では，E は，丙の治療のために獣医との間で契約をしており，その対価の支払を法的にすべき立場にある。ただ，その支払は，丙の健康の回復のためにされており，丙という動産の保存の

ための費用にあたる。丙の所有者Fが健康を取り戻した丙の返還を受けた場合，Fは，Eの支出により，丙の保存の費用を免れるという利益を受けたことになる。物の保存の費用は所有者が負担すべきものとされているところ，EとFの間に，FがEの支出によりその利益を得ることを正当化する事情はない。この場合，Eが丙の治療費として支払った金額についてFに支払を求めることができるとしなければ，物の保存の費用は所有者の負担に帰すとされたことの意味が失われる。

そこで，これらの場合に，AからBに対する請求（Case 2-1），CとDから他方に対する請求（Case 2-2），EからFに対する請求（Case 2-3）を可能にする制度が設けられている。すなわち，ある者（受益者）が他人の財産または労務によって利益を受け，そのためにその他人（損失者）に損失を及ぼした場合において，その受益に法律上の原因がないときは，損失者は，受益者に受けた利益の返還を請求することができる（703条・704条参照）。これが，不当利得の制度である。

## 2 不当利得制度の本質

公平説

不当利得は，伝統的に，受益者に損失者への利益の返還を義務づけることで，受益者と損失者の間で財産上の均衡をはかり公平の理念を実現しようとする制度である，と説かれてきた（最判昭49・9・26民集28巻6号1243頁参照）。この考え方は，一般に，公平説と呼ばれている。

もっとも，公平の理念は，自由の尊重や信頼の保護などと並ぶ私法関係全般の基礎にある理念の一つであり，不当利得制度のみを特徴づけるものではない。また，公平の理念は，内容が抽象的で操作

性がきわめて高い。そのため，法律関係を定めるにあたってこれを重視しすぎると，社会において形成される法律関係の予測可能性を低下させ，見方によっては「不公平」と受け止められる結果となるおそれがある。さらに，不当利得に関する民法の規定は，*3*において述べるように多岐にわたる。不当利得を公平の理念の実現を図る制度と捉えることで，それらの規定を統一的に把握することができるわけでも，個々の規定が定める要件と効果について一定の結論を得られるわけでもない。こういったことから，不当利得の制度を公平説によって有意に把握することができるとはいいがたい。

　とはいえ，公平の理念が不当利得制度の重要な基礎の一つであることは確かである。そのため，不当利得の成否と内容について判断が難しい場合（たとえば，三者以上の多数人の間に利益と損失が生じている場合）や容認しがたい結果を避けるためなどに，公平の理念を根拠に結論を導かざるをえない場合があることは否定できない。

　　　　　　　　　　　公平説に代わって有力となっているのが，
　│　類型論　　＼　類型論と呼ばれる考え方である。これは，
不当利得の基礎を受益（と損失）の不当性に求め，不当利得を受益に欠けている法律上の原因により類型化し，類型ごとに要件と効果を捉えようとするものである。

　(1)　**侵害利得**　　Case 2-1 では，甲とそのタンク内のガソリンはAの所有に属する物であり，Bが法律上の原因がないのにその使用や処分をすることは，Aの所有権（に含まれる使用または処分の利益）を侵害してBが利益を得ることにあたる。ここでは，Aに利益の回復のための請求を認めなければ，物の使用や処分の利益の支配を所有権の一内容とした法の意味が失われる。この場合のように，権利または法律上の利益が，本来それが帰属すべき者と異なる者に帰属した場合において，その帰属を正当化する法律上の原因がない

ときに，被侵害者（損失者）に利益の回復を図るため侵害者（受益者）に対する請求が認められる類型を，一般に，侵害利得という。

　（2）　給付利得　　Case 2-2 では，C は D に乙の引渡しを，D は C に 100 万円の支払を，それぞれ契約上の債務の履行として行った。ところが，その契約が無効となったため，C から D への給付，D から C への給付のいずれにも法律上の原因がなかったことになる。契約の無効は，契約がされなかったことにするために認められるものであるから，C と D の双方に，契約に基づく給付がされなかった状態を回復するための相手方に対する請求を認めなければ，契約の無効を認めた法の意味が失われる。この場合のように，給付の事実があるところ，その給付に法律上の原因がない場合に，給付者（損失者）に給付したものの回復を図るため給付の相手方（受益者）に対する請求が認められる類型を，一般に，給付利得という。

　（3）　支出利得　　物の保存の費用はその物の所有者が負担すべきであるところ，Case 2-3 では，E が獣医に治療代を支払うことにより，丙の所有者 F が丙の保存費用の負担を免れた状態になっている。E が F との関係でその費用を負担すべき理由（法律上の原因）がない場合，E に治療代の支払をしなかった状態を回復するための F に対する請求を認めなければ，所有者が物の保存費用を負担すべきであるとする法の意味が失われる。この場合のように，ある者が負担すべき費用や履行すべき債務を他人の支出により免れた状態にある場合において，その負担や債務を免れることに法律上の原因がないときに，支出者（損失者）に支出したものの回復を図るため負担を免れている者（受益者）に対する請求が認められる類型を，一般に，支出利得または負担利得という。

　（4）　類型論の意義と限界　　不当利得の事例は多種多様であり，類型化して整理をすることが可能であれば，そうすることが望まし

い。実際，*3*において述べる不当利得に関する民法の規定ぶりは，ある種の類型的把握に基づくものとみることができる。したがって，類型論には相応の説得力がある。もっとも，民法の規定ぶりは，一定の類型を基にするとまで言えるものではない。また，類型の立て方は，何を基準とするかにより，さまざまでありうる。さらに，不当利得が問題となる場合をすべて網羅するよう類型が立てられるわけでもない。そのため，**第3章**以下では不当利得を一般的な類型化に従って説明するが，そこで述べることは，代表的な類型についての一つの説明にとどまる。

## *3* 不当利得に関する民法の規定

「不当利得」と題する民法第3編第4章には，703条から708条までの6箇条の規定が設けられている。もっとも，不当利得に関する民法の規定は他にもある。それらの規定は，概略，次のような関係にある。

| 返還の原則 |

不当利得が成立する場合，受益者は受けた利益そのもの（原物〔有体物に限られない〕）を，損失者に返還する義務を負うことが原則となる（原物返還の原則。大判昭8・3・3民集12巻309頁。返還不能の場合には価額返還となる）。このことを明示する規定はないものの，不当利得の制度は，法律上の原因がなく法的に認められない財産状態（生じた受益と損失）を是正するためにあるものだからである。

| 民法703条と
民法704条 |

その上で，703条が，受益者の返還義務が「その利益の存する限度」にとどめられる場合を定めている。同条の文言からは明らかでないが，返還義務のこの限定は，善意の受益者に認められる。

悪意の受益者は，受けた利益のほかに，704条により，その利益の利息（法定利息）を返還しなければならない。704条は，さらに，それらにより塡補されない損害が損失者にあるときに，悪意の受益者はその損害を賠償しなければならない旨を定める（もっとも，これは不法行為による損害賠償に関する定めである）。

伝統的な公平説によれば，703条および704条は，不当利得に関する一般規定であり，類型論にいう侵害利得，給付利得，支出利得の区別なく適用される。その上で，異なる規定の適用があるときは，703条および704条の適用は排除される。もっとも，以下にみるように異なる規定が数多くあり，しかも，それらの規定の多くは不当利得の特定の類型に関するものである。そのため，703条および704条を不当利得の類型を問わずに適用される一般規定であるとする理解に，さして大きな意味はない。

**給付に関する規定**

債権の弁済として給付がされたが，その債権が存在しなかった場合について，705条から708条までに規定が設けられている。

また，契約に基づいてされた給付に関して，契約が無効である場合につき121条の2が，契約が解除された場合につき545条が設けられている（ただし，545条が不当利得に関する規定となるのは，解除により契約の効果が契約成立時に遡って消滅すると解するときである）。これらの規定の適用があるときは，703条および704条は適用されない。

**物の果実に関する規定**

物の使用または収益の権限を有しない者がその物の果実を得たときは，不当利得となる。この場合の果実の返還に関する規定として，189条，190条，646条等がある。これらの規定が適用されるときも，703条および704条は適用されない。なお，189条および190条に関しては，ほ

かに，545条3項との関係（545条3項が優先する），無効な契約に基づいて引き渡された物の果実についての適用の有無が問題となる。

支出に関する規定

ある者の債務を他人が弁済などによりその財産をもって消滅させた場合，その他人が債務を消滅させる義務を債務者に対し負わないときは，債務者が受けた債務消滅の利益は不当利得となる。この場合に関して，その他人から債務者に対する求償の可否および範囲を定める規定が，351条，430条，442条～445条，459条～465条，650条，702条等に設けられている。これらの規定が適用されるときも，703条および704条の適用は排除される。

ある者が負担すべき費用を他人が義務なく支出した場合の償還関係も，不当利得の関係である。この償還に関する規定として，196条，299条，595条2項，608条，650条，702条等がある。これらの規定が適用されるときも，703条および704条は適用されない。

その他の規定

以上のほかにも，たとえば，失踪宣告が取り消された場合における失踪宣告によって財産を得た者の返還義務について32条2項ただし書に，婚姻が取り消された場合における当事者の返還義務について748条2項および3項に規定がある。これらの規定が適用されるときも，703条および704条の適用は排除される。

# 第3章 侵害利得

本章では，法が特定人に帰属すべきものと定める利益が法律上の原因なく他人に帰属することになった場合の法律関係について理解しよう。

## *1* 意　義

Case 3-1

Aが所有する自転車甲を，Bが，Aに無断で1か月前から使用している。

Case 3-2

Cが，D銀行に500万円の預金を有していた。Eが，Cを装ってD銀行からその預金の払戻しを受けた。D銀行の担当者は，EをCであると過失なく信じて払戻しに応じていた。

　法によって，利益が特定人に帰属すべきものとされていることがある（「利益の割当て」と表現される）。たとえば，206条は，所有者は所有物の使用，収益および処分をする権利を有する旨を定めている。これにより，物の使用，収益，処分をすることができるのは所有者

であり，その権能の行使の結果としての利益はその所有者に帰属すべきものとされている，つまり，割り当てられている（その物について有効に賃貸借がされたなど異なる事情がある場合は別となるが，その場合には，その事情を原因として，所有者以外の者にも法により利益が割り当てられていることになる）。ところが，Case 3-1 では，甲の使用の利益は，Bが得ており，206条によりその利益を割り当てられているAに帰属しない結果となっている。そして，Bによるその利益の取得が正当化される事情はない。この状態をそのままにすると，物の使用の利益を所有者に割り当てた法の意味が失われる。そこで，Aに，その利益の返還をBに求める権利が認められる。

　債権は，法律に明文の規定はないものの，債権者が債務者に特定の行為（給付）を求めることができる権利であり，給付を受けてその結果を保持する地位（給付の利益）は，異なる事情（たとえば，その債権につき有効に質権が設定されたこと）がない限り，債権者に帰属すべきものである（つまり，割り当てられている）。ところが，Case 3-2 では，EがD銀行から預金の払戻しを受けたことにより，D銀行の債務が消滅するため（478条参照），給付の利益をEが得て，法によりその利益を割り当てられたCに帰属しない結果となっている。この状態をそのままにすると，法が給付の利益を債権者に割り当てた意味が失われる。そこで，Cに，その利益の返還をEに求める権利が認められる。

　上記以外の物権や債権，知的財産権，人格的利益等に関しても，利益が法によりその帰属先とされる者Aと異なる者Bに帰属することがある。その場合，その帰属を正当化する理由がないときは，そのままにすると，その利益をAに割り当てた法の意味が失われる。そこで，「帰属の誤り（割当て違反の状態）を正す」ために，Aに，利益の返還をBに求める権利が認められる。この場合の不当利得

を，一般に，侵害利得という。

利益が法によりその帰属先とされる者Aと異なる者Bに帰属するという結果は，A自身によるBへの給付や出捐によっても生じうる。この場合には，その利益に関してAとBの間に認められるべき法律関係を定めるにあたって，AとBの私的自治の保障と自己責任が考慮される必要がある。そのため，侵害利得一般とは別に考えるべきことになる（⇒第4章・第5章）。

# 2 要　件

総　論

「法律上の原因なく他人の財産又は労務によって利益を受け，そのために他人に損失を及ぼした者」（703条）は，損失者に対して不当利得の返還の義務を負う。これによると，不当利得の成立要件は，①ある者が他人の財産または労務によって利益を受けたこと（以下，「受益（の要件）」という），②その他人に損失が生じたこと（以下，「損失（の要件）」という），③受益と損失との間に因果関係があること（以下，「因果関係（の要件）」という），④受益に法律上の原因がないこと（以下，「法律上の原因の不存在（の要件）」という）である。

受　益

受益について，二つの捉え方がある。

一つは，ある者に生じた財産の増加をいうとする考え方である。公平説（⇒第2章2）では，侵害利得に限らず不当利得一般につき，この考え方がとられてきた。これによると，Case 3-2では，Eに500万円の受益があることが明らかである。Case 3-1では，Bに財産の積極的な増加はないようにみえる。ただ，Bは，他人の物である甲を無償で使用することにより，使用料相当額の節約という財産的な利益を得たともいえる。この場合のB

が利益を得たか否かは，公平の観念に照らして定まる。しかし，それでは判断が安定しないことになりかねない。

　不当利得の要件と効果を類型的に捉える場合，侵害利得では，利益が法により帰属先とされた者とは異なる者に帰した場合に，その「帰属の誤り（割当て違反の状態）を正す」ための法律関係が認められる。そこで，もう一つの捉え方として，受益とは，法により他人に帰属すべきものとされている利益（法が他人に割り当てた利益）を得たことを指すとする考え方がある。たとえば，Case 3-1 では，物の使用をする利益（使用の利益）は所有者に割り当てられているところ（206条），所有者でないＢが甲を使用しているから，Ｂにおいて受益（使用利益の取得）がある。Case 3-2 では，給付の利益は債権者に割り当てられているところ，債権者でないＥがＤ銀行から債務の弁済として500万円の給付を受けたから，Ｅにおいて受益（給付の利益の取得）がある。

　法の割当てに反する利益の取得をもって受益とする場合，ある者が利益を得ても，その利益が法によって他の者に帰属すべきものとされているのでなければ，受益の要件は充たされない。たとえば，Ｆが土地開発事業を実施したことで近隣の地価が上昇し，Ｇが所有する土地の価値も上昇した場合の，その価値上昇の利益がある。この場合，Ｇは，Ｆの財産または労力によって利益を得たとみることもできる。しかしながら，土地開発により生ずる利益はすべて開発者に帰属すべきものとする法による利益の割当ては存在しない。そのため，Ｇが事実として得た利益は，不当利得（侵害利得）の成立要件としての受益にあたらない。

| 損　失 | 損失の要件についても，二つの捉え方がある。 |

Case 3-3 ────────────────────────────────

　Ａが所有する甲土地を，Ｂが１か月前からＡに無断で駐車場として
使用している。

　**１**　Ａは，自己の車を止める場所を確保するためにＣから乙土地を借
　　り，賃料としてＣに２万円を支払った。
　**２**　Ａは，Ｂの使用の事実を知らなかった。

────────────────────────────────

　一つは，ある者に生じた財産の減少をいうとする考え方である。
これによると，Case 3-3 **１**ではＡに２万円の損失があるのに対し，
**２**ではＡに損失はない。当事者間の公平を図ることが不当利得の
制度目的であるとする立場からは，他人の財産または労力によって
利益を得た者があっても，その他人に実害がなければ，その利益の
保持を認めても公平を害することにならないという捉え方も成り立
つ（利益保持を認めることは公平を害すると捉え，使用可能性の喪失を損
失とすることもありうる。そのため，判断が安定しないおそれがある）。

　もう一つは，法により割り当てられた利益が侵されたことという
捉え方である。法が利益をある者Ａに割り当てているのに，その
利益が他の者Ｂに帰属したときは，Ｂへの帰属が正当化される場
合は別として，Ａがその利益の返還をＢに請求することができる
としなければ，法による利益割当ての意味が失われる。そこで，法
がある者に割り当てた利益が他の者に帰属したときは，前者に損失
があると認められる。Case 3-3 でいえば，**１２**のいずれにおいて
も，Ｂが甲土地を使用したことで，Ａは土地を使用することができ
なかったことになるので，法により所有者に割り当てられた土地の
使用の利益を失ったという損失がある。このように捉える場合，法
による利益の割当てに反する状態が二人の者の間で生じたときは，
受益の要件と損失の要件がともに当然に充たされるため，それら二

つの要件を個別に問題にする必要はないことになる。

因果関係　不当利得の成立には，受益と損失との間の因果関係の存在が必要である。そこで，この因果関係がどのようなときに認められるかが問題となる。この点につき，受益のために損失が生じたと社会観念上認められることで足りるとする見解や，受益と損失との間に直接の因果関係があると認められることを要するとする見解がある。社会観念上の連結の存否も，直接の因果関係の存否も，一義的に明らかなことではないため，最終的には公平の観念に照らして判断されることになる。

それに対し，二当事者間に法による利益の割当てに反する事実があるとき，すなわち法がある者Aに割り当てた利益が他の者Bに帰属したときは，Bへの利益の帰属が起こったことでAがその利益を失ったことになるから，Bの受益のためにAに損失が生じたという関係が当然に認められる。法による利益の割当てに反する状態が二人の者の間で生じた場合には，一方の受益と他方の損失および両者の間の因果関係が認められるということであり，それら三つの要件を個別に問題にする必要はない。

法律上の原因の不存在　他の要件が充たされても，受益を正当化する法律上の原因があるときは，不当利得は成立しない。

ここにいう「法律上の原因」は，損失者との関係で当該の受益を正当化するものでなければならない。

Case 3-4 —————————————————————————

　Aが所有する甲土地を，Bが，10年以上前から，その所有する建物の敷地として使用している。Bは，甲土地を自己の所有地と過失なく信じていた。

Case 3-4 の B には，甲土地の使用の利益の取得（または，他人の物である甲土地の使用料の支払を節約できたという利益の取得。以下では，類型論に基づく理解〔⇒受益の項目の第3段落〕を前提とする）という受益が認められる。ただ，B において，時効による甲土地の所有権の取得（162条2項）が認められる可能性がある。これが認められた場合，B は，占有を始めた日から甲土地の所有権を有していたことになる（144条）。そして，時効の制度は法律関係の安定のために長期間継続した事実状態に法律上の根拠を与えるものであることから，その事実状態，ここでは甲土地の使用の利益の B による取得が法により認められる（使用の利益は B に割り当てられていたことになる）。したがって，取得時効が成立する場合，B の上記受益には法律上の原因があり，不当利得は成立しない。

Case 3-5 ━━━━━━━━━━━━━━━━━━━━━━━━

A が所有する自動車（甲）を，B が盗んだ。C は，B から，甲を無償で1か月間借りて使用した。

━━━━━━━━━━━━━━━━━━━━━━━━━━━━━━━

Case 3-5 の C には，甲の使用の利益の取得という受益が認められる。この受益には，B との間の使用貸借契約という原因があるようにみえる。しかしながら，物の使用の利益は所有者に帰属すべきものであり，C の受益が不当利得にならないためには，甲の所有者 A との関係で，その受益につき法律上の原因が必要である。そうであるところ，B との間の契約は，A との関係では C の受益を正当化する原因にならない。そのため，C の受益には法律上の原因が存在しない（ただし，189条の類推適用により，C による甲の使用の利益の取得が A との関係でも認められることがある）。

Case 3-6 ━━━━━━━━━━━━━━━━━━━━━━━━

A が甲土地にヒノキ（乙）を植栽した。A は甲土地を自己の所有地と

信じていたが，実際にはBの所有地だった。

Case 3-6 では，付合によりBが甲土地の所有権に吸収する形で乙を取得し（242条本文），Aは乙を失う。Bによる乙の取得は242条本文によりAとの関係でも認められるから，Bの受益には法律上の原因があり，形式的には不当利得にならない。もっとも，この規定により不動産の所有者が付属物の所有権を取得するとされるのは，付属物の所有権がもとの所有者にとどまるとした場合に起こりうる社会的損失（不動産と付属物の分離による不動産または付属物の損傷）を避けるためであり，そこに，不動産の所有者に付属物を無償で得させる趣旨は含まれていない。そのため，付属物（乙）の所有権を失った者（A）に，703条または704条の規定に従い不動産（甲土地）の所有者（B）に対する償金債権（不当利得返還債権ではないが，実質的に同じ内容の権利）が認められる（248条。もっとも，Bからすれば乙の買取りを強制されるのと同じであり，何らかの調整の要否が問題になりうる）。

Case 3-7 ─────────────────────────

A所有の甲土地を建物所有目的でAから賃借したBが，甲土地上に乙建物を築造し，その建物に住んでいた。AB間の賃貸借契約が期間満了により終了し，BがAに乙建物の買取りを請求した（借地借家13条1項）。その後もBは，Aがその代金を支払わないため，乙建物に居住し続けている。

Case 3-7 では，Bによる甲土地と乙建物の占有および使用の利益の取得という受益について，法律上の原因の有無が問題になる。

AB間の甲土地の賃貸借契約が終了し，Bの買取請求により乙建物の所有権はAに移転するが，Bは，代金の提供があるまで乙建

物および甲土地を留置することができる（大判昭14・8・24民集18巻
877頁，大判昭18・2・18民集22巻91頁）。留置権は，法が目的物の
占有の継続を債権者に認めるものである。そのため，Bが乙建物を
使用せず占有を継続しているだけならば，Bによる甲土地および乙
建物の占有の利益の取得は法によって実質的にも認められたもので
あり，不当利得は成立しない。ところが，Bは，乙建物に居住し続
けており，甲土地および乙建物の使用の利益を取得している。そし
て，留置権は，所有者の承諾がある場合または保存に必要な場合を
除き，目的物の使用を債権者に認めるものではない（298条2項）。
したがって，乙建物に居住することは乙建物の保存にも甲土地の保
存にも通常必要ないから，Aの承諾があるのでなければ，Bの受益
には法律上の原因がない。そのため，不当利得が成立する。

◆法律上の原因の不存在の証明　　法律上の原因の不存在が不当利
得の成立要件であることからすると，損失者は，不当利得の返還を
請求するために，受益者の受益に法律上の原因がないことを主張し，
相手方が争う場合にはこれを証明する必要がある。たとえば
Case 3-1やCase 3-3では，Aは，Bが甲の使用の権利を得る契約
（売買契約，賃貸借契約，使用貸借契約等）をBとの間で自らした事実
も代理人がした事実もないこと，B以外の誰との間でも同様であり，
BがA以外の者との契約によりAとの関係で甲の使用の権利を得
た事実はないこと等々，BにAとの関係で甲の使用の権利を生じ
うる原因が一つもないことを主張し，証明しなければならない。し
かしながら，それは実際上不可能である。

　侵害利得の類型では，法が特定人に割り当てた利益を他人が得る
ことは，客観的に法が認めていない状態にあたる。そこで，このこ
とが明らかにされた場合には，ひとまず受益に法律上の原因がない
とし，その受益を正当化する法律上の原因があるときに（これは，
受益者が主張し，証明すべきことになる）不当利得の成立が妨げられる
とすることが考えられる。Case 3-1でいえば，Bが，甲を占有し

ていた者との間で甲の売買契約を締結し，その契約に基づいて甲の
引渡しを受けたこと（192条参照），Case 3-1 や Case 3-3 では，B
が，A の代理人との間で賃貸借契約を締結して甲の引渡しを受け
たことなどを主張証明することで，不当利得の成立が否定される。

# *3* 効　果

## ① 序　論

　不当利得制度の本質に関する公平説と類型論（⇒第2章2）とで
は，不当利得の効果，とりわけ不当利得に関する民法上の各規定が
適用される場合の理解に，相当大きな違いがある。もっとも，侵害
利得の類型にあたる場合については，受けた利益の返還が原則であ
ること，受益者が善意のときは703条が適用されること，受益者が
悪意のときは704条が適用されることが一致して認められている。

## ② 原物の返還

　侵害利得では，ある者に帰属すべき利益が他人に帰属したことが
後者の受益であり前者の損失であるから，後者から前者にその利益
（原物）が返還されるべきことになる。公平説においても，当事者の
一方が他方の損失において利益を得た場合にはその利益を返還させ
ることが公平と考えれば，（侵害利得にあたる場合に限らず不当利得一
般において）利得されたもの（原物）が返還されるべきことになる。
　なお，受益者による原物の返還が可能であるときは，損失者は，
その受益者に対し，後述③の（代償請求が問題にならないことは当然と
して）価額返還を請求することはできない。
　　◆所有権に基づく返還請求等との関係　　物の占有をする利益（占

有の利益）は，所有者，賃借人，使用借主その他の正当な権原（正権原）のある者に帰属すべきものである。そのため，たとえばある者Aの所有物を他人Bが正権原に基づかずに占有している場合（以下，この場合の占有を指して「無権原占有」という），その占有の利益はAに返還されるべきことになる。

　この場合，Aは，所有権に基づく返還請求により，甲の占有を回復することができる。そのため，不当利得返還請求として甲の返還を請求することも認められるかが問題とされている。

　物の占有もその物の所有者に割り当てられた利益であり，他人による占有は法による利益の割当てに反する状態に他ならない。そのため，その占有に法律上の原因（正権原）がなければ，侵害利得の成立要件が充たされる。ところが，学説では，不当利得返還請求は認められないとする見解が有力である。確かに，この場合，所有権に基づく請求によりその侵害状態を除去することができ，不当利得返還請求による必要はない。とはいえ，不当利得返還請求として物の占有の回復が請求されたときに，これを否定しなければならない理由もないと思われる。

　同じことは，無権原占有者に対して賃借人が賃借権に基づく請求をすることができるとき，使用借主が占有回収の訴えをすることができるときなどにも妥当する。

### ③　処分の利益の返還

| 原物返還の不能 | 原物の返還は，不可能であることが珍しくない。 |

Case 3-8 ────────────────────────────

Aが所有する絵画甲を，Bが持ち去った。

**１**　その後に，甲はBのもとで焼失した。

**２**　Bが，甲を1000万円でCに売却した。Cは，Bから甲の引渡

しを受けた当時，Ｂが甲の所有者であると無過失で信じていた。

---

Case 3-9

　Ｄがか株式 1 株を取得したものの，名義書換えがされないまま
になっていた。その間に株式分割が行われ，株券 1 枚（乙）がＥに交付
された。ＥがＦに乙を売り渡し，代金 50 万円を取得した。

---

　原物が滅失した場合（Case 3-8 **1**）や受益者が原物を他人に譲渡
した場合（Case 3-8 **2**，Case 3-9）には，受益者は原物を返還する
ことができない（Case 3-8 **2** のＢと Case 3-9 のＥは，Ｃにおいて即時
取得〔192 条・193 条〕，Ｆにおいて善意取得〔会社 131 条 2 項〕が成立す
る場合はもちろん，そうでなくても，売買契約に拘束されるため甲または
乙をＣまたはＦから取り戻すことができず，甲または乙をＡまたはＤに
返還することはできない）。

　受益者が原物の処分（廃棄や他人への譲渡など）をしたときは，損
失者に割り当てられた物の処分をする利益（処分の利益）を受益者
が取得したことになるため，損失者は，その利益の額，すなわち原
物の価額の返還を請求することができる（それに対し，Case 3-8 **1** の
ように原物が無権利者の行為によらずに滅失したときは，無権利者は処分
の利益を得たとはいえない）。また，受益者が原物の代償利益（代金，
賠償金，保険金など）を得たときは，その利益の償還を請求すること
ができる。もっとも，受益者が善意の場合には例外が認められる。

　Case 3-9 のように原物が代替物であっても，代物請求は認めら
れない（受益者は，代物調達義務を負わない。最判平 19・3・8 民集 61 巻
2 号 479 頁）。不当利得は受益者に得た利益を返還させるものである
ところ，代物は受益者が得た利益ではないからである。

| 価額返還 |

　原物の返還が不能となった場合において，受益者が原物の処分の利益を得たときは，損失者は，受益者に原物の価額の返還を請求することができる。

　返還額は，原物（権利または利益）の返還が不能になった時の原物の価額（客観的に評価された額）である。不法行為による損害賠償と異なり，事後の価格騰貴によって返還額が変わることはない。受益者は原物の返還が不能となった時に原物の処分の利益を取得し，その受益の額がその後に変わることはないからである。

　ここにいう価額は，一般に，所有権の場合には売却代金相当額，債権の場合には券面額である。これは，受益者がその物を廃棄したり，その物や権利を廉価または無償で譲渡したりして，その金額の利益を現に取得しなかったときも異ならない。受益者は，そのときも原物の処分の利益，すなわち原物の価値全部を取得しており，その価値を現実化しなかっただけだからである。

| 代償請求 |

　受益者は原物の返還債務を負うから，原物の返還が不能の場合において，受益者がその返還が不能になったのと同一の原因によって原物の代償である権利または利益（たとえば，Case 3-8 ■においてBが甲の滅失による保険金〔債権〕を得た場合にその保険金〔債権〕，■の売却代金〔債権〕）を取得したときは，損失者は，損失額の限度において，その代償利益の償還（または移転）を受益者に請求することもできる（422条の2参照）。

　Case 3-8 ■のように，所有者（A）に無断で他人（B）が物（甲）を売却した場合には，Aは，特段の事情がない限り，Bに対しその売却代金額の返還を請求することができる（前掲最判平19・3・8）。売却代金額は，特段の事情がない限り，目的物が市場で一般にもつ価値を表す金額（価額の一種）と考えることができるところ，原物

の返還は売却によって不能になるため，売却代金額は，原則として，返還不能時の原物の価額，すなわち損失額を表すということができるからである。もっとも，代金額が市場での一般的価格の範囲に収まらない高額である場合もある。その場合には，市場での一般的価格など他の評価によって定まる価額の限度での償還となる。処分による原物の価値の取得が受益であり，その価値の喪失が損失であるところ，価額を超える部分は損失にあたらないからである（大判昭11・7・8民集15巻1350頁〔双務契約の無効の場合に関して，損失の額は，特段の事情がない限り，価額に一致する旨を述べる〕）。

なお，損失者は，原物の価額の返還を受けたときは，損失がなくなるため代償請求をすることはできない。原物の価額に相当する額の代償利益の償還を受けたときは，価額の返還をさらに受けることはできない。代償を得たがその価額が原物の価額に満たないとき（たとえば廉価売買の代金〔債権〕の償還のとき）は，差額を請求することができる。

◆追完　　Case 3-8 ❷のCにおいて即時取得が成立しない場合（Case 3-9のFにおいて善意取得が成立しない場合も同じ），Aは，Cに甲の返還を請求することができる。もっとも，Aは，BC間の売買を追認することもできる。Aがこの追認をしたときは，BC間の売買を原因として甲の所有権がAからCに移転する（追完という）。

Aの追認は，甲の所有権をCに移転させる効力をもつが，Aに帰属すべき甲の処分の利益をBに取得させる趣旨を当然には含まない。そのため，Aは，追認をしても，甲の処分の利益の取得をBに認めたのでなければ，Bに対し，甲の価額の返還または代償利益の償還を請求することができる。

Aが甲の価額の返還または代償利益の償還を受けたときは，価額の返還または代償利益の償還は目的物の（価値の）喪失を前提として認められるものであるから，Aは，BC間の売買を追認したも

のと扱われると解される。

善意の受益者の<br>返還義務の範囲

受益者は，本来，受けた利益を全部返還しなければならない。しかしながら，法律上の原因のない受益であることを知らない受益者（善意の受益者）は，その利益の使用，収益および処分を自由にすることができると信じている。この信頼が保護されないとなると，人びとは生活や事業を安心して営むことができなくなる。そこで，善意の受益者は，受けた利益の消滅を主張証明することにより（最判平3・11・19民集45巻8号1209頁），その利益の返還を免れることができる。

---

Case 3-10

A所有のコレクターズカード（甲）を盗んだBが，その1か月後に，甲を自己の物であると称して，これを信じたCに5000円（甲のその時点での一般的な取引価格）で譲渡した。その1年後に，

**1** Cは，甲をDに1万円（甲のその時点での一般的な取引価格）で譲渡した。

**2** Eが甲を破損した。Cは，Eから賠償金として1万円の支払を受けたが，支払を受けて帰宅する途中にその1万円を落として失った。

**3** Cは，甲を廃棄した。

---

（1）善意の受益者一般について　善意の受益者一般について，703条が返還義務の範囲の**現存利益**への縮減を定めている（この縮減は，原物の代償利益〔Case 3-10 **1**の代金，**2**の賠償金〕の償還についても妥当する）。現存利益は，現存する原物（の一部），代償利益であって現存するもの，原物または代償利益を消費することによって減少を免れた利益（「出費の節約」）からなる。

703条と704条の文言からは，703条による現存利益の返還が原

則であり，受益者が悪意の場合の例外が704条に定められているように見える。しかしながら，侵害利得の場合，ある者（A）に割り当てられた利益を法律上の原因なく他人（B）が得たときに，法による利益割当ての意味を失わせないようAのBに対する請求が認められるのであるから，Bが得たその利益が返還されるべきであり，その返還が不能のときは価額返還等となる。そのため，703条は，善意の受益者に，消滅した利得の返還を免じるという例外的保護を与える規定である。

　ここにいう**善意**とは，法律上の原因がないことを知らないことをいう。703条は受益者の過失の有無を問題にしていないが，権利者の利益を犠牲にした保護に値する者だけを保護すれば足りるとして，受益者に過失または重大な過失がある場合には悪意と同視すべきであるとする学説がある。

　善意の受益者が返還を免れる利得の消滅分に，原物の取得の代価が含まれるか否かについて，見解の対立がある。たとえば，Case 3-10 **1**の場合において（(2)で述べる191条の規定が適用される場合にあたるが，問題点は同じである），AがCに対して1万円の返還を請求したときに，Cは，甲の購入のためにBに支払った5000円を控除することができるか否かである（なお，Cにおいて即時取得は成立しない。193条参照）。Cは，甲の取得に法律上の原因があると信じたからこそ5000円を支払ったのであり，その信頼を保護すべきであるとも考えられる。しかしながら，仮にDへの売却の前にAから甲の返還請求を受けた場合，Cは甲（原物）を返還しなければならず，その際，甲の取得の代価分の支払をAに請求することはできない（194条はこれに対する例外規定である。その例外にあたらない場合，Cは，Bに対して債務不履行による損害賠償を請求するほかない）。そうであれば，甲に代わる利益の返還の場合も同様とすべきであり，

取得代価分を利得の消滅として考慮すべきでない。

　受益者の返還義務の縮減は，権利があると信じてされた財産の処分を保護する趣旨による。そのため，受益者が受益の当時すでに悪意であった場合のほか，善意であった受益者が悪意に転じた後の利得の消滅分についても認められない（前掲最判平3・11・19）。

　◆金銭の利得の消滅　　原物またはその代償利益が金銭である場合も，利得が消滅することがある（Case 3-10 **2**。また，最判昭50・6・27金判485号20頁は，賭博に使われたときに利得の消滅を認めている）。もっとも，金銭については，古銭や記念貨幣等の個性が重視される場合の例外を除き，価額の返還となる。そして，受益者が得た金銭の額を超える金額の金銭や預金等を有する場合には，受益の後に金銭を消費したとしても，金銭にはきわめて高度の代替性が認められるため，その消費によって（自己の有する他の金銭ではなく）得た金銭の価額を減少させたことの証明は容易でない。また，得た金銭の価額を減少させたと認められる場合であっても，それが他の債務への弁済によるものであるときは，その債務の消滅という代償利益が現存しており，生活費など受益の有無にかかわらずされたと認められる支出であるときは，他の財産の減少または他の債務の負担をその金額分免れたという形で利益（出費の節約の利益）が現存している（大判昭7・10・26民集11巻1920頁）。そのため，金銭による利得の消滅が認められることは，あまりない。

　(2)　物の善意の自主占有者について　　善意の受益者のうち，物の善意の占有者について，返還義務の範囲の特則が191条に設けられている。それによれば，物の善意の自主占有者は，その物を責めに帰すべき事由によって損傷または滅失させたときは，現に利益を受けている限度において「賠償をする義務」を負う（同条本文。なお，186条1項により，物の占有者は善意の自主占有者であると推定される）。

　ここにいう滅失には，物理的滅失（Case 3-10 **2**・**3**）だけでなく，

譲渡により第三者が所有権を取得したこと等による返還不能（Case 3-10 ■）も含まれる。また，191条の文言上は限定の対象は「賠償をする義務」の範囲であるが，規定の趣旨は善意の自主占有者の処分の自由に対する信頼を保護することにあるため，不当利得返還義務の範囲も限定される。これによると，Case 3-10 では，Aが甲を盗まれた時から2年が経過するまでCにおいて甲の即時取得は成立しないが（193条），■のCはEから得た1万円の紛失，■のCは甲の廃棄を主張証明することで，価額の返還または代償利益の償還も免れる。

191条の文言上，善意の自主占有者の過失の有無，占有取得の原因（有償行為か無償行為か）は問われず，それが同条の起草趣旨でもある。しかしながら，学説上，後述④の189条についてと同じく，（重大）過失による善意の場合は除くとする見解，有償行為による占有取得の場合に限るとする見解がある。

> 悪意の受益者の
> 返還義務の範囲

悪意の受益者は，一般的には，受けた利益に利息（法定利息）を付して返還しなければならない（704条）。この利息は，金銭の取得が悪意の受益になる場合にはその取得の時（大判昭2・12・26新聞2806号15頁），善意の受益者が悪意に転じたときはその時，原物の返還不能により価額返還義務となった場合にはその時以降で受益者の悪意の要件も充たされる時（たとえば，Case 3-10 のBの返還義務はCへの譲渡により価額返還義務となったが，Bは当初から悪意の受益者であるため，その譲渡の時）から発生し，その発生時の法定利率によって計算される（419条1項）。

悪意の受益者または悪意の占有者は，704条または191条本文により，損害賠償の義務も負う（これは，不法行為による損害賠償義務である。最判平21・11・9民集63巻9号1987頁は，704条に関してこの旨を

明言している。また，大判大 11・9・19 法律学説判例評論全集 11 巻民法
937 頁は，191 条本文の損害賠償について，占有物の返還を不能にした占有
者の過失の責任を問うものであるとする）。

上記の義務はいずれも，損失者の損失を補償するものであるが，
受益者が得た利益の返還をさせるものではない。そのため，侵害利
得の効果として当然に認められるのではなく，損失者は，受益者の
悪意，すなわち法律上の原因がないことを知っていたことを主張証
明することにより支払を請求することができる。

### ④ 使用の利益等の返還

物その他の財貨の使用および収益をする利益（この項目において，
「使用の利益等」ということがある）も，所有者等の特定人に帰属すべ
きものとされていること（割り当てられていること）がある。その場
合に，他の者が法律上の原因なくその利益を得たときは，その特定
人（損失者）は，その他の者（受益者）に対し，得た利益の返還を請
求することができる。

Case 3-11 ─────────────────────────────

Ａが所有する絵画（甲）を，Ｂが，無断で持ち出し，自己の物である
としてＣに無償で貸与した。Ｃは，甲を，最初の 1 か月間は倉庫で保
管し，次の 1 か月間は経営するレストランの壁にかけ，その次の 1 か
月間は美術展を開催するＤに 10 万円で貸した。

─────────────────────────────────────

Case 3-12 ─────────────────────────────

Ｅが，あるテーマパークの年間利用権を 10 万円で取得した。ＦがＥ
宅から入場カードをＥに無断で持ち出し，そのテーマパークを計 10 日
間利用した。

─────────────────────────────────────

| 物の使用および収益 |

財貨の使用の利益等の帰属の侵害が問題になる代表例は，Case 3-11 の甲のように，物が無権原で占有された場合である。

物の使用の利益等は，処分の利益と同じく，所有者に割り当てられている（206 条参照）。そのため，法律上の原因なく物の使用（Case 3-11 の C でいえば，壁にかけての甲の使用）または収益（D への甲の賃貸）をした者は，本来，その利益を返還しなければならない。もっとも，物の使用等をした場合，その使用等の利益をそのまま返還することは不可能である。そのため，この場合には，常に，価額の返還となる。そして，ここでの価額は，物の使用をする権利の価額であり，通常，賃料相当額である。

使用の利益等の返還については，189 条と 190 条に規定がある。それによると，善意の占有者は，果実を取得する（189 条 1 項）。それに対し，悪意の占有者は，現存する果実を返還する義務，消費した果実の代価，過失によって損傷し，または収取を怠った果実の代価を償還する義務を負う（190 条 1 項）。

ここにいう「**善意**」とは正権原の存在を信じたことをいい，「**悪意**」とはその存在を信じたとはいえないことをいう。条文上は，過失の有無は問題にされていないが，過失または重大な過失による誤信の場合には悪意と同視すべきであるとする見解もある。なお，占有者の善意は 186 条 1 項により（無過失は 188 条から）推定されるため，推定が覆らない限り，189 条 1 項の規定が適用される。

189 条 1 項が適用される場合，占有者は，果実を取得するため，消費した果実だけでなく，現存する果実を返還する必要もない。703 条による場合との大きな違いであり，果実の取得は占有者が元物に労力と資本を投下した結果とみうること，果実は日常生活に用いられることが多く，その返還を命じることは占有者に酷になりが

ちであること，無権原占有が果実を生ずるほどの期間続く場合には権利者に回復を怠ったとの非難が可能であることも多いことが，その理由である。もっとも，学説には，現存する果実の返還を認めるべきであるとする見解，189条1項が適用されるのは有償行為による善意の自主占有者（たとえば，Case 3-8やCase 3-10においてAが甲を盗まれた時から2年が経過するまでの間のCや，YをXの代理人と誤信してX所有の物〔甲〕につきYとの間で売買契約を締結し，その契約に基づいてYから甲の引き渡しを受けた者）に限られるとする見解もある。

　使用利益は，一般に，果実と同視される（大判大14・1・20民集4巻1頁，最判昭37・2・27判タ130号58頁）。したがって，善意の占有者は，物の使用利益を取得し（189条1項類推適用），返還の義務を負わない。悪意の占有者は，現に使用した場合のほか，使用しなかった場合であっても使用の意思があったと認められるときは（たとえば，Case 3-11のCのように物を借り受けた者は，使用または収益のためにその物の占有を取得すると考えられるから，その意思があったと認められる），使用を怠ったものとして（190条1項類推適用），使用料相当額の返還義務を負うと解される（これによると，Case 3-11のCは，甲を保管していた間の分についても，使用料相当額の返還義務を負う）。

　現存する果実以外の利益については，占有者が得た利益そのもの（滅失した果実，物の使用等）の返還は不可能であるから，価額の返還（または代償利益の償還）となる。ここにいう価額は，一般に，果実については代価相当額，使用利益については賃料相当額である。

**その他の財貨の使用および収益**　　占有以外の方法で他人の権利の使用（Case 3-12におけるFによるEに属するテーマパーク利用権の使用）または収益（たとえば，株式の配当の受領，ライセンスの供与）が法律上の原因なくされた

ときは，その利益の返還について703条および704条が適用される。

### ⑤　金銭の返還義務

　Aの金銭を，Bが自己の金銭と誤信して持ち去った場合や盗んだ場合には，Aは，Bに対し，不当利得返還請求としてその金額の支払を請求することができる。

　金銭は物の一つであるが，高度の価値表象性（物としての個性がなく，その金銭に化体している経済的価値こそが重要であること）と高度の流通性から，古銭や記念貨幣等の個性が重視される場合の例外を除き，占有者が所有者と認められる（最判昭29・11・5刑集8巻11号1675頁，最判昭39・1・24判時365号26頁）。もっとも，金銭の占有の取得による所有権の取得は，その金銭に化体している経済的価値の取得を当然に正当化するものではない。そのため，その経済的価値の取得は，法律上の原因がなければ不当利得になる。そこで，Bは，持ち去るなどした金銭の所有権を取得するものの，その金銭が表象していた経済的価値，すなわち価額を返還する義務を負う。したがって，金銭の返還義務については，189条または190条の適用はもちろん，類推適用もされず，703条または704条が適用される（最判昭38・12・24民集17巻12号1720頁。703条による返還義務の縮減については，③善意の受益者の返還義務の範囲)(1)参照)。

　これによると，損失者は，受益者に，受益者が取得した金銭と同額の金銭の支払を請求することができる。それに対し，受益者は，自己の善意を主張証明することにより，消費等により消滅したと認められる金額の返還を免れる（703条）。他方，損失者は，受益者の悪意を主張証明することにより，利息の支払を請求することができる（704条）。

　受益者が取得した金銭から運用益を得たときは，「社会観念上受

益者の行為の介入がなくても不当利得された財産から損失者が当然取得したであろうと考えられる範囲においては，損失者の損失がある」とし，その運用益が現存する限り 703 条にいう「利益の存する限度」に含まれるとするのが判例である（前掲最判昭 38・12・24〔銀行が返還義務者であった事案〕）。金銭の運用益の返還も金銭の価額の返還であるため利得消滅が認められることはあまりないから，この判例によると，損失者は，受益者が善意の場合であっても，通常，受益者に対し，受益者が当初取得した金銭の額のほか，受益者が得た運用益のうち損失者が当然取得したであろうと認められる金額（法定利率により計算された額とする考え方もあるが，超低金利時代においては，普通預貯金または定期預貯金の平均金利によって計算された額とすることが適当である場合が多いと思われる）の返還を請求することができる。

# 第4章 給付利得

本章では，債務の履行等として給付がされたところ，その債務等が存在しなかった場合の法律関係について理解しよう。

## *1* 意 義

Case 4-1 ───────────────────────

AとBの間で，AがBにビニール傘500本を10万円で売る契約が締結された。Aは，この契約による債務の履行として，誤ってビニール傘550本をBに引き渡した。

Case 4-2 ───────────────────────

CとDの間で，D所有の甲建物につき代金1億円で売買契約が締結され，代金の支払，甲建物の引渡し，甲建物についてのD名義からC名義への所有権移転登記がされた。その後，Cが，この契約の意思表示を，Dの詐欺を理由に取り消した。

| 給付利得とは |
|---|

債権の目的である債務者の行為を，給付という。給付をそれ自体としてみれば，給付

されたものについて，給付者に損失，受領者に受益が生じる。この損失と受益は一つの給付の結果であるから，両者の間に因果関係が当然にあるとみることができる。そのため，給付の原因である債権が存在しなかった場合，受領者が給付されたものを保持することは，法律上の原因を欠き，不当利得となる。この場合の不当利得を，給付利得と呼ぶ（**2**において述べるように，厳密にいえば債務の履行にあたらない行為がされた場合も含まれる）。債務の履行として行為がされたところその債務が存在しなかった場合（非債弁済という。Case 4-1で引き渡された傘のうち契約数量を超える部分），契約の履行として行為がされたところその契約が無効（取消しによる無効を含む。以下同じ）であった場合（Case 4-2），契約の履行後にその契約が解除された場合（ただし，解除により契約が遡及的に消滅すると解するとき）が，給付利得を生ずる場合の代表例である。

　給付利得では，給付としてされた行為が原因を欠くことから，その行為がされなかった状態（原状）が回復されるべきことになる。そのため，効果の基本は，給付されたもの（原物）の受領者から給付者への返還である（705条・708条本文を参照）。その上で，原物の果実・使用利益・利息の返還の要否と内容，原物の返還が不能であるとき（たとえば，原物が有体物である場合にその物が滅失または識別不能になったとき，原物が役務など返還を観念することができないものであるとき）の処理等が問題になる。

| 双方的給付利得と<br>一方的給付利得 |

これらの問題を考える際には，双務契約上の債務の履行として行為がされたところ，その契約が無効であった場合または解除された場合（以下，この場合の給付利得を「双方的給付利得」という。たとえば，Case 4-2）と，それ以外の場合（以下，この場合の給付利得を「一方的給付利得」という。たとえば，Case 4-1のAによる契約数量を超

える50本分の傘の引渡し）を区別する必要がある。

(1) 双方的給付利得　　双方的給付利得では，契約がされなかった状態（原状）の回復が図られ，当事者は給付されたものを互いに返還すべき立場になる。その際，当事者の一方のみの事情（たとえば，善意または悪意，受けた利益の消滅）を考慮してその返還義務の内容を定める（軽減し，または加重する）ことは，一般的にいえば公平を害し，適切とはいえない結果になりやすい。

たとえば，売買契約が無効であり給付された物と金銭の返還が問題になる場合において，契約の無効について当事者の一方が善意，他方が悪意のときに，善意者に消滅した利得の返還を免れさせると，契約がされなかった状態の回復が図られるべきであるのに，それが実現しないことになる。また，金銭の返還義務を負う者は遅滞に陥った時から法定利息の支払義務を負うとされる場合に，金銭以外の物の受領者が果実または使用利益の返還の義務を負うのはその物から現に果実が生じ，またはその物を現に使用したときだけであるとするならば，売主として金銭を受領した者は利息の支払を当然にしなければならないのに，買主として物を受領した者はその物を返還するだけでよいことがあり，公平とはいいがたい。こういったことから，双方的給付利得の場合，189条から191条までと703条および704条の規定を適用することは適当でない。

(2) 一方的給付利得　　一方的給付利得の場合には，双方的給付利得について上に述べたような事情はない。加えて，侵害利得との違いは，利益が本来それを享受する立場にない者に帰属することになった原因が，損失者の意思に基づく行為か否かにあるだけであるとみうる。他人の傘50本を権限なく使用，収益，処分をする者（受益者）の利益を保護すべき程度は，その傘を占有するに至った原因が給付であるか否かによって異ならない。その傘の所有者の利益

を保護すべき程度は，自ら引渡しをした者について，他人に持ち去られた者より（小さいことはあっても）大きいということはない。そうすると，たとえば受益者の返還義務の範囲をその主観的事情次第で縮減させる703条や189条の規定が適用されてもよいことになる（もっとも，現在の学説では，189条の適用には異論もある。なお，無償契約の無効の場合，121条の2第2項において703条と同じ旨の定めがされている）。

## *2* 要　　件

　給付利得の成立要件は，①当事者の間で給付として行為がされたこと，②その給付の原因となる法律関係が存在しなかったことである。

　ここにいう給付には，債務（不法行為による損害賠償債務，不当利得返還債務等の法定債権にかかる債務を含む）の履行としてされる行為のほか，消費貸借金の交付など要物契約を成立させるための行為，所有権に基づく請求を受けてされる物の返還など物権の存在を前提としてされる行為を含む。それらの行為がされた場合において，債務，契約，物権が存在しないときに，給付の原因が不存在となる。

## *3* 効　　果

### 1 一方的給付利得の場合

Case 4-3 ───────────────────────────

　Ａがその所有する甲建物をＢに贈与し，引渡しと所有権移転登記がされた。その後，Ａの保佐人Ｃが，Ａの制限行為能力違反を理由にその贈

与契約を取り消した。

---

Case 4-4 ─────────────────────────────

　DとEの間で，Dがビニール傘500本を10万円でEに売る契約が締結された。Dは，この契約による債務の履行として，誤ってビニール傘550本をEに引き渡した。

- **1** ホテルを営むEは，受け取った傘のうち450本を，イベント参加者に配布した。
- **2** Eは，受け取った傘全部をイベント参加者に配布した。
- **3** Eは，受け取った傘全部を宿泊客への一時貸出サービスに使用した。
- **4** Eは，受け取った傘全部を何者かに盗まれた。

---

Case 4-5 ─────────────────────────────

　FがGに，Fの父H（故人）がGの父I（故人）から借りた100万円を返済した。その後，Fは，HがIにその債務をすでに弁済していたことを知った。

---

| 原物返還の原則 |
|---|

　給付利得では，給付されたものが受領者の受益であり給付者の損失であるから，その給付されたもの（原物）が返還されるべきことになる。給付利得においては，侵害利得の場合（⇒**第3章3**②）と異なり，不当利得返還請求として占有の回復の請求が可能であることに争いはない。

　Case 4-3では，Aは，Bに対し，甲建物の返還とB名義への所有権移転登記の抹消登記手続を請求することができる（この場合，贈与契約に基づいて給付されたものがその契約の無効により返還されることになるため，121条の2第1項〔および受贈者が契約の無効につき善意であったときは同条2項〕が適用される。もっとも，同条による返還請求の

性質は，不当利得〔給付利得〕返還請求である）。

Case 4-4 の場合，D が E に給付した傘のうち 50 本が非債弁済となり，D に返還されるべきことになる。その際，D が販売業者であること，ビニール傘は消費財に類するものといえることから，傘が使用されたことにより原物の返還は社会通念上不能になると考えられる。また，未使用の傘がある場合であっても，それが 50 本を超えるときはどの 50 本が非債弁済分かを特定することができないため，原物の返還は不能であるようにも思われる。しかしながら，それでは，D（損失者）が望む場合も原物の返還が実現されず，E（受益者）は価額返還の形で非債弁済分を事実上買い取らされることになる。そこで，D の返還債権を，給付した物の中から給付当時の状態（原状）で返還を受けることができる限定種類債権と捉えることが考えられる。以上によると，■では，D は E から未使用の傘のうち 50 本の返還を受けることができる。■〜■では，D が傘の返還を受けることはできず，原物の返還不能として処理される。

Case 4-5 のように給付されたものが金銭である場合には，古銭や記念貨幣等の個性が重視される場合を除き，価額返還となる（⇒第 3 章 3 ⑤）。

| 原物返還の不能 |

給付されたものの返還が不能である場合（給付された物が滅失した場合〔たとえば，Case 4-3 で甲建物が焼失した場合〕，労務など元来返還できないものの給付の場合など）には，その返還が不能となった時の価額の返還または代償利益の償還の問題となる。原物が代替物であった場合も（たとえば，Case 4-4 ■〜■），受益者が代物の調達および返還の義務を負うことはない（⇒第 3 章 3 ③）。

価額返還または代償利益の償還となる場合，受益者は，次に述べる利得消滅の抗弁を提出することができるときは，その返還等の義

務も負わない。

利得の消滅

善意の受益者（たとえば，Case 4-3 の B が贈
与契約の無効を知らなかったとき，Case 4-4 の
E が本数超過を知らなかったとき，Case 4-5 の G が債権の消滅を知らなか
ったとき）は，現に利益の存する限度で返還することで足りる（121
条の 2 第 2 項・703 条。その内容については第 3 章 *3* ③ 善意の受益者の返還
義務の範囲）参照）。

果実・使用利益，利息

給付利得の場合，受益者が給付された物か
ら収取した（または，すべきであった）果実，
給付されたものの使用の利益，給付を受けた金銭の利息についても，
返還の要否と範囲が問題になる。

　果実（たとえば，Case 4-3 の B が甲建物を賃貸して得た賃料）につい
て，現在の学説では，無償取得者が果実を全部取得することができ
るとすることは不当利得の理念である公平に反するとして，あるい
は，189 条は侵害利得の特則であるとして，189 条の適用を否定す
る見解が有力である。これによると，果実の返還について 703 条お
よび 704 条が適用される。もっとも，189 条は侵害利得のみの特則
として設けられたものではなく，善意の自主占有者に果実の取得が
認められることとされた理由（⇒第 3 章 *3* ④）は一方的給付利得の
場合にも妥当しうる。したがって，侵害利得の場合における物の果
実の扱いと同じ扱いをすべきであると思われる。

　使用利益（たとえば，Case 4-3 の B が甲建物を使用した場合。Case 4-
4 ❸ の E による傘の貸出しは，前述のとおり，処分と同視されると解され
る）は，果実と同視される（⇒第 3 章 *3* ④）。

　金銭の利息の返還についても，侵害利得の場合と同じ処理（⇒第
3 章 *3* ⑤）となる。

## ②　双務契約の無効による原状回復

Case 4-6

　AとBの間でB所有の甲建物の売買契約が締結され，この契約に基づいてBからAへの甲建物の引渡しとB名義からA名義への所有権移転登記，AからBへの代金3000万円の支払がされた。

　■　Aが，錯誤を理由に，上記契約の意思表示を取り消した。

　■　Aが，Bの詐欺を理由に，上記契約の意思表示を取り消した。

　■　Aが保佐人Cの同意を得ずに契約を締結していたため，Cが上記契約を取り消した。

---

原状回復の原則

　双務契約に基づく債務の履行として給付がされたところ，その契約が無効であったときは，その給付は法律上の原因を欠いていたことになる。この場合，その給付がされなかった状態を回復しなければ，契約を無効にした法の意味が失われる。そこで，当事者双方が，原則として，相手方を原状に復させる義務（原状回復義務）を負う（121条の2第1項。その性質は不当利得〔双方的給付利得〕返還義務である）。この義務は牽連性が認められる双務契約上の債務の履行がされなかった状態を実現するために当事者が互いに負うものであるため，双方の義務について牽連関係を認めることが公平と考えられる。これらの点に，双務契約の無効による返還義務の基本的特徴がある。

　双務契約の解除がされた場合も，解除によって契約の効果が遡及的に消滅すると解するときは，双務契約の無効につき上に述べたことと基本的に同じになる（もっとも，解除の場合には給付されたものの利息・果実の返還〔545条2項・3項〕や返還義務の同時履行関係〔546条〕につき規定があるのに対し，双務契約の無効の場合にはその種の規定がな

く扱いが明確でないなど，違いもある）。以下では，双務契約の無効の場合をもっぱら取り上げる。

> | 原物の返還の不能

相手方を契約前の状態に復させるためには，各当事者は，給付されたもの（原物）を返還しなければならない。したがって，Case 4-6 でいえば，A から B に対する甲建物の返還，B 名義から A 名義への所有権移転登記の抹消登記手続の申請，B が A から受け取った 3000 万円の B から A への返還がされるべきことになる。

　もっとも，原物の返還が不能になることがある。その場合，返還義務の内容が問題になる。

## Case 4-7

　Case 4-6 において，甲建物が，A または C による取消しの後，B に返還される前に，落雷により焼失した。

---

　一方的給付利得の場合には，原物の返還が滅失または損傷等により不能になると，善意の受益者に利得消滅の抗弁が認められ，現に存する利益の限度での返還となる（⇒①利得の消滅）。

　これに対し，双務契約の無効の場合には，原則として利得消滅の抗弁は認められない。この場合，原状の回復が実現されるべきであり，そのために当事者が互いに負う返還義務に牽連関係が認められるのであれば，当事者の一方のみに義務の縮減を認めることは適当でない。一方の利得の消滅をまず認め，他方の債務もそれに応じて縮減すること（危険負担に関する債務者主義の類推）は，双方の返還義務の牽連性の観点からは考えられる。ただ，相互の返還義務の縮減では原状の実質的な回復も実現しない。仮に返還義務の相互縮減を前提とするとしても，縮減の範囲の確定が難しいことがある。また，売買等の無効の場合に代金等として金銭の支払を受けた者，給付と

して役務の提供を受けた者の返還義務は、常に、（給付されたものの返還ではなく）価額の返還（または代償利益の償還）であり、かつ、利得の消滅が認められることはあまりない（⇒第3章3③◆金銭の利得の消滅）。そのため、返還義務の縮減を認める場合、その有無は、事実上、物の給付を受けた者の事情のみによって定まることになる。しかしながら、双務契約が無効である場合の法律関係を定めるにあたって、さまざまな給付受領者のなかで、物の給付を受けた者だけを特別に扱う理由はない。したがって、双務契約の無効の場合には、給付されたものの返還ができないときは、返還が不能となった時の価額による返還をすべきことになる（Case 4-7のうちCase 4-6 ■または■では、Aは、Bに対し、焼失時の甲建物の価額を返還しなければならない）。

　ただし、表意者の意思無能力による法律行為の無効または制限行為能力違反を理由とする法律行為の取消しの場合（Case 4-7のうちCase 4-6 ■を前提とする場合はこれにあたる）には、意思無能力者または制限行為能力者は、「現に利益を受けている限度」で返還すること（現受利益の返還〔その内容は現存利益の返還と同じ〕）で足りる（121条の2第3項）。これは、財産管理能力に欠けると一般に考えられる者を特に保護しようとするものである。

　　◆利得消滅の抗弁が認められる場合　　消費者契約法4条1項～4項による消費者契約の取消しの場合には、善意の消費者は、その「契約によって現に利益を受けている限度において、返還の義務を負う」（消費契約6条の2）。消費者契約における消費者を特に保護するものであり、その保護の理由にはさまざまな説明がありうるが、事業者の不当勧誘による消費者被害の一般的防止という社会政策的考慮を理由とすると考えるべきである。

　　このほかに、詐欺または強迫を理由とする取消しの場合に、被詐欺者または被強迫者は給付を押しつけられたといえるのに、原物の

返還不能のときに価額の返還をさせることはその金額で購入させたことと同じ結果になるとし，これを避けるため利得消滅の抗弁を認めるべきであるとする見解もある。

| 果実・使用利益，利息 | 給付されたものの果実または使用利益，返還すべき金銭の利息の返還についても，双

務契約の無効の場合には，当事者が契約締結前の状態に戻すために互いに義務を負う関係にあることに鑑みて，当事者の一方がその者固有の事情により返還義務の範囲を縮減され，または加重されることは適当でない。これによると，果実または使用利益，利息の返還について，189条もしくは190条または703条もしくは704条を適用すること（たとえば Case 4-6 において，A について189条により甲建物の使用利益の価額返還義務を負わないとすること，B について703条により返還額を減じること）は適当でない（もっとも，大判大14・1・20民集4巻1頁は，土地建物の売買契約が取り消された場合の建物の賃料および使用利益の返還について，189条を〔類推〕適用して，善意の買主の返還義務を否定している）。

その場合，当事者は，果実または使用利益，金銭の利息を互いに返還しあうか，互いに返還する必要はないとするかの，いずれかとなる。互いに返還しあうことになるとする場合には，さらに，どのような内容で返還しあうことになるかが問題になる。

この点につき，575条を類推適用して，両当事者は，原物の返還がされるまでの果実または使用利益，利息を互いに返還する必要はないとする見解もある。しかしながら，575条は両当事者の間で主観的に等価関係にあると捉えられる目的物と金銭から生ずる利益の扱いを定めるものであり，それゆえ，目的物の引渡しまで果実の引渡しも代金の利息の支払もされないことで，（主観的な）等価関係が崩れることはない。それに対し，双務契約の無効の場合，給付され

たものの客観的価値に（著しい）差があり，両当事者の間に給付の
等価性に関する了解もないことが（特に瑕疵ある意思表示では）珍し
くない。そのときには，原物の返還までに生ずる果実または使用利
益の額と利息の額との間に（大きな）差が生じうるが，その差益を
当事者の一方が収めることを正当化する事情は存在しない。

　したがって，双務契約の無効の場合には，両当事者は，給付を受
けた時から返還の時までに得た果実または使用利益と，返還すべき
金銭を取得した時以降の利息を，互いに返還すべきこととするのが
適当である（これは，結果として，契約の解除の場合に関する545条2項
および3項による処理と同じである）。

　◆返還義務の内容　　果実については，一般的には，物の給付を受
けた者がその物から生じた果実（返還が不能の場合には果実の価額）を
返還すべきことになる。ただ，契約の無効による原状回復は契約が
されていなかったときの利益状態に戻すことを目的とするところ，
受領者が得た果実の価額が，給付者が引渡しをしていなければ取得
したと考えられる果実または使用利益の価額を超える場合には，取
得された果実全部の返還は給付者に原状回復を超える利益を得させ
る結果になる。そこで，給付者がその契約がなければ取得したであ
ろう果実または使用利益の限度での返還とすることが考えられる。

　使用利益については常に価額返還となり，その額は，通常の賃料
相当額など他人に使用させた場合の通常の使用料相当額となるのが
一般的である。ただ，たとえば建物の場合，居住用と事業用とでは，
同じ建物でも賃料額が異なりうる（一般に，後者のほうが高額である）。
そのため，無効な契約に基づいて引き渡された建物を給付者と受領
者のうち一方は居住のために，他方は事業のために使用していたと
きなど，両者において用途の違いのため通常の使用料相当額が異な
るときは，（契約がされていなかったときの利益状態に戻すためには，受
領者は給付に基づいて得た利益を返還し，給付者は給付をしなければ得たは
ずの利益の返還を受けることで足りるため）いずれか低額のほうをもっ

て，返還されるべき使用利益の価額とすることになると解される。

　なお，返還されるべき果実の価額が使用利益の価額以上であるときは，使用利益の返還は問題にならず，返還されるべき果実の価額が使用利益の価額を下回るときは，果実の返還に加えてその差額の金銭が返還されるべきことになると考えられる。

　利息の利率は，法定利率による（404条1項）。法定利息は元本の通常の使用利益ともいえるものであるため，金銭の受領者が法定利息を上回る運用益を得た場合において，給付者も法定利息を上回る運用益を当然に得たであろうと認められるときは，両者の運用益が重なる部分の返還が原状回復として認められるべきであると思われる。

 同時履行関係 　双務契約の無効の場合に両当事者が相互に負う返還債務は，同時履行の関係に立つ。

　最判昭47・9・7民集26巻7号1327頁は，AB間でA所有の土地の売買がされた場合に，Aが第三者の詐欺を理由に契約の意思表示を取り消し，その土地につきされていた所有権移転の仮登記の抹消登記手続等をBに求めた事案において，Bのその義務とAが代金として受領した金額の返還義務につき，533条の類推適用を認めている。

　詐欺または強迫を理由とする取消しの場合には，295条2項の趣旨から，詐欺者等に同時履行の抗弁権を認めるべきでないとする見解もある。しかしながら，同時履行の抗弁権を認めることで無効な契約によって生じた法律関係の簡易・迅速な清算が可能になること，同時履行の抗弁権を否定しても，詐欺者等からの別訴や反訴が可能である以上，被詐欺者等の保護にさして意味があるとはいえないこと，同時履行の抗弁権と留置権は，同様の趣旨に基づくとはいえ別のものであることから，同時履行関係が認められてよいと思われる。

**Web** 物権的請求権と双務契約の無効による原状回復請求権の競合 ✼

　Case 4-6 の B は，甲建物の所有権を有していたから，売買契約の無効による原状回復請求のほか，所有権に基づく請求として，甲建物の返還や A 名義への所有権移転登記の抹消登記手続の申請を A に求めることもできる。

　原状回復請求と所有権に基づく請求とでは，何らの調整もしなければ，189 条の適用の有無，引換給付関係の有無，消滅時効，A が破産したときの B による取戻しの可否等につき違いがある。

　これは請求権競合の一場面であるが，双務契約が無効である場合の返還関係に関する規律は，一つの契約に基づく双方的な給付の清算の関係であることを考慮して定められており，売買のように所有権の移転を内容の一つとする契約の無効の場合には，その規律のなかに所有権の移転が生じなかったときの処理が含まれている。そのため，所有権に基づく請求がされた場合において，その所有権の移転を目的とする双務契約が締結されたものの，その契約が無効であることが明らかになったときは，必要に応じて請求に制限が加えられるべきである。たとえば，189 条は適用されない，所有権に基づく請求の場合も相手方の原状回復にかかる請求との間の引換給付関係を主観的態様にかかわりなく認める（留置権の行使につき 295 条 2 項を適用しない），所有権に基づいて請求する者は相手方の原状回復にかかる権利につき消滅時効を援用することができない，自己の原状回復義務を履行していなければ相手方破産時の取戻権を行使することができない，などとすることが考えられる。

✼✼✼✼✼✼✼✼✼✼✼✼✼✼✼✼✼✼✼✼✼✼✼✼✼✼✼✼✼✼✼✼✼✼✼✼✼✼✼✼✼✼✼✼

## *4* 給付の返還が認められない場合

### □1 債務の不存在を知ってした「弁済」

Case 4-8 ────────────────────────

　ＡとＢの間で，ＡがＢにビニール傘 500 本を 10 万円で売る契約が締結された。Ａは，傘が 550 本あることを知りながら，その全部をこの契約の履行としてＢに引き渡した。

────────────────────────────

Case 4-9 ────────────────────────

　ＣとＤの間で，Ｃ所有の甲建物につき代金 1 億円で売買契約が締結され，甲建物について，この契約を原因としてＣ名義からＤ名義への所有権移転登記がされた。Ｃは，債権者の差押えを免れられるよう登記名義をＤに移すためだけに，Ｄと通謀してこの契約をしていた。

────────────────────────────

　債務の弁済として給付がされたが，その債務が存在しなかった場合には，不当利得（給付利得）の成立要件が充たされるから，本来，給付者は受領者に対し給付したものの返還を請求することができる。しかしながら，Case 4-8 のように給付者が給付の当時に債務の不存在を知っていたときは，返還請求は認められない（705 条）。これは，返還義務を本来負う受領者を例外的に保護する結果となるものであるため，受領者に給付者の悪意の証明責任がある（大判明 40・2・8 民録 13 輯 57 頁）。

　705 条の規定は，矛盾的態度の禁止（禁反言）を根拠とする。この根拠から，次のことが導かれる。

　第一に，債務の不存在を知らなかった給付者は，そのことにつき

過失があっても，利得の返還を請求することができる（大判昭16・4・19新聞4707号11頁）。

　第二に，債務の不存在を知りながら弁済として給付をしたことが非難に値しない事情のある場合も，給付者は，利得の返還を請求することができる。その例として，給付者が強制執行を免れるためにやむをえず給付をした場合（大判大6・12・11民録23輯2075頁），家屋の賃借人が，家賃が地代家賃統制令による統制額を超えることを知りながら，債務不履行責任を問われることをおそれ，超過部分につき後日返還請求すべき旨を留保して，やむをえず約定賃料の支払をした場合（最判昭35・5・6民集14巻7号1127頁），賃料支払義務がないことを知る者が，支払をする筋合いではないが賃料不払にこじつけて家屋明渡請求を起こされることへの防御方法として支払をする旨を特に表示した上で，相手の求める賃料額を支払った場合（最判昭40・12・21民集19巻9号2221頁）などがある。

　双務契約の無効による給付されたものの返還については，相互の返還債務の牽連性が重視され，705条は適用されない。たとえば，双務契約が心裡留保，虚偽表示，公序良俗違反等により無効であることを知りながらその契約の債務の履行として給付をした者（たとえばCase 4-9のCとD）の121条の2による原状回復請求が，705条によって妨げられることはない。

### ② 期限前の弁済

Case 4-10 ─────────────────────────────

　Aは，2022年1月10日に，Bから，2023年1月10日に100万円を返済することを約して90万円を借り受けた。Aは，返済期日を勘違いして，2022年12月10日に，その債務の弁済として100万

円をBに支払った。

---

Case 4-11 ───────────────────────────

　Cは，Dとの間で，DがEからCのために工事の受注に成功した場合には100万円の報酬を与えることを約した。Cは，2022年12月10日に，Dがその受注に成功したと思い，Dに上記報酬として100万円を支払った。ところが，Dが受注に成功したのは2023年1月10日のことだった。

---

　Case 4-10のように債務に履行期限が設けられている場合，期限が到来するまで，債権者が請求をしても，債務者はこれに応じる必要がない。ただ，その間も債権は存在している。そのため，債務者による弁済，債権者による受領はいずれも有効である。期限の到来前にされた弁済によっても債権債務は消滅し，債務者はその給付したものの返還を請求することができない（706条本文）。

　もっとも，支払われた金銭につき期限までに生ずべき利息等の利益は，本来，債務者に帰属すべきものである。そのため，この利益については，債務者が放棄したのでなければ，債権者に不当利得が生ずる。債務者が期限の到来前であることを知りながら弁済したときは，期限の利益が放棄されたと解される。それに対し，債務者は，期限未到来であることを知らずに（「錯誤によって」）弁済したときは，給付したものから債権者が弁済期までに得た利益（Case 4-10では1か月分の利息相当額）の返還を請求することができる（706条ただし書）。

　停止条件付きの法律行為による債権につき条件の成否未定の間にその弁済として給付がされた場合（Case 4-11），債権は未発生のため，給付利得が成立する。これは，その後に条件が成就したとしても変わらない（127条1項参照）。しかしながら，条件が成就したと

きは，給付者は既給付のものを目的とする給付義務を負うことになるから，そのものの取戻しを給付者に認めることは，益するところがなく，法律関係をいたずらに複雑にする。そこで，このときには，706条の類推適用により，債務者は，給付したものの返還を請求することができないものの，条件の未成就を知らずに弁済として給付をしたときは，債権者が給付されたものから条件成就の時までに得た利益の返還を請求することができると解される。

### ③ 他人の債務の弁済

Case 4-12 ―――――――――――――――――――――――――

Ａが所有する自動車甲（時価100万円）を，Ｂが故意に壊した。

**❶** Ｂから相談を受けたＣが，Ｂの代わりに損害賠償金として100万円をＡに支払った。

**❷** Ｂが甲を壊した当時泥酔した状態でＢと一緒にいたＤは，ＢからＤも一緒に甲を壊したと聞かされてこれを信じ，損害賠償金としてＡに100万円を支払った。

**❸** ❷において，Ａは，甲の破壊にＢが関与したことを知っていたが，Ｄから100万円を受け取ったことからＢに損害賠償の請求をせず，そのまま3年が経過した。

―――――――――――――――――――――――――

債務は，第三者が弁済することもできる（474条1項）。

第三者が「他人の債務」の弁済として給付をした場合（Case 4-12 ❶），弁済の効力が認められるか否かは，474条2項から4項までの規定によって定まる。そして，弁済の効力が認められないときは，第三者と債権者との間で一方的給付利得の問題となる。

Case 4-12 ❷のＤのように債務がないのに債務があると誤信して弁済として給付をした者（以下，「第三者」という）は，本来，非

債弁済として，給付したものの返還を給付受領者に請求することができる。しかしながら，その者（以下，「債権者」という）が別の者に対して債権を有しており，その給付によりその債権に関して有効な弁済を受けたと信じて，その債権の証書を滅失させ，もしくは損傷した（効力を失わせた）場合，担保を放棄した場合，またはその債権を時効により失った場合（Case 4-12 **❸**）には，第三者は，給付したものの返還を請求することができない（707条1項）。これらの場合には，債権者が債務者からその後に弁済を受けることが困難になるため，弁済の効力に対する債権者の信頼を保護する必要があるからである。

707条1項は，弁済を受けられないことになる不利益から債権者を保護するという規定の趣旨から，債権者が同一の事実関係に基づいて不当利得返還債権と不法行為による損害賠償債権を有する場合には，それらの債権全部について消滅時効が完成したときに限り適用される（大判昭6・4・22民集10巻217頁）。たとえば，使用者Aの金銭を被用者Bが横領し，Bの身元保証人であると誤信したCがAに被害額を支払った場合において，横領の発覚から3年の経過によりAのBに対する不法行為による損害賠償債権の消滅時効が完成しても（724条1号参照），なおAがBに対し不当利得返還請求をすることができるときは（166条1項参照），707条1項は適用されない。

第三者が返還請求をすることができない場合，債務者に，債務消滅という法律上の原因のない利益が反射的に生ずる。これにより第三者弁済が有効にされたときと同様の状況になるため，第三者に，債務者に対する求償権が認められる（707条2項）。

## ④ 不法原因給付

Case 4-13 ───────────────────────────────

　Aは，賭博でBに100万円負け，その場で10万円を支払い，後日残金90万円を支払うことになった。

────────────────────────────────────────

┌─────────┐
│　　意　　義　　│　Case 4-13 のBが残金90万円の支払をA
└─────────┘　に求めて訴えた場合，賭博という社会秩序
を著しく乱し許されない行為を原因とする利益の実現に国家が助力
することは適当でないことから，請求の原因となる契約は無効とさ
れ（90条），請求は認められない。では，その契約は無効というこ
とから，Aがすでに支払った10万円の返還をBに求めて訴えた場
合，その請求を認めてよいか。この請求もAが賭博をしたことを
原因として成り立つものであるから，これを認めることは，契約の
無効の論理的帰結ではあるものの，社会秩序を著しく乱し許されな
い行為をしたことを根拠に請求を認める（その意味で，権利の実現に
国家が助力する）ことを意味し，適当とはいえない。このような趣
旨から，「不法な原因のために給付をした者は，その給付したもの
の返還を請求することができない」（708条本文）とされている。

　708条本文は，本来成り立つはずの返還請求を，給付者に強く非
難されるべき事情があるため例外的に排除するものである。そうで
あれば，給付が不法な原因に基づいてされた場合であっても，給付
者の非難されるべき程度が大きくないときは，その排除を認める必
要はない。そこで，「不法な原因が受益者についてのみ存したとき
は」，給付したものの返還の請求が不法な原因に基づく給付である
ことを理由に妨げられることはない（同条ただし書）。

　708条によれば，給付したものの返還請求
は，その「給付」が「不法な原因」のため
にされたとき（「不法原因給付」であるとき）は認められない。ただし，
不法な原因が「受益者についてのみ」存したときは別である。

　不法な行為に基づいて利益の移動があった状態は，本来，是認さ
れてはならない。そのため，その状態の解消は，本来望ましいこと
である。708条本文の適用は，この望ましいはずの処理の否定にあ
たる。そうであれば，その適用は，不法な行為に基づいて利益の移
動がされた場合のうち，本来望ましいはずの処理を否定すべき事情
があるときに限られるべきである。そこで，708条本文にいう「不
法な原因」（原因の不法性）と「給付」の要件について限定的な解釈
がされ，同条ただし書にあたる場合が拡大されている。

　(1)　不法な原因　　708条本文の上記の趣旨から，判例上，708
条にいう「不法な原因」にあたるのは，不法な無効行為のうち，そ
の行為がされた当時の社会の倫理，道徳に反する醜悪なものをいう
とされている（最判昭35・9・16民集14巻11号2209頁，最判昭37・
3・8民集16巻3号500頁，最判平20・6・10民集62巻6号1488頁ほか）。

Case 4-14 ————————————————————————

　Aが，Bに売春の対価として5万円を支払った。その後に，Aは，売
春を目的とする契約は公序良俗に反して無効であるとして，5万円の返
還をBに請求した。

Case 4-15 ————————————————————————

　C所有の乙土地につき，Cの債権者による差押えを妨げるためにCと
Dが売買を仮装してした登記手続の申請に基づいて，C名義からD名
義への所有権移転登記がされた。その後，Cが，売買の無効を主張して，
その登記の抹消登記手続をDに請求した。

Case 4-14 では，売春は売春防止法 3 条で禁じられた行為であり，売春を目的とする契約は公序良俗違反のため無効（90 条）であるだけでなく，性道徳に反する醜悪なものと評価されることから，A の請求は認められない。それに対し，Case 4-15 における CD 間の仮装の売買契約は，虚偽表示により無効であり，刑法 96 条の 2 第 1 号に該当する行為でもあるが，C の請求を否定すると，かえって C の債権者による強制執行を不可能にしてその債権者を害するという，刑法 96 条の 2 が抑止しようとした結果が実現してしまう。そのため，C の請求が 708 条本文により妨げられることはない（最判昭 41・7・28 民集 20 巻 6 号 1265 頁参照）。

◆「不法な原因」の判断例　　判例上，「不法な原因」による給付とされたものに，賭博による債務の弁済（最判昭 40・12・17 民集 19 巻 9 号 2178 頁は，これを前提とする），娘が雇主の下で酌婦として稼働することで得る報酬から返済するものとしてされた雇主から娘の父に対する消費貸借金の交付（最判昭 30・10・7 民集 9 巻 11 号 1616 頁。実質的に人身売買にあたる），愛人関係の維持を図るという不法な動機のためにされた贈与に基づく不動産の給付（最大判昭 45・10・21 民集 24 巻 11 号 1560 頁，最判昭 46・10・28 民集 25 巻 7 号 1069 頁），いわゆるヤミ金融業者から借主に対する年利数百％から数千％という高利での貸付金の交付（前掲最判平 20・6・10），投資詐欺の手段としてされた配当金を装った金銭の交付（最判平 20・6・24 判時 2014 号 68 頁），無限連鎖講（いわゆる「ネズミ講」）に該当する事業の配当としてされた金銭の交付（最判平 26・10・28 民集 68 巻 8 号 1325 頁）などがある。

反対に，「不法な原因」による給付にあたらないとされた例として，上述の強制執行を免れるためにされた仮装譲渡による所有権移転登記のほか，物資統制法規違反の売買契約に基づく揮発油の給付（前掲最判昭 37・3・8。統制法規違反行為が，「当時の社会における倫理，道徳に反した醜悪なものであつた旨の首肯しうべき理由が示されなければな

らない」とした），法定額を超えることを知ってされた選挙費用の立替金の交付（最判昭40・3・25民集19巻2号497頁）などがある。

　(2)　給付　　給付とは，一般的には，債権の目的となる債務者がすべき行為をいう。

Case 4-16 ────────────────────────────────────

　配偶者のあるＡが，Ｂとの不倫関係の維持を目的として，自己の所有する甲建物をＢに贈与する契約をＢとの間で締結した。この契約に基づいて，

　**1**　ＡからＢへの甲建物の引渡し，Ａ名義からＢ名義への所有権移転登記がされた。

　**2**　Ａは，甲建物をＢに引き渡した。甲建物についてＡ名義の所有権の登記がされており，Ｂ名義への所有権移転登記はされていない。

　**3**　Ａ名義からＢ名義への所有権移転登記はされたが，甲建物の引渡しはされていない。

　**4**　Ａは，甲建物をＢに引き渡した。甲建物は，表題登記がされていない建物（いわゆる未登記建物）である。

────────────────────────────────────────────

　708条にいう「給付」も上記の意味であるならば，Case 4-16でＡがした甲建物の引渡し，所有権移転登記はいずれも不法原因給付にあたり，Ａは，甲建物の返還も，所有権移転登記の抹消登記手続もＢに請求することができないことになる。

　もっとも，判例によると，未登記建物の贈与の場合には，建物の引渡しが708条にいう給付にあたる（前掲最大判昭45・10・21）。それに対し，既登記建物の贈与の場合には，708条にいう給付があるというためには，建物の引渡しだけでは足りず，所有権移転登記がされたことが必要である（前掲最判昭和46・10・28）。これによると，**1**と**4**では給付があり，**2**では給付があったとはいえない。

**3**については，給付の有無を直接明らかにする判例はない。もっとも，強制執行を免れる目的でされた不動産の仮装譲渡に基づいて譲受人名義の所有権の登記がされた事案で，所有者による登記名義の回復の請求を認めた最高裁判決（最判昭27・3・18民集6巻3号325頁，最判昭37・6・12民集16巻7号1305頁，前掲最判昭41・7・28）は，引渡しの有無を問題としておらず，所有権移転登記が708条にいう給付にあたることを前提としていたと解される。そうであれば，**3**では給付があったと認められる。

　◆民法708条の「給付」　708条の「給付」は，債務の履行の終局的な完了を意味すると説明されることが多い。しかしながら，たとえばCase 4-13では，Aは100万円を支払わなければ債務の履行を終局的に完了したことにならないが，10万円の支払がされたときは，その額の給付があったとされる。また，Case 4-16 **4**の場合，未登記建物であっても贈与者は受贈者に所有権の登記を得させる債務を負うと考えられ，その債務は，登記手続に必要な書類一式を受贈者に交付すれば履行が完了するとみることができる。ところが，そのような行為がされたか否かを問題とすることなく，建物の引渡しがされたことをもって給付があったと認められているから，この場合も，債務の履行が終局的に完了していなくても「給付」があったとされていることになる。したがって，上記の説明は十分でない。

　判例では，一般的な意味での給付をもって708条の「給付」としつつ，そのように認めると給付者と受領者が権利の行使を互いに妨げあうことができるなど不都合がある場合に，法律関係を安定させるために例外が認められていると考えられる。

　Case 4-13では，10万円の支払は一般的意味での給付にあたり，不法原因給付であるとして返還請求を否定しても何ら不都合はない。そのため，708条本文の「給付」と認められる。

　Case 4-16 **1**〜**4**でも，一般的な意味での給付がされている。た

だ，**2**と**3**では，給付ありとしてＡの返還請求を708条本文により否定し，贈与契約は無効でありＢは無権利であるとしてＢの所有権移転登記手続請求も認めないとすると，所有権の内容がいわばＡとＢに分属し，両者が互いに権利の行使を制約しあうという，当事者にとって不便であり社会に非効率をもたらす不都合な状態が永続する。これを避けるためには，給付を否定してＡの請求を認めるか，給付ありとしてＡの請求を認めず，契約の無効にもかかわらずＢに甲建物の所有権を認めることにする必要がある。その際，既登記不動産の場合，所有権移転登記が所有権取得の公示方法とされていることから，登記名義人と占有者が異なるときは，登記名義人を所有者と認めることが取引社会の安定につながる。そこで判例は，Ａが登記名義人である**2**の場合に，甲建物の引渡しだけでは708条本文の「給付」にあたらないとして，Ａの返還請求を認めるものと解される（これにより，登記名義も占有も所有者であるＡにあることとなり，法律関係が安定する）。**3**のような場合には，Ｂへの登記の移転は給付にあたりＡの返還請求は認められず，その反射的効果としてＢに甲建物の所有権の取得が認められることになると解される（Ｂは，所有権に基づいて甲建物の返還をＡに請求することができ，それにより法律関係が安定する）。

**4**では，贈与の目的物は未登記建物である。未登記建物の場合，所有者は，建物を占有している限り，所有権を第三者に覆されることがない。そのため，Ｂは，甲建物の引渡しを受けたことで，登記がされない限り，所有者としての権利行使を妨げられることがない。また，この場合，Ｂは，表題登記および所有権保存登記を単独申請により得ることができる。そうすると，708条本文の適用を認めても，Ａを所有者とする表題登記と所有権保存登記をすることができないようにすれば，特段の不都合は生じない。そこで，甲建物の引渡しをもって給付にあたるとし，Ａの返還請求を否定した上で，その反射的効果としてＢに甲建物の所有権の取得を認めている（したがって，その後にＡを所有者とする登記がされても，無効な登記となる）

と解される。

　ところで，前掲最判昭 40・12・17 は，A が賭博債務の担保として B のために抵当権を設定し，その登記がされた場合に，A によるその登記の抹消登記手続請求につき 708 条は適用されないとした。これは，B による抵当権の実行が，賭博行為の公序良俗違反による無効，したがって被担保債権の不存在の主張により阻止されることを理由とし，給付の有無を問題とするものではないが，実行できない抵当権の存在を認めるという不都合を避けるために，A の請求について 708 条の適用を否定したものとみることができる。

　(3)　「不法な原因が受益者についてのみ存したとき」　　708 条ただし書は，「不法な原因が受益者についてのみ存したとき」は，給付者の返還請求権が同条本文により排除されることはないとする。もっとも，同条本文は，強く非難されるべき事情のある給付者に法律上の保護を与えるべきでないという趣旨によるものである。そのため，不法な原因が給付者（損失者）にもあったとしても，給付者の非難されるべき程度が大きくないときは，例外が認められる。

　たとえば，最判昭 29・8・31 民集 8 巻 8 号 1557 頁は，貸主（A）が借主（B）から密輸出の資金に充てる旨を聞きながら貸し付けた金銭の返還を請求した事案において，A が一度約束した密輸出計画への出資を拒絶した後に B から強い要請を受けてやむをえず貸付けをしたこと，実態は B による金銭の詐取であり，B は受け取った金銭を遊興に消費したことなどの事情の下で，A に「多少の不法的分子があつたとしても，その不法的分子は甚だ微弱なもので」，「B の不法に比すれば問題にならぬ程度のものである。殆ど不法は B の一方にあるといつてもよい程のものであ」るとして，A の請求を認めた。

　◆民法 708 条ただし書の適用の有無の判断　　上記判例を受けて，708 条ただし書の適用の有無は給付者の不法性の内容・程度と受領

者の不法性の内容・程度を比較考量して判断される，と説明されることがある。しかしながら，708条本文による返還請求権排除の趣旨からも，上記最高裁判決からも，問題になるのは給付者の不法性の程度が微小と認められるか否かであり，受領者の不法性の程度が著しいときは給付者の不法性の程度が微小と判断されやすくなることがある，ということであると考えられる。

> **効　果**
708条本文が適用されると，給付者は，「その給付したものの返還を請求することができない」。

　無効な売買や贈与に基づいて給付した物の返還請求が認められない場合，その反射的効果として，その物の所有権は受領者に帰属する（前掲最判昭45・10・21）。そうすることが事柄の実質に適合し，法律関係を明確にするからである。これによると，たとえばCase 4-16 **3**では，Bは所有権に基づいて甲建物の明渡しをAに請求することができる。Case 4-16 **4**において，その後にAが甲建物につき所有権保存登記を得たときは，Bは，自己名義の登記を得るために，Aに所有権移転登記手続を請求することができる。

**Web** 民法708条本文の趣旨の考慮　❖❖❖❖❖❖❖❖❖❖❖❖❖❖❖❖❖❖❖
　708条本文の趣旨が，不当利得以外の原因による請求において考慮されることがある。たとえば，不倫関係を維持するために愛人に未登記建物を贈与し，これを引き渡した者（Case 4-16 **4**のA）は，708条本文の類推適用により，所有権に基づく返還請求をすることもできない（前掲昭45・10・21）。「みずから反社会的な行為をした者に対しては，その行為の結果の復旧を訴求することを許さない」という708条本文の趣旨は，所有権に基づく返還請求の場合にも妥当するからである。その反射的効果として，本文に述べたとおり，建物の所有権は受領者に帰属することになる。
　また，紙幣偽造のための資金を供与したつもりであった（大判明36・12・22刑録9輯1843頁），あるいは，裏口入学の工作資金を交付

したつもりであった（東京地判昭 56・12・10 判時 1028 号 67 頁）ところ，実際には金銭を詐取された場合において，被詐取者が不法行為による損害賠償請求をするときも，708 条の趣旨が考慮される。

　さらに，いわゆるヤミ金融業者が，著しく高利の貸付の形をとって違法に金員を取得する手段として顧客に貸付金名目で金銭を交付した場合（前掲最判平 20・6・10）や，投資詐欺の手段として顧客に配当金を仮装して金銭を交付した場合（前掲最判平 20・6・24）に，その交付された金額を顧客からの不法行為による損害賠償請求において損益相殺（的な調整）の対象として控除することは，708 条の趣旨に反するものとして許されないとされている。

❖❖❖❖❖❖❖❖❖❖❖❖❖❖❖❖❖❖❖❖❖❖❖❖❖❖❖❖❖❖❖❖❖❖❖❖

不法原因給付を返還
する旨の合意の効力

708 条は，不法な原因によって給付をした者を保護するために国家は権力を行使しないとする旨の規定である。同条本文が適用される場合，受領者は給付されたものを保持することができることになるが，それは，給付者が保護を拒まれることの反射的な効果にすぎない。そのため，不法原因給付にあたる場合に，受領者が受けた利益を給付者に任意に返還することは，708 条により禁じられるものではない。また，受領者が給付者との間で返還を合意したときも，その合意は 708 条により禁じられるものでも，90 条により無効とされるものでもない（最判昭 28・1・22 民集 7 巻 1 号 56 頁，最判昭 37・5・25 民集 16 巻 5 号 1195 頁）。

　これに対し，給付がされる前に，不法原因給付にあたる場合であっても返還する旨の合意が給付者と受領者との間でされていたときは，その合意は，不法原因給付を助長することになるため，公序良俗に反し無効である。

# 第5章 支出利得

本章では，ある者（損失者）がその財産をもって他人（受益者）の債務を消滅させたり，他人（受益者）の事務のために財産を供したりするなど，受益者に対する給付以外の方法で損失者がその財産を供したことにより不当利得の関係が生ずる場合の法律関係を理解しよう。

## *1* 序　論

Case 5-1 ────────────────────────

　Aが甲建物を所有者Bから賃借していた。Bは，甲建物の敷地である乙土地を所有者Cから賃借していた。Bは，Cとの間でトラブルがあり，乙土地の賃料の支払を3か月前からあえて拒んでいる。CがBとの間の乙土地の賃貸借を解除し甲建物からの立退きを求めてくることを案じたAは，Bの前記3か月分の未払賃料をCに支払った。

Case 5-2 ────────────────────────

　Dが，長年放置され荒廃した状態にある丙土地（農地）を，先代の相続により取得したと信じ，丙土地をいつでも使えるようにするため，20万円を支出して業者に丙土地上の雑草と雑木の除去，ゴミの撤去等をさせた。その後，丙土地の所有者はEであり，Dの先代が所有していたのは丙土地の隣地であることが分かった。

| 意　義 | 損失者が受益者に対する給付以外の方法で財産（金銭，物，労務等）を供し（出捐し），

それによって受益者が利益を受けた場合において，その受益に法律上の原因がなかったときを支出利得（または負担利得）と呼ぶ。支出利得の主要な下位類型として，損失者がその財産をもって他人（受益者）の債務を消滅させた場合に問題となる求償利得（Case 5-1）と，損失者がその財産を他人（受益者）の事務の用に供した場合に問題となる費用利得（Case 5-2）がある。

| 給付利得との違い | ある者が財産の拠出をし，それによって他人が利益を得ることになる点で，支出利得

は給付利得と共通する。そのうえで，財産の拠出は，債務の消滅のためにされたものであるときに給付となり，そうでないときに（単なる）出捐となる。そのため，給付（またはそれに類する行為）にあたらない出捐によって不当利得の関係が生ずるときは，給付利得にならず，支出利得となる。

　ある者が給付をしたことで，給付利得ではなく，支出利得が成立することもある。Case 5-1 では，A が C に債務の弁済として給付をしている。Case 5-1 と異なり，C の債権が存在しなかったならば A と C の間に不当利得の関係が生ずるが，これは，給付に法律上の原因が欠けていたことによるものであるため，給付利得となる。それに対し，Case 5-1 では，C の債権が存在しているため，A と C の間に不当利得の関係は生じない。ただ，A の C に対する給付により，A に給付したものの損失，B に債務消滅の受益があり，B のこの受益に法律上の原因がないことから，A と B の間に不当利得の関係が生ずる。これは，A が（C に対する給付という）出捐をした結果によるものであり，給付に法律上の原因がないことによるものではないため，支出利得となる。

給付利得では，受益者は給付（の利益）を自ら受けるのに対し，支出利得では，受益者は負担を免れるという利益をその意思によらずに受けることになる。そのため，給付利得では給付されたもの全部の返還を原則とすることに問題がないのに対し，支出利得の場合には，利得返還の要否および範囲につき，予定のなかった利益の取得を強制される結果になりうること（利得の押付け）からの受益者の保護を考慮する必要がある。

**侵害利得との違い**　支出利得は，損失者の受益者に対する給付以外の方法によって受益者に帰属した利益の返還が問題になる点で，侵害利得と共通する。もっとも，侵害利得の場合，損失者に割り当てられた利益が受益者に帰属することになるため，受益は，受益者による損失者の利益の侵害の形で起こる。そこで，損失者の利益侵害からの保護の観点から，損失者の損失の限度での受益者が得た利益全部の返還が原則となる。それに対し，支出利得の場合，受益は，損失者がその財産を受益者のために供する（出捐する）こと，すなわち損失者による受益者の財産関係への干渉によって起こる。受益者は利益を損失者から「押し付けられた」立場になりうるため，その利得の押付けからの受益者の保護を考慮して利得返還の要否および範囲を定める必要がある。

**事務管理との関係**　支出利得は，ある者が義務がないのに出捐をし，それにより他人が利益を得たときに問題となる。そのため，他人に結果が帰属するとの認識の下でその出捐がされたならば，事務管理が成立することがある。

Case 5-3 ───────────────────────────────

　Aが，100万円をかけて，土砂崩落の危険がある甲土地（B所有）の崩落防止工事を実施した。

■　Aは，甲土地がBの所有に属することを知っていたが，土砂の崩

落により近隣住民に被害が出ること，Ｂが多額の賠償責任を負うことを案じて工事を実施していた。

**2** Ａは，甲土地を自己の所有に属すると信じていた。

---

事務管理が成立する場合（Case 5-3 **1** はその可能性がある），管理に要した費用の償還については 702 条が適用される。この場合の支出利得の成否について，これを肯定し請求権競合の問題になるとする見解と，もっぱら 702 条が適用されるとする見解がある。

後者の見解が一般的であり，それによると，支出利得の返還は，事務管理が成立しない場合（たとえば，Case 5-3 **2** のように他人のためにする意思がない場合）にのみ問題になる。また，事務管理は他人の権利領域に介入した者に行為の利他性を理由として一定の保護を与える制度であるところ，支出利得における損失者は他人の権利領域へのそのような優遇の理由を欠く介入者であるため，支出利得の成否と効果（返還の内容）は，事務管理者の費用償還請求権との関係を考慮して定められるべきことになる（事務管理者よりも有利な効果を損失者に認めるべきではない）。

支出利得の返還請求がされた場合に，事務管理が成立することを理由にその請求を否定しなければならない理由はないと思われる。とはいえ，事務管理が成立する場合，あえて支出利得の返還請求をする必要はなく，したがって支出利得の法律関係を論ずる実益はない。そのため，以下では，上記の一般的見解を前提にする。

> その他の制度との関係

支出利得の成立を認めうる場合や支出利得に類似する場合について，事務管理者の費用償還債権のほかにも，占有者の費用償還債権，添付による損失者の償金債権，保証人の求償権，第三者弁済をした者の求償権など具体的場面に応じた規定が法律に数多く定められている。一方で，そ

れらの規定の要件が充たされる場合には，事務管理が成立する場合と同じく，もっぱらそれらの規定が適用され，支出利得は問題にならないとするのが一般的見解である（以下では，事務管理が成立する場合に述べたことと同じ理由から，この見解を前提とする）。他方で，支出利得の効果を定めるにあたっては，それらの規定との整合性を考慮する必要がある。

## 2 求償利得

Case 5-4

Aが，債務の弁済として60万円をCに支払った。その債務はBがCに対して負うものだった。

■ Aは，Case 5-1の事情の下でその支払をしていた。

■ Aは，Bを通じて自らが60万円を借り受けたと誤信して，その支払をしていた。

■ ■において，Cは，Bの債務の弁済をAから受けたと信じて，Bから受け取っていた借用証書を廃棄し，債権の存在を証明することができない状況になった。

---

> 問題となる場合

求償利得は，ある者が，他人の債務を弁済するなど，その財産をもって他人の債務を消滅させた（他人をその債務から解放した）場合に問題となる。もっとも，前述 1 の一般的見解によると，法律に求償または利益償還請求を認める規定があるときは，求償利得の問題にならない。その規定がある場合，債務者は，もとの債務から解放されるという利益を受けるが，そのことによって弁済者等に対し求償義務等を負う。そのため，もとの債務からの解放という受益がその義務を前提とし

て認められる（受益に事後的なものであるが法律上の原因がある）とみることができるからである。

　これによると，求償利得が問題となるのは，第三者が債務者の委託を受けずに弁済をしたことによって債務が消滅した場合であって，事務管理が成立しないときである。具体的には，他人の債務を弁済することにつき正当な利益を有する者が，その他人の意思に反することを知りながら弁済した場合（たとえば，Case 5-4 **1**においてAがBに賃料支払の意思がないことを知っていた場合）にほぼ限られる。

　◆他人の債務を消滅させた者に求償または利益償還の請求を認める
　規定　　契約（委任）を基礎とするもの（債務者の委託を受けた者による第三者弁済の場合〔650条1項〕，委託を受けた保証人または物上保証人による弁済の場合〔351条・459条1項〕など），事務管理を基礎とするもの（委託を受けない保証人または物上保証人による債務者の意思に反しない弁済の場合〔351条・462条1項〕，委託を受けない第三者による債務者の意思に反しない弁済の場合〔702条1項〕），不当利得（求償利得）を基礎とするもの（委託を受けない保証人または物上保証人による債務者の意思に反する弁済の場合〔351条・462条2項〕，委託を受けない第三者による債務者の意思に反するもののそのことが明らかとはいえない弁済の場合〔702条3項〕など）がある。

> **要　件**　　不当利得の成立要件は，①一方の損失，②他方の受益，③両者の間の因果関係の存在，④前記②の受益の法律上の原因の不存在である。

　ある者（第三者）が他人（債務者）の債務の弁済にあたる行為をした場合，別段の事情がなければ，①第三者において財産（金銭，物，労務等）の提供（出捐）をしたという損失，②原則として第三者も債務の弁済をすることができるため（474条1項），債務の消滅という債務者の受益，③第三者の出捐の結果として債務者の債務が消滅したという関係が認められる。また，原則として他人の債務を弁済

する義務はないから，第三者の出捐による債務者の債務の消滅という受益には法律上の原因がない。したがって，求償利得が成立する。

ただし，別段の事情があるときは異なる。

まず，第三者の出捐による債務の消滅が生じないときは，債務者の受益が存在しないため，求償利得は成立しない。たとえば，債務が存在しなかったとき，第三者が自己の債務を弁済する意思であったとき（Case 5-4 **2**），第三者が他人の債務の弁済のためにした行為によって債務が消滅しないとき（474条2項本文に該当し同項ただし書に該当しないとき，同条3項本文に該当し同項ただし書に該当しないとき，同条4項に該当するとき）などである。これらの場合，第三者と債権者の間に不当利得（一方的給付利得）が成立する。

また，第三者が他人の債務を弁済する義務を負っていたとき（たとえば，第三者が債務者の委託により弁済したとき）は，債務者の受益に法律上の原因があり，求償利得は成立しない（もっとも，第三者に求償または利益償還請求を認める規定が存在する）。

さらに，一般的見解によれば，弁済をした第三者に求償権または利益償還債権を与える規定がある場合も，求償利得は成立しない。

第三者が他人の債務を自己の債務と誤信して弁済のための行為をした場合，それによって他人の債務は消滅しないため，本来，債務者に不当利得はなく，第三者による債権者に対する非債弁済となる。ところが，この場合，債権者が弁済を受けたと信じて証書を滅失させるなどして，その後の債権行使が困難になることがある（Case 5-4 **3**）。このときには，第三者は，債権者に対して返還の請求をすることができない（707条1項）。これにより，債務者は，事実上，第三者の出捐により債務から解放される結果となる。そこで，第三者は，債務者に対して求償権を行使することができるとされている（同条2項。以上につき，**第4章4** ③も参照）。

求償利得が成立する場合，債務者は，債務
消滅の利益を受ける。この利益そのものの
返還を観念することはできないため，返還の内容は，（損失者の損失
の限度での）消滅した債務の価額の返還となる。

効　果

求償利得の成立により第三者（損失者）が債務者（受益者）に利得
の返還を請求することができるとすることは，第三者が（対価を与
えて）債権者から債権の譲渡を受けるのと類似の事態となる。債権
譲渡の場合，債権が同一性を保って移転することから，債務者は，
譲渡人に対して生じた事由をもって譲受人に対抗すること（468条1
項），譲渡人に対する相殺をもって譲受人に対抗すること（469条1
項・2項）ができる。それに対し，求償利得の場合，第三者（損失
者）は債権の移転を受けるわけではない。そのため，債務者（受益
者）は債権者との間に生じた事由をもって第三者に対抗することが
できると，当然にいうことはできない。しかしながら，債務者を，
その関与なしに起こる債権者の実質的交替によって不利な立場に置
くべきではない。そこで，468条1項および469条1項・2項が類
推適用される。これにより債務者が第三者に対抗することができる
事由として，契約の無効・取消原因の存在，同時履行の抗弁権の存
在，消滅時効期間の進行または消滅時効の完成，相殺などがある。

# *3* 費 用 利 得

Case 5-5

Aは，老親Bの居宅（甲不動産）を訪ねて，外塀が大きく破損してい
ることを知った。Aは，Bから支障はないので今のところ直すつもりは
ないと聞かされたが，周辺の治安が悪化していたため心配になり，50

万円を支払って業者に修繕させた。

---

<table><tr><td>意　義</td></tr></table>

費用利得は，ある者（以下，「出捐者」ということがある）がその財産（金銭，物，労務等）を他人（以下，「事務の本人」ということがある）の事務の用に供したことにより，他人がその事務の費用負担を免れた場合であって，（一般的見解によれば）法律に費用の償還または償金の請求を認める規定がないときに問題となる（なお，債務の弁済も事務の一つなので，他人の債務の弁済によって弁済者と債務者の間に認められる前述の求償利得とここに述べる費用利得とに，本質的な違いはない）。その規定があるときに費用利得が成立しないとされるのは，事務の本人は，出費の節約の利益を受けるものの，そのことによって出捐者に対して費用償還または償金支払の義務を負うため，出費の節約の利益はその義務を前提として認められる（受益に事後的なものであるが法律上の原因がある）とみることができるからである。

事務のための費用は，本来，事務の本人が負担すべきものである。そのため，他人の事務のために財産を提供した者（出捐者）に費用の償還または償金の請求を認める規定が数多くある（196条，248条，299条，391条，583条，595条，608条，650条，702条，993条等）。それらの規定は，他人の物の占有者が占有物に費用を投下した場合，事務をゆだねる契約（委任，寄託，費用負担の特約等）がある場合，事務管理にあたる場合について，費用負担の在り方を定めている。したがって，一般的見解による場合，費用利得が問題になるのは，占有者でない者が他人の委託を受けずに他人の物の管理等の事務の費用を負担した場合であって，事務管理が成立しないときである（Case 5-2，Case 5-5 はこれにあたる）。

　不当利得の成立要件は，①一方の損失，②他方の受益，③両者の間の因果関係の存在，④前記②の受益の法律上の原因の不存在である。

　ある者がその財産を他人の事務のために提供した場合，別段の事情がなければ，①その者において財産の提供（出捐）をしたという損失，②他人において自己の事務のための負担を免れた（出費の節約）という受益，③上記の出捐の結果として他人が出費の節約の利益を得たという関係が認められる。また，原則として他人の事務のために出捐をする義務はないから，他人が得た出費の節約の利益に法律上の原因はない。したがって，費用利得が成立する。

　ただし，別段の事情があるときは異なる。

　まず，出捐につき損失者が受益者に対して義務を負っていたときは，受益に法律上の原因があることになり，費用利得は成立しない。

　また，一般的見解によれば，出捐者に費用償還債権または償金債権を与える規定がある場合も，費用利得は成立しない。

　さらに，ある者Aが他人Bの事務のために出捐をした場合，確かに，Bはその事務のための負担を免れる。しかしながら，そもそも，その事務を処理するか，処理するとして，いつどのようにするかは，事務の本人であるBが決めることであり，Aはこれを決めることができる立場にない。AがBの予定していない事務の処理のために出捐をした場合には，その後にBがその事務を承認したとき，または現に利益を得たときは別として，そうでなければ，Bにその事務のための出費の必要はなかったのであるから，Bに出費の節約があったとはいえない（Case 5-5はこれにあたる。Case 5-2も，Eに丙土地の雑草等の除去や農地としての使用の予定がなければ，同じである）。そうであるのに費用利得の成立を認め，Bに利得返還義務を負わせることは，利得の押付け，Bに対する事実上の取引強制に

あたり，Bの財産管理権の不当な侵害となる。そのため，受益者とされる者（Case 5-2のE，Case 5-5のB）が当該の事務をする予定がなかったことを明らかにしたときは，費用利得は成立しない。

効　果

費用利得が成立する場合，事務の本人は，出費の節約の利益を受ける。この利益そのものの返還を観念することはできないため，返還の内容は，免れた負担の価額（出費節約額）の返還となる。費用利得の効果に関して最も重要になるのは，利得の押付けの防止である。

(1)　受益者が予定する事務の費用の支出　受益者が予定していた事務の費用を損失者が負担したときは，損失者の出捐額と受益者の出費節約額のいずれか低いほうが返還額となる。受益者は受益額を超える返還義務を負わず，損失者は損失額を超える返還請求権を有しないからである。

損失者の出捐額は出捐の時に定まるのに対し，受益額は事務の結果が受益者に現に帰属した時に定まると考えられる。費用負担は結果を得るためにされるので，受益者は，結果を現に得ていないのにその負担をする理由はなく，結果が現に帰属した時にその結果を得るための費用を免れた状態になるといえるからである。

たとえばCase 5-2においてEが丙土地の雑草等の除去をすることにしていた場合，その状態がEの負担なしに実現しているものの，Eは，その後のDによる占有などのため丙土地の使用収益を現にすることができず，丙土地の処分もしていない状況では，費用負担の理由となる結果をいまだ得ておらず，すべき負担を免れているとはいえない。それに対し，Eが丙土地の占有を回復し，丙土地で耕作を始めた場合，Eは，その時に，費用を負担して得るべき結果を，その負担を免れて得ることになる。その時点での丙土地の状態を得るために要する費用が20万円であれば，EはDに20万円

を返還する義務を負う（作業費の下落など何らかの事情によりその費用が15万円になっていたならば，返還額は15万円となる。雑草が再繁茂し，その除去に10万円の費用を要したならば，Eの出費節約額は10万円ということになり，返還額は10万円となる）。この場合に，丙土地の増価額（事務の結果の価額）が基準になると説かれること（たとえば，丙土地の価額がDの費用負担により5万円上昇していたならば，Eは5万円の返還義務を負うとされること）がある。これは，196条2項や608条2項の規定の内容と整合的であるが，事務の結果は費用の負担をもって得られるものであり，受益者はその事務の結果を得るための費用の負担を免れたという利益を得ているのであるから，返還額の基準になるのはその免れた負担の額，すなわち出費節約額（と損失者の出捐額）というべきである（たとえばCase 5-2において，Dの出捐の直後にEが丙土地の占有を回復したり丙土地を売却したりして利益を得ていたとしても，丙土地の価額が20万円上昇しているとは限らない。その上昇額が5万円にとどまる場合，増価額を基準とする見解によれば，Eは5万円の返還義務を負うことになる。しかしながら，それでは，Eは自らがした場合に20万円の負担を要する丙土地の改良という結果を，5万円の負担で得られることになる）。

(2) **受益者の予定にない事務の費用の支出**　損失者が費用を負担した事務が受益者の予定していないものであった場合，受益者は，その後にその事務を承認したとき，またはその結果により現に利益を得たときに，利得返還義務を負う。

たとえばCase 5-5において，Bは，甲不動産に住み続けることで，日々，外塀の修繕の利益を当然に受けることになる。しかしながら，それは押し付けられた利益であり，Bにその利益を得るための費用を負担させることは一種の取引強制になるから，それだけではBに利得返還の義務はない。もっとも，Bがその修繕を承認し

# 第6章 多数当事者間の不当利得

本章では，3人以上の者の間で不当利得の関係が生ずる（ようにみえる）場合の法律関係を理解しよう。

## *1* 序　論

　法律上の原因を欠く利益の移動に，3人以上の者が関わることがある。

　たとえば，①AがBに100万円を盗まれ，その直後にBがその100万円でCに債務を弁済した場合や，②DがEの依頼を受けてEのFに対する債務の弁済として給付をしたところ，その債務が実は存在しなかった場合である。①の場合，Aは，Bに対し，（不法行為による損害賠償請求のほか）不当利得の返還として100万円の支払を請求することができる。ただ，その100万円は，実質的にCのものとなっている。この場合，AがCに100万円の返還を求めることはできるか。②の場合，Fが法律上の原因のない利益を受けたことは明らかである。では，Fに不当利得の返還を請求することができるのはDか，Eか，それとも両者か。

　このように，3人以上の者が不当利得の成否に関わる場合には，

たならば，Ｂは，その処理のための費用を免れたことになるから，利得返還義務を負う。この場合には，承認の時点でのＢの出費節約額とＡの負担額50万円のいずれか低いほうが返還額となる。

　また，Ｂがその事務を承認したとはいえなくても，外塀の修繕により価値が増した状態で甲不動産を売却したときのように，事務の結果により現に利益を得たときも，Ｂは利得返還義務を負う。この場合，Ｂは，修繕を承認したわけではないから，修繕費用の負担を免れる利益を得たとはいえないが，修繕の利益を現に得ている。この受益は，Ａの費用の負担という損失の結果であり，これを正当化する法律上の原因はない。この場合には，Ａの出捐額50万円と甲不動産の増価額のいずれか低いほうが返還額となる。

誰と誰の間にどのような不当利得の返還関係が認められるかが問題になる。この問題は、一般に、多数当事者間の不当利得と呼ばれている。以下では、この問題のうち、代表的なものを取り上げる。

## 2 騙取金銭による弁済

Case 6-1 ───────────────────────────

　AがBに100万円を騙し取られた。その翌日、BがCに借金100万円を返済した。

─────────────────────────────────────

> 問題の所在

　Case 6-1において、Aは、Bに対し、不当利得または不法行為を理由に100万円の支払を請求することができる。Aがその支払を受けたならば、何の問題もない。ところが、Bに支払資力がないこともある。その場合、BがAから100万円を騙し取らなければCは債権の弁済を受けられなかったはずであり、100万円はAに帰属すべきものでCに帰属すべきものではない、したがって、AはCに100万円の返還を請求することができる、と考えることもできそうである。特にCが100万円の出所を知っていたときは、Bの無資力のリスクをCに負担させることが適当であるようにも思われる。

　もっとも、Cは、Bから100万円の支払を債権の弁済として受けており、Cの受益には法律上の原因がある。また、金銭は、通常、紙や金属に化体した価値こそが重要であり、きわめて高度の代替性があるために、古銭や記念貨幣のように個性が重視される場合、封金のように特定性を保って他の金銭から明確に区別されている場合を除き、占有者が当然に所有者であるとされる。そのため、BがAから騙し取った100万円をCに交付していたとしても、通常、C

はBの金銭を受け取ったのであり、Aの損失とCの受益との間に直接の因果関係はないことになる。

このように、**騙取金銭による弁済の場合**、実質的にみれば被騙取者（A）が弁済受領者（C）に弁済として給付された金銭（の価額）の返還を請求することができてよさそうであるものの、形式的には不当利得の要件が充たされないことが通常である。そこで、AとCの間の法律関係をどのように考えるべきかが問題になる（弁済者〔B〕が他人〔A〕から金銭を盗んだ場合、横領した場合も同じである）。

**不当利得としての処理**　判例（最判昭49・9・26民集28巻6号1243頁）は、この問題を次のように処理している。不当利得の制度は、「ある人の財産的利得が法律上の原因ないし正当な理由を欠く場合に、法律が、公平の観念に基づいて、利得者にその利得の返還義務を負担させるものであ」り、Bが騙取した金銭をそのままCに交付した場合だけでなく、いったん自己の他の金銭と混同させたり、銀行に預け入れたり、一部を使った後で別の金銭で補填したりした場合であっても、「社会通念上Aの金銭でCの利益をはかったと認められるだけの連結がある場合には、なお不当利得の成立に必要な因果関係があるものと解すべきであり、また、CがBから右の金銭を受領するにつき悪意又は重大な過失がある場合には、Cの右金銭の取得は、被騙取者又は被横領者たるAに対する関係においては、法律上の原因がなく、不当利得となるものと解するのが相当である」。

◆**判例に対する批判**　この判例には、Cは債権の弁済を受けたのだからその受益には法律上の原因があるのではないか、受益者の主観的態様によって法律上の原因の有無が分かれる理由が明らかでない、その主観的態様が受益者の悪意または重過失とされる理由が明らかでない、AはBに金銭を騙取されたのだからAB間で解決が

図られるべきである，といった批判がある。理論的にはもっともな批判であるが，判例は，「公平の観念に基づいて」，実質的にＣの受益を是認することができない場合に，ＡのＣに対する返還請求を認めようとするものであろう。その際，Ｃに悪意（その対象は，Ｂの返済の原資が騙取金であること）または重大な過失がある場合をもって実質的にＣの受益が正当化されない場合としているのは，金銭と同じく高度の流通性が保障されるべき有価証券についての善意取得制度（520条の5・520条の15・520条の20，手16条2項，小21条など）を参考にしたものと思われる。

Case 6-1 では，形式的にはＣの受益に法律上の原因があるから，ＡとＣの間で不当利得の要件は充たされない。そのため，

|他の法理による処理|

学説には，不当利得の問題ではないとした上で，他の法理により被騙取者の保護を図ろうとするものがある。

その一つに，金銭の場合，金銭に化体した価値こそが重要であることから，その価値に所有権と同様の保護を与えるべきである（「価値所有権」を認める）とする考えのもと，被騙取者（Case 6-1のＡ）は，物の所有者が現在の占有者に所有権に基づく返還請求をすることができるのと同じように，その価値の現在の支配者（Case 6-1ではＣ）に対し価値所有権に基づく返還請求をすることができるとする見解がある。この見解においても，現在の支配者は，被騙取者の価値所有権の喪失をもって争うことができ，その一つに，有価証券の善意取得にならい，自らまたは第三者が取引行為により善意無重過失でその価値を取得したこと（の結果としての被騙取者の価値所有権の喪失）がある。判例との大きな違いは，Case 6-1 でいえば，Ａの請求は物権的な返還請求類似のものであるため，ＡがＣの他の債権者に優先する（たとえば，破産の場合に，取戻権を行使することができる）点にある。しかしながら，まさにその点において，

被騙取者の保護が過剰であるとの批判がある。

　被騙取者の保護が実際上必要になるのは騙取者が無資力の場合であることから，被騙取者に，騙取者と第三者の間の行為につき，騙取者に対する損害賠償債権または不当利得返還債権を被保全債権とする詐害行為取消権を認めることで十分であるとする見解もある。これによれば，Case 6-1 において A が C に 100 万円の支払を請求するためには，B から C への債務の弁済が B の支払不能時にされたこと，および，B と C が通謀して A を害する意図をもってその弁済をしたことが必要になる（424 条の 3 第 1 項。それに対し，騙取金でたとえば贈与がされた場合には，騙取者が被騙取者を害することを知ってその贈与をしたときは，受贈者が被騙取者を害することを知らなかったときを除き，詐害行為取消しが認められる〔424 条 1 項〕）。この見解は，被騙取者を騙取者の債権者一般と同様に扱えばよいとするものであり，判例に比べて被騙取者が保護される範囲が狭い。この点をどのように評価するかが重要になる。

# *3* 転用物訴権

Case 6-2

　A が，B から依頼を受けて動産（甲）の修理をした。A は，報酬 10 万円の支払を受けないまま，甲を B に返還した。甲は，B が C から月額 2 万円で賃借しているものだった。B が A の報酬の支払請求に応じない。そこで，A は，C に対し，10 万円の支払を請求することを考えている。

**1** B が「甲の所有者は C なので，C に請求してほしい」と言って支払わない。

**2** B は C に賃料を毎月支払ってきたが，A への依頼後に破産状態に

陥り，そのために A は報酬の支払を受けられそうにない。

**3** **2**において，B と C の間で，甲が老朽化のため頻繁に修理を要するかもしれない状態であったことから，甲の賃料額が相場の 5 割程度に設定されていた。

---

問題の所在

Case 6-2 では，A の報酬債権は B に対するものであり，その弁済を C に請求することはできない（**1**の B の言い分は通らない）。ただ，A が B からその弁済を受けることができない場合には，C がその所有物である甲の修理の利益を得ていることから，A が C から支払を受けられるときがあってよいようにも思われる。そこで，A が C に支払を求めることができるとすべき場合があるか，あるとすればどのような場合か（一般化すれば，契約に基づいて給付されたものの利益が受領者から第三者へと転じた場合において，給付者が契約上の反対給付を得ていないときに，その第三者に得た利益の返還を請求することができるか）が問題とされている。この問題は，一般に「**転用物訴権**」の問題と呼ばれている。

不当利得としての処理

（1）**判例** Case 6-2 を例にとれば，判例は，「B と C との間の賃貸借契約を全体としてみて，C が対価関係なしに右利益を受けた」ときは，A は，C に対し，B の無資力のため B に対する債権が無価値になったと認められる限度で，不当利得返還請求をすることができるとする。

不当利得の成立要件は，①一方の損失，②他方の受益，③両者の間の因果関係の存在，④前記②の受益の法律上の原因の不存在であるところ，A に甲の修理に要した財産および労務に相当する損失（①），C に甲の修理に要する費用の負担を免れた利益（②）が生じており，この損失と受益は A が甲を修理したことで生じているか

*3* 転用物訴権 99

ら，両者の間に因果関係（③）がある。AはBとの間の契約に基づいて修理をし，Bに対し報酬債権を取得したので，Cの受益はBの財産に由来することになるが，そうであっても，Bの無資力のためその債権の全部または一部が無価値であるとき（たとえば，Case 6-2 **2**）は，その限度において，Cの受益はAの財産および労務に由来するものということができ，Aの損失とCの受益の間の因果関係は否定されない（以上につき，最判昭45・7・16民集24巻7号909頁）。CがBとの間の契約においてその受益に相応する出捐または負担を何らかの形でしたときは，Aの請求を認めるとCに二重の負担を強いる結果となり不当であり，Cの受益は法律上の原因に基づくものというべきであるが，「BとCとの間の賃貸借契約を全体としてみて，Cが対価関係なしに右利益を受けたとき」は，Cの受益に法律上の原因がないと認められる（最判平7・9・19民集49巻8号2805頁）。

　（2）　法律上の原因がないとされる場合　　上記判例による場合に特に問題になるのが，Cの受益に法律上の原因がないとされることになるBC間の「契約を全体としてみて，Cが対価関係なしに利益を受けたとき」とはどのようなときか，である。

　賃貸借においては，原則として賃貸人が目的物の修繕義務を負う（606条1項本文）。この原則どおりの場合，目的物の修理費用は賃貸人の負担となるから，賃貸人は，その負担をしていないときは，対価関係なしに修理費用の負担を免れるという利益を受けたことになる。

　これによると，まず，甲が修理を要するに至った原因による区別が必要になる。

　Bの帰責事由により修理が必要になったときは，Cは修理費用を負担すべき立場にない（606条1項ただし書）。この場合，甲の修理

がBの負担でされることは当然であり，Cは，BC間の契約を全体としてみて対価関係なしに利益を受けたことにはならない。

　甲の修理が必要になったことにつきBに帰責事由がない場合には，修理費用は，最終的にCが負担すべきことになる。そのため，特段の事情がなければ，AのCに対する請求を認めても，Cが二重の負担を強いられる結果にならず問題はない。

　もっとも，次の場合は別である（表6-1参照）。

　第一に，Cが，Bに対し，修理費用の支払またはそれに類する行為（前払，Bに対する債権との相殺等）をした場合である。この場合，その額についてAの請求を認めると，Cに二重の負担をさせることになる。そのため，その額について，Aの請求は認められない。

　第二に，Bに賃料不払がある場合である。この場合，Cは，修理費用の負担の対価にあたるものを得ていないという不利益の下に費用負担を免れていることになり，Aの請求を認めると，Cに実質的に二重の負担を強いることになる。そのため，その不払額に相当する額について，Aの請求は認められない。

　第三に，Cが，Bとの関係で，甲の修理費用に相応する負担を何らかの形でした場合である。たとえば賃料が安く設定されているとき（Case 6-2 **❸**），賃貸人が賃借人から通常得ることができる賃料以外の金銭（たとえば，不動産賃貸借における権利金）の支払をCがBに免じていたときは，Cが修理費用分を別の形（賃料の軽減，権利金等の減免）で負担していると認められる可能性がある。実際にそのように認められるときは，実質的にCは修理費用を負担しているのであるから，Aの請求を認めるとCに二重の負担を強いることになる。そのため，その負担に相当する額について，Aの請求は認められない（前掲最判平7・9・19は，Cが得た利益は，Cが通常得ることができた権利金の免除の負担に相応するとして，Aの請求を否定した）。

表6-1　A（請負人）のC（賃貸人）に対する請求の可否

前提：甲がBの帰責事由によらずに損傷，Bの無資力によりAの債権が（一部）無価値化

| BC間の事情 | | CからBへの修繕費分の支払 | | Bの賃料不払 | | 賃料の軽減等のCによる修繕費に相応する負担 | |
|---|---|---|---|---|---|---|---|
| | | なし | あり | なし | あり | なし | あり |
| 修繕費B負担の特約 | なし | △ | × | △ | × | △ | ×※ |
| | あり | △ | ×※ | △ | × | △ | × |

△：他の事情次第でAの請求が認められる可能性がある。
×：Aの請求は認められない。
※：現実の該当例は（さほど）多くない。

　以上に対し，BC間に修繕費用をBの負担とする旨の明示または黙示の特約がある場合には，CはBとの関係では費用の負担を免れるものの，それだけではAの請求が否定されることにならない（賃料の軽減，権利金等の減免が伴っているときは，上記第三の場合にあたる）。

> 不当利得の成立を
> 否定する立場

　**（1）　判例の問題点**　もっとも，形式的にはAとCの間で不当利得の要件は充たされない。Cの受益は，Bとの間の契約に基づくため，法律上の原因があるものだからである（CがBとの関係で負担を免れているとしても，そのことに変わりはない）。また，Aは，Bから弁済を受けられていないだけで，債権を失ったわけではない。Bの無資力のために債権が無価値化したとしても，それは，債権に一般的に伴うリスクの現実化にすぎず，Aが負担すべき不利益である。したがって，上記の判例は，公平の観念からCの受益をそのまま認めることが相当でない場合に，AのCに対する不当利得返還請求を認めるものということができる。

　**（2）　不当利得の成立の否定**　学説では，不当利得の成立を否定

する立場も有力である。そのなかには，AのCに対する請求が認められる場合の結論については判例と同様の立場をとりつつ，その請求は不当利得ではなく他の法理により認められるとする見解と，結論において判例に反対する見解（以下，「実質的反対説」という）がある。

　実質的反対説においても，Bが無資力の場合には，Aは，債権者代位権の行使により債権の満足を得られることがある。ただ，そのためには，Bが被代位権利となる権利をCに対して有する必要がある。したがって，（BがCに対して甲の賃貸借以外の関係において金銭債権を有する場合を考えないことにすれば，）BC間に修理費用をBの負担とする合意があるときは，被代位権利がなく，この構成は使えない。修理費用がCの負担となるときも，BのCに対する必要費償還債権が被代位権利になると説かれることがあるものの，その成立にはBが「必要費を支出した」こと（608条1項），すなわちBがAに修理費を支払ったことが必要となるため，やはりこの構成は使えない。650条2項の類推適用による代弁済請求権を被代位権利とすることは考えられるが，修理が607条の2の要件を充たさずにされたときは，その類推適用も認められない。

┌─────────────────┐
│ 判例と実質的反対説の │
│ 対立点          │
└─────────────────┘
判例と実質的反対説の違いは，CがBから甲の（賃料等の）使用収益の対価として通常の金額を得ていながら，甲の修理費用がBの負担とされている場合において，Bが無資力でありAの報酬債権が無価値となったときに，顕著に現れる。判例によれば，Aは報酬相当額の支払をCに請求することができる。実質的反対説によれば，その請求は認められない。

　判例の基礎には，この場合のCは利益を「対価関係なしに」，つまり無償で取得することになるところ，無償の利益取得者の保護は

他人の権利または利益の前に後退することがあっても仕方がないとの考えがあるとみられる。実際，たとえば贈与などの無償契約では，有償契約と異なり，債務者に一定の時期まで任意解除権が認められること（550条本文・593条の2・657条の2第2項），債務者の担保責任が軽減されること（551条・596条）があり，債権者の保護が有償契約の場合に比べて薄くなっている。

　もっとも，無償契約の当事者間でも，債権者が，現に取得した無償の利益を一方的に奪われることはない（550条ただし書・593条の2ただし書・657条の2第2項ただし書参照）。そうであるところ，転用物訴権において問題となるのは，まさに，無償の利益取得者からその利益を（他人の利益の保護のために）一方的に奪うことの当否である。これを判例は認めることがあるのに対し，実質的反対説は否定する。実質的反対説の基礎には，AとCはいずれもBとの間の契約によりBから利益を得ようとしたのであり，その利益はBとの関係で実現されるべきものであること，Cはその利益を無償といえども才覚・努力・人徳・対価以外の利益の供与や負担（他の取引機会の喪失を含む）との引換え等により得たはずであり，その利益を他人（A）に奪われるいわれはない（Aの請求を認めることは，Cが生み出し，したがってCに帰すべき利益をAに得させることを意味する）こと，といった考慮がある。

## *4* 指図に基づく出捐

### 1 序　　論

Case 6-3

　AとBの間で，AがBに100万円を貸し付ける契約が書面で締結さ

れた。Bは，Cとの間で，Cに迷惑金として100万円を支払う契約を締結しており，Bは，その支払に充てるため，Aに貸付金をCに交付するよう指示した。Aが，この指示に応じ，Cに100万円を支払った。

---

指図とは

ある者（A）に対して給付を求める権利を有する者（B）が，他の者（C）に対してそれと同種の給付をする義務を負う場合に，Aに，一定の出捐をCに対してすることを義務づけることを指図という（したがって，指図はAB間の法律行為である）。Case 6-3でのBのAに対する指示は，指図にあたる。

指図においては，指図者（B）と被指図者（A）の間および指図者（B）と指図受益者（C）の間に，それぞれ指図の原因となる関係が存在することが前提となっている（たとえば，Case 6-3では，AB間に諾成的金銭消費貸借契約，BC間に迷惑金支払の契約がある）。このうち，指図者と被指図者の間（AB間）の関係を補償関係（Aの出捐を補償する関係），指図者と指図受益者の間（BC間）の関係を対価関係（Cの受益の対価となる関係）と呼ぶ。

指図に基づく出捐の<br>法的意味

指図は，AからBへの補償関係上の給付と，BからCへの対価関係上の給付を，簡略化して直接の関係がないAからCへの一度の出捐で済ませることに狙いがある。そのため，指図が有効にされたときは，AのCに対する出捐により，法的に，AのBに対する給付と，BのCに対する給付がされたと認められる。

AのCに対する出捐の直接の原因は，BのAに対する指図である。AB間の補償関係の存在，BC間の対価関係の存在は，指図の前提，すなわち動機にあたる。そのため，指図が有効ならば，補償関係または対価関係が不存在でも，AのCに対する出捐には法律

上の原因が存在する。また，補償関係または対価関係の不存在のために指図が無効になるのは，95条1項2号の錯誤（以下，「基礎事情の錯誤」という）による意思表示の取消しの要件が充たされ，その取消しがされたときである。

## ② 対価関係の不存在

Case 6-4 ─────────────────────────────────

　Case 6-3 において，Bの親族DがすでにBの債務を弁済していたが，BはこれをAへの指示をしていた。

─────────────────────────────────

対価関係の不存在と
指図の効力

　Case 6-4 では，AがCに支払をした時にBのCに対する債務はすでに消滅していたから，対価関係が存在しなかったことになる。Bは基礎事情の錯誤により指図の意思表示をしたことになるが，BC間の事情は通常Aの関知するところではないため，Bの債務の存在を指図の前提とすることにAが同意したなど特段の事情がない限り，Bが錯誤を理由に指図の意思表示を取り消すことはできない。

指図が有効の場合

　指図が有効である場合，AのCに対する出捐は，AのBに対する給付，BのCに対する給付の意味をもつ。

　そして，AのBに対する債務は存在するから，AはCへの支払によりその債務を履行したことになり，AのBに対する貸付金債権が成立する。

　それに対し，BのCに対する債務は存在しなかったため，BのCに対する給付は非債弁済となる。したがって，Bが，Cに対し，Aを介して給付したもの（の価額〔100万円。利息・遅延損害金は問題に

しない。以下同じ〕）の返還を請求することができる。

---
指図が無効の場合
---

指図が無効である場合（対価関係の不存在の場合にBが指図の意思表示を錯誤によるものであるとして有効に取り消したときのほか，Bが指図の意思表示を詐欺または強迫を理由に取り消したとき，Bが指図の意思表示をした時に意思無能力であったときなど，無効の理由は何でもよい）には，その無効がCとの関係でも認められるかが問題になる。意思表示または法律行為の取消しまたは無効は，第三者に対抗することができないことがある（95条4項・96条3項等）。もっとも，対価関係が存在しないときは，Cは，指図が有効でもAの出捐によりBから有効な給付を受ける立場にないため，そこにいう第三者にあたらないと解される。これによると，指図はCとの関係でも（一般的に）無効となる。

そうすると，AのCに対する出捐は，AのBに対する給付にも，BのCに対する給付にもならない。その結果，AのCに対する出捐だけがあったことになる。そして，その出捐は，指図の無効により，法律上の原因を欠いていたことになる。したがって，Aが，Cに対し，出捐額に相当する金額（100万円）の不当利得（支出利得〔求償利得，費用利得のいずれでもない。以下において，支出利得はこの意味で用いる〕）返還請求をすることができる（Case 6-4におけるAB間の消費貸借契約によるAの債務は，AのCに対する出捐がAのBに対する給付にならないため，未履行となる）。

## ③ 補償関係の不存在

Case 6-5 ───────────────────────────

Case 6-3において，貸付金はAの代理人からBの代理人に交付済みだったが，これを知らないまま，BはAに指示をし，Aはその指示に従

っていた。

---

補償関係の不存在と
指図の効力　Case 6-5 では，A が C に支払をした時に
A の B に対する債務はすでに消滅してい
たから，補償関係が存在しなかったことに
なる。この場合も，B は基礎事情の錯誤により指図の意思表示をし
たことになる。そして，A と B は，A の貸付金交付債務の存在を
当然の前提として指図の意思表示をし，受けることが多かろうから，
その意思表示が取消可能であることも十分考えられる。

指図が有効の場合　指図が有効である場合，A の C に対する
出捐は，A の B に対する給付，B の C に
対する給付の意味をもつ。これにより，B の C に対する債務は消
滅する。それに対し，A の B に対する債務は存在しなかったため，
A の B に対する給付は非債弁済となる。したがって，A が，B に
対し，（C に対する出捐の形で）給付したもの（の価額100万円）の返
還を請求することができる。

指図が無効の場合　指図が無効である場合，C は，指図が有効
であれば対価関係上の B に対する債権の
弁済を得られることから，第三者として無効の対抗を受けないこと
がある。そのため，指図の無効が C との関係でも認められるか否
かで法律関係が変わる。

　C との関係でも指図が無効であるときは，A の C に対する出捐
は，A の B に対する給付にも，B の C に対する給付にもならない。
また，A は，その出捐を法律上の原因がないのにしたことになる。
この限りでは，A が，C に対し，出捐額に相当する金額（100万円）
の不当利得（支出利得）の返還を請求することができる。もっとも，
A がその出捐を B の債務の弁済であるとの認識の下でした場合に

は，Aは，BのCに対する債務を弁済したことになる。この第三者弁済は（指図が無効であるため）債務者の委託を受けず正当な理由なしにされたことになるものの，BとCいずれの意思にも反するといえないときは，それによりCのBに対する債権は消滅する（474条1項～3項・473条）。このときには，Cに不当利得はなく，Aは，702条1項により，Bの債務の消滅に要した金額（100万円）の償還をBに請求することができる。

　Cとの関係では指図の無効が認められない場合，AのCに対する出捐は，AのBに対する給付の意味をもたないものの，BのCに対する給付の意味はもつ。したがって，CのBに対する債権は消滅する。そうすると，Aは，（AB間では指図が無効であるため）法律上の原因がないのにBの債務を消滅させたことになる。したがって，Aは，Bに対し，消滅させた債務の価額（100万円）の不当利得（求償利得）返還請求をすることができる。

### ④ 対価関係および補償関係の不存在

Case 6-6 ────────────────────────────

　Case 6-3において，BのCに対する債務はDが弁済しており，AからBへの貸付金はAの代理人がBの代理人に交付していたが，これらのことを知らないまま，BはAに指示をし，Aはその指示に従っていた。

────────────────────────────

　┌─────────────┐
　│ 指図が有効の場合 │
　└─────────────┘

　Case 6-6では，AがCに支払をした時に，AのBに対する債務，BのCに対する債務がいずれも消滅していた。そのため，Bの指図が有効である場合には，AのCに対する出捐は，AのBに対する給付，BのCに対する給付の意味をもつものの，いずれも非債弁済となる。したがって，AがBに対して，BがCに対して，それぞれ給付したもの

（の価額 100 万円）の返還を請求することができる。

この場合，AC 間に不当利得関係を認めることで，簡易な処理が実現されるようにも思える。しかしながら，A は B を，B は C を，自己に対する債権者であるとして行動しており，A が B の，B が C の無資力のリスクを負うことには理由がある。それに対し，A は B への給付とするために C に支払をしたのであり，A が C の無資力のリスクを負担すべき理由はない。そのため，A，B，C が任意に解決を図る場合はともかくとして，不当利得返還の関係が AC 間に認められるとすることは適当でない。

| 指図が無効の場合 | B の指図が無効である場合（Case 6-6 では，補償関係が不存在のため，B による錯誤を理由

とする指図の意思表示の取消しが認められることも十分考えられる〔⇒③ 補償関係の不存在と指図の効力〕），対価関係が不存在のため，その無効は C との関係でも認められると解される（⇒② 指図が無効の場合）。

そうすると，A の C に対する出捐は，B の指図に基づくものでないことになるから，A の B に対する給付の意味も，B の C に対する給付の意味ももたない。したがって，AB 間，BC 間で不当利得が問題になることはない。

A の C に対する出捐は，B の指図を原因としてされたが，その指図が無効であったことから，法律上の原因を欠く。そのため，A は，C に対し，出捐額に相当する金額（100 万円）の不当利得（支出利得）返還請求をすることができる。

◆指図が無効の場合にあたりうる事案についての判例　ごく簡略化すれば，Case 6-3 において B が Z の強迫により C との契約，A との契約および A への指示をしていた場合について，最高裁判決（最判平 10・5・26 民集 52 巻 4 号 985 頁）がある。

同判決によれば，「消費貸借契約の借主Ｂが貸主Ａに対して貸付金を第三者Ｃに給付するよう求め，Ａがこれに従ってＣに対して給付を行った後Ｂが右契約を取り消した場合，Ａからの不当利得返還請求に関しては，Ｂは，特段の事情のない限り，ＡのＣに対する右給付により，その価額に相当する利益を受けたものとみるのが相当であ」り，Ａは，Ｂに対し不当利得の返還を請求することができる。その理由は，①ＢＣ間には事前に何らかの法律上または事実上の関係（本文にいう対価関係にあたる関係）が存在するのが通常であり，Ｂは，ＡのＣに対する給付（本文にいう出捐）により，その関係上の利益を受けること，②ＡはＢを信頼しその求め（本文にいう指図）に応じてＣに給付をしていること，③ＢＣ間の事情は必ずしもＡの関知するところでないため，ＡにＢＣ間の関係の内容とＡの給付によりＢが受けた利益につき主張証明を求めることはＡに困難を強いることになること，④ＢがＡから金銭の交付を受け，これをＣに交付した場合との取扱いを異にすることは衡平に反することにある。もっとも，ＢＣ間に事前に法律上または事実上の関係が何らなく，Ｂが，Ｚの強迫を受けて指示されるままに，Ａとの間で契約を締結し，その貸付金をＣに交付するようＡに指示したときは，上記の特段の事情があった場合に該当することは明らかであり，Ｂは，ＡのＣに対する出捐により何らの利益を受けなかったというべきであって，Ａは，不当利得返還請求を，Ｂに対してすることはできず，Ｃに対してすべきことになる。

　この判決は，ＡのＣに対する出捐によりＢが何らかの利益を受けたか否か，Ｂは何らの利益も受けていない場合にそのことをＡに主張することが許されるか否かにより，ＡのＢに対する不当利得返還請求の可否が定まる，その際，Ｂが，請求を免れるために，何らの利益も受けていないことをＡに主張しうる事情の存在を主張証明しなければならない，とするものである。その基礎には公平の観念があると考えられる。

　これに対し，本文に述べた考え方によれば，ＡＢ間の契約，ＢＣ

間の契約，BのAに対する指図のそれぞれの効力次第で②〜④の
いずれかとなる。上記判決の事案では，Bは，Aとの間の契約の意
思表示，Cとの間の契約の意思表示，Aに対する指図の意思表示を，
強迫によるものとして取り消すことができる。Bがそれらの取消し
をしたときは，④ 指図が無効の場合 に述べた場合にあたることに
なる。

### *Column①* 誤振込み ・・・・・・・・・・・・・・・・・・・・・・・・・・・・・・・・・・・・・・・・・・・・・

　銀行（A）に他人の口座への送金を依頼した者（B）が，Aに受取
人を誤って伝えたため，Bが意図したのとは別の者（C）がその取
引銀行（D）に有する口座に入金記帳がされることがある。これを，
一般に，誤振込みという。

　誤振込みの場合も，Cは，Dとの預金契約に基づいて，入金記帳
された金額に相当する金額の預金債権をDに対し取得する（最判平
8・4・26民集50巻5号1267頁）。もっとも，それは，振込取引の資
金移動手段としての重要性に鑑みた安定性確保を理由とし，Cにそ
の預金債権の取得を認めるべき実質的な理由はない。そこで，誰と
誰との間に不当利得の関係が生ずるかが問題になる。

　Dは，Cに対し預金債務を負うことになるが，その額と同額の送
金をAから受けており，その送金の効力が否定されることはない
ため，損失を受けない。そのため，CD間に不当利得は生じない。

　BのAに対する振込委託契約（振込資金の交付と振込指図をその内
容とする）の意思表示は，錯誤（95条1項1号）によるものである。
もっとも，Bに重大な過失があり，Aにおいて95条3項に定めら
れた事情は存在しないことが通常である。その場合，Bは，振込委
託契約の意思表示を取り消すことができない。そのため，Bから A
への資金の交付も指図も，効力が認められる。したがって，AB間
にも不当利得は生じない。

　Aが（Dを介して）Cにした送金は，Bの振込指図が有効である
ため，BのCに対する出捐の意味をもつ。ところが，BC間にその
原因となる関係はない。したがって，Bは，Cに対し，振込金相当

額の不当利得（支出利得）返還請求をすることができる（前掲最判平
8・4・26。なお，この判決は，Cが取得した預金債権に対してCの債権者
がした強制執行につきBが第三者異議の訴えを提起することができるかに
ついて，Bは「不当利得返還請求権を有することがあるにとどまり，右預金
債権の譲渡を妨げる権利を取得するわけではないから，受取人の債権者がし
た右預金債権に対する強制執行の不許を求めることはできないというべきで
ある」とした。これは，金銭の「価値所有権」〔⇒本章2 他の法理による処
理〕を否定するものといえる）。Cは誤振込分についても預金債権を
有するところ，Bの上記請求権は，Cが払戻しを受けてしまうと実
現が困難になりかねない。そうであっても，Cがその払戻しを受け
ることは，誤振込金を不正に取得するための行為であり詐欺等の犯
行の一環をなすときなど，それを認めることが著しく正義に反する
ような特段の事情があるときは別として，CがBに対して不当利
得返還義務を負担しているというだけでは権利の濫用にあたること
にならない（最判平20・10・10民集62巻9号2361頁）。

　Bの振込委託契約の意思表示が，錯誤により取消可能であること
もある。その場合，Bは，Aに対し，振込資金（委任費用の前払金）
として交付した金額の返還を請求することができる（一方的給付利
得）。もっとも，Aは，その金額に相当する額の金銭をDへの送金
により失ったと認められるから，善意である場合には返還を免れる
（703条）。そのときは，BがAに交付した金銭をCが取得したとみ
うることになるから，BがCに対して不当利得（侵害利得）の返還
を請求することができる。Aは，Bとの関係で利得消滅が認められ
ない場合，Cに対し，振込金額（Dを介してした出捐の金額）に相当
する金額の不当利得（支出利得）返還請求をするほかない。

# ■ *PART 3*　不法行為

# 第7章 不法行為制度の意義と構造

　本章では「不法行為制度の意義」の一つとして被害者の「損害の塡補」の目的について説明するが，不法行為法の解釈の指針となるだけでなく，特許法等の特別法上の損害賠償を学ぶ上でも重要である。また，不法行為制度の全体の「構造」を理解しておくことは，次章以下さらに込み入っていく不法行為の「森」で迷わない上で有益になろう。

## *1* 不法行為制度の意義

Case 7-1

**1**　Aは，同じ大学サークルのBとの口論中，激高してBの頭部を殴り，Bに重傷を負わせた。

**2**　Cの子D（3歳）は，同じ幼稚園に通うEの子FとE宅前で遊んでいた。Cは，買物への同行をDが拒んだことから，近所づきあいのあるEに対し，Dをよろしく頼む旨を告げ，Eは，子どもたちが一緒に遊んでいるから大丈夫でしょうと述べた。Eは，しばらくはDが近所のため池の隣接地でFと一緒に遊んでいるのを屋外で見ていたが，その後は屋内に入った。その間に，Dは一人でため池の水に入って溺死した。Dの死亡についてEはCに対し責任を負うか。

## ① 民事責任としての不法行為

民事責任と刑事責任 他人の権利や法益を侵害して被害を与えた場合の加害者の責任は，民事責任と刑事責任に分かれる。

刑事責任は，犯罪の抑止や加害者に対する制裁の見地から国家によって刑罰を科される責任である。これに対し，民事責任は，被害者救済の見地から加害者が被害者に対して負う責任である。

Case 7-1 **1**の A は，B の身体を侵害する暴行・傷害について，検察官に起訴される刑事訴訟の手続で，前者の刑事責任が追及される。一方で A は，B の身体を侵害したことによる治療費・慰謝料などの損害について，B からの訴えで賠償を請求される民事訴訟の手続で，後者の民事責任が追及されることになる（刑事訴訟の裁判官が有罪判決後に続けて損害賠償を判断する付帯私訴の制度もあるが，加害者が異議を申し立てれば，通常の民事裁判に移行する）。

不法行為責任と
債務不履行責任 民事責任は，不法行為責任のほかに，債務不履行責任を含む意味で使われることが多い。不法行為責任は，「他人の権利又は法律上保護される利益」を侵害した加害者が被害者に対して負う責任であり（709条），債務不履行責任は，債務（主に契約から発生する）について不履行をした債務者が債権者に対して負う責任である（415条）。日本民法では，いずれの責任も，発生した損害の賠償について金銭賠償の原則がとられている（722条1項・417条）。

◆二つの責任の関係　交通事故のように，いわば出合い頭の無関係の者同士の関係では，不法行為責任だけが問題となる。これに対し，上記二つの責任が同時に競合して成立する場合もある。たとえば，医療過誤では，人の生命身体を保護対象とする契約関係がある

ため，契約上の債務の不履行も問題となるからである（どちらで請求してもよい）。では，Case 7-1 **2**はどうか。託児所と違って，近所のよしみからのやりとりであって，Dの監護一切を委ね，それを引き受ける契約が成立したとはいえない（津地判昭 58・2・25 判時1083 号 125 頁〔隣人訴訟〕参照）と解すれば，不法行為責任だけが問題となる。


## ② 損害の填補

> 損害の填補と
> 抑止・制裁

民事責任としての不法行為責任は，前述のように，あくまでも被害者救済の見地から被害者に発生した損害を賠償するものである。したがって，不法行為制度は損害の填補を主たる目的とするものと解すべきである。

これに対し，学説の中には，損害の填補のみならず，（刑事責任と同様の）抑止や制裁の目的をも重視すべきだとする立場がある。このような立場から，他人の権利を侵害することで多額の利益を得ている場合は，「利得の吐き出し」をさせることで，発生した損害以上の賠償を認めるべきだとする議論や，特許権侵害などにアメリカのような 3 倍賠償の制度を導入すべきだとする立法論がされることがある。

しかし，このような議論は，多額の賠償金の支払義務を加害者に負わせるところまでは正当化できたとしても，その賠償金を現実に発生した損害を超える部分まで（国家ではなく）「被害者が受け取る」ことの法的根拠を十分に説明できない点で問題があると批判されている。したがって，日本の不法行為制度は，あくまでも現実に発生した損害の填補を主眼とするものであって，抑止や制裁のために損害の填補の枠を超える賠償を命ずることはできない，というべ

きである。

　判例も、「被害者に生じた現実の損害を金銭的に評価し、加害者にこれを賠償させることにより、被害者が被った不利益を補てんして、不法行為がなかったときの状態に回復させることを目的とするもの」とする（最判平9・7・11民集51巻6号2573頁。制裁や抑止・一般予防は、賠償義務を課される結果、反射的・副次的な効果として生じることがあるが、それを目的とするものではないとして、懲罰的賠償を認めた外国判決の執行を否定した）。

抑止・制裁の要素の「考慮」の可否

　損害の塡補の目的を強調するあまり、現実に発生した損害の塡補という枠の中においても、抑止や制裁の要素を一切考慮してはならないというのは硬直に過ぎる。特に慰謝料については、一義的に損害額が定まるものではないので、損害の塡補の趣旨からくる一定の枠内において（したがって「制裁的慰謝料」ではないものとして）、加害行為が故意であることや、加害行為によって大きな利益を得ていることなどを考慮に入れて算定することは許容されるべきである。

　裁判例にも、制裁的慰謝料は否定しつつ、慰謝料額の算定にあたり「侵害の態様（故意か過失か、過失の程度、悪性の程度等）」を考慮しうるとしたもの（東京地判昭57・2・1判時1044号19頁〔クロロキン薬害訴訟〕）や、週刊誌の記事による名誉毀損の慰謝料額として800万円を認めるにあたり、発行部数に1冊10円を掛け合わせた680万円の金額を考慮に入れたもの（東京地判平19・6・25判時1988号39頁）に、そのような判断がみられる。

　◆不法行為制度の限界と損害の負担　　損害は、必ずしも不法行為の加害者からの賠償によって塡補されるわけではない。㋐被害者が加害者の不法行為の要件の立証に失敗した場合や、㋑加害者に支払能力がない場合には、加害者から損害の塡補を受けられず、最終的

には，被害者側が損害を負担することもある。⑦④の問題に対し，被害者が，生命保険や火災保険などの自衛的保険に加入していた場合には，潜在的被害者集団が負担した保険料のプールから保険金がおりて，損害が塡補される。また，④の問題に対し，加害者が自賠責保険や労災保険などの責任保険に加入していた場合には，潜在的加害者集団が負担した保険料のプールからの保険金で賠償責任の履行が確保されて，被害者の損害が塡補される。そのほか，生活保護等の社会保障制度や犯罪被害者等給付金などの制度で損害が部分的に塡補されることもある。

## ③ 個人の行動の自由の保障

> 過失責任・自己責任の
> 原則

　不法行為制度は，過失責任・自己責任の原則をとることによって，自己の行為に過失（過失は予見可能性＋結果回避義務違反と解されている⇒第8章2②）がない限り責任を負わない，言い換えれば，少なくとも《結果発生の予見可能性がない限り責任を負わない》，というかたちで，個人の取引の自由・行動の自由を裏側から支えている点が重要である（逆に責任が厳格化されると取引や行動の自由に対する萎縮効果が生じることになる）。予見可能な結果についてのみ責任を負うということは，個人の取引や行動の自由を保障するとともに，取引や行動の結果について計算可能性を与えることによって，経済の発展に寄与することになる。

　◆過失責任主義の意義　このような過失責任主義の意義について，ドイツ民法第2次草案の議事録は，「草案の過失責任主義の原則を放棄すれば，取引の発展にはまったく役に立たず，恐らくは個人の活動が過度に制約されることになろう」とする。

　実は，Case 7-1 **2**と同様の事例でEの不法行為上の過失責任を認めた判決（前掲津地判昭58・2・25〔隣人訴訟〕）は，全国的な反

響・議論を呼んだ。近所づきあいの好意から出た行為（必ずしも明らかな落ち度があったわけでもない）について責任が問われたことで，このような行動に対する萎縮を感じたことがその背景にあろう。

過失責任・自己責任の原則に対する例外 ── 民法の中においても，行動の自由を保障するために過失責任・自己責任の原則を維持することが必ずしも妥当ではない領域については，例外的に修正がされている。その代表例として以下のものがある。

第1に，他人を使用して自己の経済活動の領域を拡大させて利益を得ている者については，その活動の結果として第三者に損害を与えた場合には，より重い責任を負わせるべきである。715条は，このような**報償責任**の考え方（「利益の帰するところに損失もまた帰する」と要約されている）に基づき，他人（被用者）の過失責任を使用者が代位した責任と解されている。規定上は過失の立証責任を転換した**中間責任**であるが，このような理解に基づき，判例では**無過失責任**として扱われている。

第2に，危険物を管理・所持する者については，その危険によって損害が発生した場合には，より重い責任を負わせるべきである。717条は，土地工作物の占有者・所有者について，このような**危険責任**の考え方に基づいて，占有者に中間責任，所有者に無過失責任を負わせたものといえる。

◆**特別法における無過失責任** 過失責任主義は，鉱害・公害など企業活動を中心とした個別分野の特別法によっても，無過失責任への修正がされている。このような分野においては，①市民社会における加害者と被害者の互換性が認められないこと，②高度な危険性を有する活動であること，③無過失責任を認めても企業の側は価格への転嫁や保険を用いての損失の分散が可能であり経済活動を大きく萎縮させることにはならないこと，などの事情から，無過失責任

を導入することの妥当性が認められる。

## 4 権利・法益の保護と新たな権利・法益の生成

権利・法益の保護　　709 条は，(故意・過失によって)「権利又は法律上保護される利益」(のレベル) が侵害されない限り責任を負わないという形で (過失責任主義とあいまって) 行動の自由を保障しつつ，「権利又は法律上保護される利益」が侵害された場合には，それによって発生した損害を賠償することで，権利・法益の保護を図ったものといえる。

　近時の学説は，伝統的通説について，「権利侵害から違法性へ」，加害者・被害者双方の「損害の公平な分担」というスローガンの下，「権利本位」から「社会協働生活の全体的向上」へ転換を図ったと批判しつつ，上述した権利と自由の保護という 709 条の基本を重視しようとする立場が有力である。

　◆「損害の公平な分担」の評価　　判例上多用されているが，この概念には学説上批判も強く，これをマジックワードに安易に過失相殺 (722 条 2 項) を類推適用して被害者側への損害分担が行き過ぎになることは避けるべきである。他方で，不法行為制度には行動の自由を保障する意義もあり，その点で加害者の責任が過度にならないよう具体的に妥当な判断を導くものとして，この概念の一定の有用性は否定できない。Case 7-1 **2** と同様の事例で，判決が，E ら夫婦の不法行為上の過失責任を認めつつ，損害の公平な分担から過失相殺の類推適用による大幅な賠償額の減額をした (前掲津地判昭 58・2・25 〔隣人訴訟〕) のは，このような考慮に出たものといえる。

新たな権利・法益の生成　　709 条は，以前は「権利」の侵害を不法行為の要件としていたが，民法現代語化に伴い「権利又は法律上保護される利益」の侵害に改正された (平成 16 年改正)。

明治民法の初期の判例・学説は，同条の「権利」を権利性の確立したものと解していた（⇒第8章3①）。その後，判例・学説は，同条の「権利」を「法的保護に値する利益」を含む広い概念と解するようになり（上記の改正は判例を明文化したものである），「日照」，「氏名を正確に呼称される利益」，「婚姻共同生活の平和の維持」，「相当程度の生存可能性」，「景観利益」など，新しい「権利ないし法益」がその中で判例・裁判例上認められてきた（⇒第8章4⑪）。最近では，同性カップル相互について，内縁と同様の「婚姻に準ずる関係」から生じる「法律上保護される利益」を認める裁判例もみられる（東京高判令2・3・4判時2473号47頁）。

　◆新たな保護法益の形成の仕方　　判例・裁判例における新たな保護法益の形成は，いくつかのタイプに分けることができる。①既存の法体系から導かれたもの：景観利益（最判平18・3・30民集60巻3号948頁），著作者が著作物によってその思想・意見等を公衆に伝達する利益（最判平17・7・14民集59巻6号1569頁），プライバシー（東京地判昭39・9・28判時385号12頁）。②既存の権利や法的利益とのバランス論から導かれたもの：日照（最判昭47・6・27民集26巻5号1067頁），相当程度の生存可能性（最判平12・9・22民集54巻7号2574頁），重大な後遺症が残らなかった相当程度の可能性（最判平15・11・11民集57巻10号1466頁）。③既存の権利や法的利益の再構成によって導かれたもの：婚姻共同生活の平和の維持（最判平8・3・26民集50巻4号993頁）のほか，前科等にかかわる事実を公表されない利益（最判平6・2・8民集48巻2号149頁）にもこの側面がある。④710条の「人格権」ないし「人格的利益」の一内容として導かれたもの：氏名を正確に呼称される利益（最判昭63・2・16民集42巻2号27頁），宗教上の信念に基づき患者が意思決定をする権利（最判平12・2・29民集54巻2号582頁）など。⑤被害者の意思決定を特に尊重すべき事情から意思決定にかかわる利益の要保護性が導かれたもの（上記④にも関連する）：上記の《宗教上の信念に基づき患者が

意思決定をする権利》のほか，放送事業者等から取材を受けた者の
期待・信頼（最判平20・6・12民集62巻6号1656頁），学校による生
徒募集の際に説明・宣伝された教育内容等に対する親の期待・信頼
（最判平21・12・10民集63巻10号2463頁）。

# 2 不法行為制度の構造

　不法行為制度は，民法上は一般不法行為と特殊不法行為の二つの
類型に大別される。さらに，民法上の不法行為に対し，自賠法（自
動車損害賠償保障法）・原賠法（原子力損害の賠償に関する法律）など特
別法上の不法行為も存在する。

　**一般不法行為**は，709条を中心とする不法行為の原則的要件に関
する規定であり（709条のほか，712条・713条・720条），近代民法の
過失責任の原則，自己責任（個人責任）の原則を反映したものであ
る。これに対し，**特殊不法行為**は，714条の監督者責任，715条の
使用者責任，717条の土地工作物責任，718条の動物占有者責任な
ど，主に一般不法行為の過失責任・自己責任の原則にかかわる原則
的要件を修正した特別規定ということができる（716条の注文者の責
任は，請負人の仕事という「他人の行為」による責任に関する規定である
が，同条ただし書は「注文者に過失があったとき」に709条の責任を負う
ことの注意規定とされる点で，特殊不法行為としての意義に乏しい〔⇒第
9章3②〕。特殊不法行為には，719条のほか，715条3項・717条3項など
複数者の責任に関する特別規定もある）。

　一般不法行為・特殊不法行為とも，効果については，721条〜
724条の2（そのほか慰謝料の賠償という効果を規定した側面もある710
条・711条）が共通して適用される（これらの規定を709条を中心とす
る一般不法行為と一体として「基本型不法行為」と位置づける学説も有力

であり，本書も**第8章**で一体として説明する)。

　特別法上の不法行為においても，特殊不法行為と同様，一般不法行為の原則を要件のレベルで修正変更した規定が多く，効果については民法上の不法行為の原則がそのまま適用されることが多い。たとえば，自賠法は，3条で人身損害について要件を修正しているが，効果の場面では，物損，人損を問わず民法上の不法行為の原則が適用される（自賠4条参照）。また，原賠法3条は，原子炉の運転等による原子力損害について要件を修正しているが，賠償されるべき損害や範囲についての規定はなく，民法上の不法行為の原則が適用される。

　一般不法行為の原則がいかなる理由でどのように修正されて特殊不法行為や特別法上の不法行為が規定されているかをみることは，当該規定を理解するだけでなく，新たな立法論を検討する上でも重要である。

# 第8章 一般不法行為

> 不法行為には，第7章で触れたように，一般不法行為と特殊不法行為の2種類がある。本章では，709条を中心として，一般不法行為の要件と効果について説明する。

## 1 序

### ①　一般不法行為と統一的不法行為要件

一般不法行為は民法709条に規定されている。わが国の不法行為法の最大の特徴は，最も基本的な規定を1か条に収めている点，すなわち，統一的不法行為要件をもち，特殊の不法行為の規定が適用されない場合のすべてを本条によって処理している点にある。

このような統一的不法行為要件は立法論的にどういう意味があるか。統一的不法行為要件規定をもつことは，社会の変化に柔軟に対応できる点に利点がある一方で，裁判官の裁量が大きく，裁判の予測がつきにくいというマイナス点を抱えることになる。どちらを重視するかにより，統一的不法行為要件をもつ立法の評価は大きく分かれることになる。

◆709条の沿革　　わが国の不法行為法について解釈するにあた

り，その沿革・比較法を踏まえつつ，わが国の不法行為法の構造について検討しておく必要がある。

　民法709条をフランス民法に由来する規定と捉えるか，ドイツ民法に由来する規定と捉えるかについては学説上争いがある。この点に関しては，日本民法が統一的不法行為要件を有していること，および同条の基礎となっている旧民法財産篇370条がフランス民法の影響を直截に受けていることに着目すれば，709条をフランス民法（制定時の1382条。現在の1240条）に由来するものと捉えることが適切である。大正期から昭和初期の学説は，日本民法709条をドイツ民法の823条1項（絶対権侵害）に由来するものと解していたが，ドイツ民法には不法行為の3類型の規定があり，823条1項はその一つにすぎないのに対し，日本民法709条は3類型すべてに対応するものと考えられることから，このような見解は批判を受けることとなった。もっとも，日本民法709条とフランス民法・ドイツ民法との関係については，現在に至るまで議論がある。日本民法709条には，フランス民法にない「権利侵害」の要件が含まれている点がその理由である。

　さらに，2004（平成16）年の民法現代語化によって，709条に「法律上保護される利益」の語が入れられたため，これが従来の議論にどのような影響があるかという新しい問題が生じた。本条が統一的不法行為要件である点はフランス法的だが，他方，権利とそれ以外の利益を規定した点で，一つの不法行為要件の中に二つのものが入り込んでいるとみることもできるようになったからである（⇒ *3* 1）。

## 2　一般不法行為の要件と効果

　709条の規定によると，一般不法行為の要件は，①故意または過失，②他人の権利または法律上保護される利益の侵害，③損害の発生，④故意または過失ある行為と損害発生との因果関係，の四つとなる。さらに，判例，学説は，②に関して違法性を要求する場合が

ある。

　もっとも，以上の4要件を満たす場合でも，不法行為の成立が阻却される場合として，民法は①責任無能力（712条・713条），②正当防衛・緊急避難（720条）を認めており，さらに，判例・学説上，③被害者の承諾・危険の引受け・危険への接近，④正当行為，⑤自力救済などの場合にも，不法行為の成立を阻却する。

　一般不法行為の効果としては，賠償範囲の確定，および損害の金銭的評価が問題となる。損害の金銭的評価において，過失相殺，損益相殺のような損害額の減額・調整が扱われる。さらに，民法は，損害賠償の方法として金銭賠償の原則を採用するが（722条1項），原状回復，差止がどのような場合に認められるかが問題となる。また，不法行為に基づく損害賠償を請求する場合の，請求権者の範囲も不法行為の効果の問題である（なお，すでに触れたように，これらの点は，特殊不法行為の効果とも共通しており，まとめて，一般不法行為の箇所で説明する）。


# **2** 故意・過失


## ① 故　　意

故意の概念

　故意とは，「一定の結果の発生またはその可能性を認識しながら，認容してその行為をすること」と定義できる。ここにいう認識の対象は，権利法益侵害という何らかの結果の発生で足り，特定の人に対する侵害まで認識する必要はない。

　伝統的通説においては，故意とは，「一定の結果（違法な侵害）の発生を認識しながらそれを認容して行為するという心理状態」とさ

れてきた。しかし，故意が行為者に損害賠償義務を課するための帰責根拠であるとすれば，他人を害しないように行動するという規範に反したことが問題であり，心理状態ではなく，行為に帰責の根拠を求めるべきであるとする学説が有力に唱えられている。

　さらに，故意については，①侵害の事実の単なる認識で足りるか，それに加えて認容することまで必要か，②違法性の認識を必要とするか，などの点が議論されている（違法性が不法行為の要件となるかについては後述するところに委ねる。⇒ *3*)。

　原則として故意犯のみが処罰の対象となる刑法の場合と異なり，民法では故意か過失かでそれほどの相違は生じないが，非難可能性の程度の違いという点について故意責任と過失責任とで若干の相違を認めるのであれば，①については，単に「知って」行為をしたかではなく，認容の有無に非難可能性の差異をみるほうが適切であろう。もっとも，認識をしながら認容をしないというケースは実際にはきわめて稀であることも付言しておかなければならない。公害事件において，この認容の欠如を理由に故意が否定される場合があるが，公害被害が一定の段階を超えた時点で，認識とともに未必の故意があると認定すべきであろう。

　②については，古い判例は必要とするが（大判明41・7・8民録14輯847頁），学説は不要とするものが少なくない。しかし，実際上権利を有しない債権者が，法律の規定を知らずまたは誤解して，その権利があると信じて債務者の財産に対して仮差押えをした場合，これを故意と解すべきか。非難可能性の程度によって故意と過失を区別し，その程度の高いものを故意と捉えるときは，違法性の認識を必要とすることが考えられる。もっとも，損害の発生について認容がある場合には実際には違法性の認識があるのが通常であるから，この点について事実上推定されるといえよう。

民法709条は不法行為の要件として故意と
過失を区別していない。しかし，判例，学
説においては両者について何らかの区別を
するものが少なくない。具体的には，以下の4点が考えられる。

第1は，判例上，債権侵害の一定の類型のように，加害者に故意
がある場合に限って不法行為の成立を認めるべきであるとされる種
類の加害行為が存在することである（⇒4④）。もっともこの点に
ついては学説上議論がある。

第2は，故意の不法行為における損害賠償の範囲は，過失のそれ
に比べて拡大する場合がある（有力説）。

第3は，故意の場合には，加害行為の態様が悪質であることから，
慰謝料の額が多額になる場合があることである（多数説）。

第4に，故意の場合には過失相殺は原則として適用されず，被害
者が加害者を挑発したときなど特別な場合に限られるとの学説が有
力に唱えられている。

## ② 過　　失

序

過失主義は，他人に損害を与える行為をし
ても，過失がなければ責任を負わないこと
を認める。過失主義の意義は，社会における個人の自由な活動の保
障にある。原因者がすべての場合に責任を負うとすれば自由な活動
を制約してしまうため，原因者も一定の範囲では責任を負わないこ
とを認めているのである。19世紀末以降，企業を中心として経済
活動はさまざまな危険を作り出し，それに伴って過失主義の修正を
迫ってきた（無過失責任規定の創設）。しかし，今日でも，過失主義
が民法の基本であることを民法709条は宣明しているのである。

709条における過失の本質をどう捉えるかについては，起草者の

見解は必ずしも明らかではない。過失とは，主観的注意義務違反か，客観的行為義務違反か，過失の中核は予見可能性か，回避可能性（結果回避義務違反）かが学説上争われてきたのである。

◆**過失概念の沿革**　過失とは何か。沿革をさかのぼると，過失がある場合に限って不法行為が成立するとする主義（過失主義）には種々の要素が複合しているが，①近代法の意思主義，②心理主義（心理の緊張を欠くこと），③過失主義の経済的，社会的機能（企業の行動や取引についての計算可能性）などの要素が過失概念に加わったといわれる。また，比較法上，過失概念はドイツとフランスで異なっており，ドイツでは，民法上過失要件と違法性要件がともに必要とされるため，過失は主観的に捉えられることが多いのに対し，フランスでは，民法上両者が合わさったフォートが要件とされており，フォートは客観的に捉えられることが多い。日本民法がドイツ民法，フランス民法のどちらに類似するかについては論争があるが，709条を素直に読めば，フランス民法に近いといえる（⇒1①）。

客観的な行為義務違反
としての過失

(1)　**過失は主観的注意義務違反か，客観的行為義務違反か**　この点について判例は，過失は，一定の状況における客観的行為義務違反と解してきた（古くは大判明32・12・7民録5輯11巻32頁）。これは，過失を，行為者の職業・地位等により種々の状況に応じて要求される作為不作為義務違反と捉えるものであった。

他方，学説は，伝統的には，過失を主観的注意義務違反（心理的緊張を欠いたこと）と解してきた。この立場が，違法性と（過失を含む）有責性を対置させるドイツ民法の理解を基礎としていたことは言うまでもない。しかし，1960年代以降，交通事故，公害，薬害などの不法行為訴訟が増加する中で，学説も，過失の客観化を正面から認める方向に修正されてきた。

主観的注意義務違反説に対する批判としては，以下の点を指摘で

きる。

　第1に，心理的緊張を重視することが適切でないケースがあるのではないか。たとえば，経験の長い医師しかできない非常に難しい手術を卒業直後の医師が神経を緊張させて行ったところ，失敗したという場合には，そもそも手術をしたこと自体に思慮が欠けていたことが問題となる。このように事前の思慮が必要なケースにおいて，行為時の心理的緊張の有無を問題としても意味がないことは事実であろう。

　第2に，主観的注意義務違反説を採用する伝統的多数説自体，過失について行為者の能力を基準とせず，通常人の能力を基準として判断している（⇒(2)）ことは，それが真の意味の主観的注意義務違反を問題とするのではなく，客観的行為義務違反を問題としているとみることができる。

　このように，過失は客観的行為義務違反を中核とするものとみることができよう。もっとも，過失において主観的な心理状態がまったく意味をもたないわけではない。学説の中には，主観的な内心状態と客観的な行為義務違反はコインの表裏となる場合が多く，いずれからの過失の認定も可能である（過失の二重構造論と呼ばれる）とする立場もみられる。

　(2)　通常人を基準とした行為義務違反　　客観的行為義務違反の有無を判断する場合，誰の注意能力を基準として判断するか。これについては，通常人の能力を基準として判断する考え方（抽象的過失説）と，行為者の能力を基準として判断する考え方（具体的過失説）があるが，近時の学説は，抽象的過失説を採用する。本書でもこの立場を支持しておきたい。行為者が通常人よりも能力が低い場合には，自己の能力以上の注意を要求されることになるが，社会においては他者が通常人の能力程度の注意に基づく行動をすることを期待

して行動するほかないことから，この見解が妥当である。

　具体的過失を基準とする刑事責任とは相違することになるが，刑罰の問題か損害賠償の問題かという相違に基づくものといえよう。

　通常人は，具体的な行為者の職業や地位などの属性類型によって判断されることがある。たとえばバスの運転者はバスの運転者，警察官は警察官，医師は医師（さらに，大学病院の医師，開業医）というカテゴリーの中での通常人を基準とすることになる。行為者の属性に応じて注意義務の程度が変化することにも留意すべきである。

　抽象的過失の判断において通常人とは，社会における平均人ではなく，規範的に判断される。たとえば，医師は，平均的な医師が慣行に従って医療行為を行うだけでは，通常人としての注意義務を果たしたことにはならない（最判平 8・1・23 民集 50 巻 1 号 1 頁）。

---

Case 8-1 ───────────────────────────────

1 B社の硫酸・肥料の製造工場から放出される硫黄酸化物のために，付近の地主・小作人ら（Aら）が農作物の減収の被害を受けた。

2 Bが経営する化学工場の排水中の危険物質が周辺海域に流出し，魚介類の体内に蓄積され，その魚介類を長期間摂食した地域住民Aらは危険物質の中毒症状（水俣病）を引き起こした。

3 Aは，整腸剤として服用したキノホルム製剤の副作用によって，重篤な神経障害（スモン病）を発症した。

───────────────────────────────────────

| 過失の構造 |

(1)　予見可能性を前提とする結果回避義務

　過失の中核は予見可能性か，回避可能性（結果回避義務違反）か。この点に関しては，学説上争われてきた。予見可能性説とは，損害発生の予見が可能であれば過失があるとするのに対し，回避可能性説（ないし結果回避義務違反説）は，損害発

生を予見した場合であり，かつ，損害発生の回避が可能でなければ過失がないとする。過失の中核は予見可能性にあるとするのがかつての多数説であったが，近時の多数説は，過失とは，予見可能性を前提とした結果回避義務違反であるとする。この点は，客観的な行為義務違反としての過失）(1) の論争と，ある程度はパラレルに議論がなされてきたといえる。

判例は古くから過失の中核を損害回避義務違反にあるとしてきたが（前掲大判明32・12・7），今日の視点から見て，両者の相違点を顕在化させ，①過失を結果回避義務違反と捉えたのが，Case 8-1 **1** を扱った大阪アルカリ事件大審院判決（大判大5・12・22民録22輯2474頁）である。本判決は，②「事業ノ性質ニ従ヒ相当ナル設備」を施していれば過失はないとする判断を示した（もっとも，差戻審は，当該事案につき経済上可能な「相当ナル設備」を設置していないから過失があると判断し，損害賠償を認めた）。

ここで問題となったのは，回避措置のコストが高く，加害者の経済状態のために回避措置をとれないことを，過失の判断において考慮すべきか否かである。同判決は，過失の成立する場合を狭くしすぎ，産業保護に偏するとして学説から批判を受けた（もっとも，本件が財産的損害の事案であったことにも注意しておこう）。

このように，大阪アルカリ事件大審院判決は，上記①，②の点を示したのであるが，戦後，Case 8-1 **2** を扱った熊本水俣病第1次訴訟判決（熊本地判昭48・3・20判時696号15頁），新潟水俣病第1次訴訟判決（新潟地判昭46・9・29下民集22巻9＝10号別冊1頁），四日市ぜん息訴訟判決（津地四日市支判昭47・7・24判時672号30頁）では，①は維持されたものの，②については異なる立場が示された。すなわち，回避可能性説をとりながらも，人身被害の可能性がある場合には，万全の措置や世界最高水準の措置をとることが必要であると

したのである。今日における大阪アルカリ事件大審院判決の先例的意義は（少なくとも健康被害の可能性のあるケースに関しては）①にとどまるものと解すべきであろう。

（2）**予見義務，調査義務に裏付けられた予見可能性**　　過失の判断において予見可能性が前提とされることによって，行動の自由が支えられることになる。

もっとも，予見可能性といっても，前述したように，過失が通常人を基準として判断される以上，規範的性質を有しており，行為から生ずる危険な結果を予見するために，**調査義務**（予見義務）が課される場合がある。Case 8-1 ❸ を扱った東京スモン訴訟判決（東京地判昭53・8・3判時899号48頁）は，過失とは，「その終局において，結果回避義務の違反をいうのであり，かつ，具体的状況のもとにおいて，適正な回避措置を期待し得る前提として，予見義務に裏付けられた予見可能性の存在を必要とするもの」であるとしている。新潟水俣病第1次訴訟判決も，被告には「最高の分析検知の技術を用い，排水中の有害物質の有無，その性質，程度等を調査」する義務（調査義務）があるとしている。

調査義務と結果回避義務の関係はどのようなものだろうか。調査により漠然とした抽象的危険が具体的危険となる場合には，その段階で結果回避義務が発生し，その懈怠は過失となる。他方，予見すべきであるのに調査研究を尽くさなかったために予見ができなかった場合には，調査義務違反となり，過失となる（すでに大阪アルカリ事件控訴院判決〔大阪控判大4・7・29新聞1047号25頁〕が判示している）。調査をしても具体的危険を予見できなかったであろう場合には，過失を問われない。予見義務は，行為の類型に応じて，義務の程度が変わる。

なお，予見可能性は予見義務に吸収されるとする見解もあるが，

まったく予見可能性のない場合に義務を想定することは，過失責任の場合ありえないといえよう。これは予見可能性が過失責任の行動の自由の保障と密接に結びついているからである。予見可能性の必要の有無は過失と無過失の分水嶺なのである。調査義務等の予見義務はあくまでも予見可能性を裏打ちするものとして理解されるべきである。

(3) **過失の2類型**　　学説においては，裁判例を検討しつつ，過失が問題となる事案を2類型に分けるものが多い。

第1は，直接侵害行為類型と呼ばれるものであり，その多くは，日常生活における市民相互の不法行為である。古典的過失と呼ばれることもある。この類型化を主張する学説が挙げる例としては，考え事をしながら自転車をこいでいて歩行者にぶつかる行為や，ドッグフードと勘違いしてネズミ駆除用の毒餌を他人の犬に与えて死なせる行為がある。この場合には，直接の侵害行為（上記の例だと，歩行者にぶつかる行為，毒餌を与える行為）についての予見可能性の存在と不作為義務違反（結果回避義務違反）により，過失責任が認められることになる。

第2は，危殆化行為（間接侵害）類型と呼ぶことができる。社会的有用性のある工場等の企業活動，高速度交通機関の運行，薬品の製造販売，新規の医療行為などにみられる危殆化（他人を危険にさらす）行為による不法行為であり，現代的過失と呼ぶこともできる。学説が挙げる例としては，工場が許容量を超える汚染物質を河川に排出する行為や，自動車の運転者がスピード違反をして住宅地を走行する行為がある。この場合には，危殆化行為（工場の排水や自動車の運転）は，その他の条件（汚染物質の排出の例）や他人の行為（自動車のスピード違反における子どもの飛び出しの例。中間原因という）を経て初めて危険が現実化し，権利利益侵害となるとされている。この

場合には，過失の有無は，被告の危殆化行為の段階で判断されるのであり，この点が古典的過失と異なるところである。危殆化行為自体は社会的有用性があり認められており（いわゆる「許された危険」に関連する），被告の危殆化行為に過失が認められるかは，その行為が社会相当程度を超えて他人を危険にさらしたか否かによって判断される。

このような過失の2類型の区分は，危殆化行為類型をクローズアップする点で有用であると考えられる。具体的には，上記の予見義務（調査義務）が問題とされるのは主に危殆化行為類型であり，また，事前の思慮・判断において次に述べるハンドの定式（⇒(4)）の適用可能性が問題とされるのも危殆化行為類型に限られるからである。

*Column②* 危殆化行為類型と予防原則 ◆━◆━◆━◆━◆━◆━◆━◆━◆━◆

公害や食品安全に関して，高度の予見義務の根拠を「予防原則（precautionary principle：事前警戒原則）」に求める考え方が学説上示されている。予防原則とは，環境法で発展してきた基本原則であり，標準的な定義は，「深刻なまたは回復し難い損害のおそれが存在する場合には，十分な科学的確実性の欠如を，環境悪化を防止する上で費用対効果の大きい措置を延期する理由として用いてはならない」とする（リオ宣言第15原則）。①十分な科学的確実性がない場合であっても，現実化すれば②深刻なまたは回復し難い損害が発生するおそれがある場合には，損害発生前にリスクを回避・低減するための事前の思慮を行うべきであるとの考え方は，公害，食品安全等に関する不法行為の過失判断にも用いることができよう。

原因究明に科学的不確実性が残されている段階において被告企業の過失の予見可能性・予見義務（調査義務）の有無を判断する場合には，原因物質の特定が当然に要求されるわけではない。熊本水俣病第1次訴訟判決において，熊本地裁が，原因物質が予見可能であったとは言えない時期に発症した患者に対しても被告チッソの過失

を認定し，特定の物質についての予見が可能であったかどうかを問題とすることは人体実験を容認することになるから不当であるとしたこと（前掲熊本地判昭 48・3・20）が注目される。

◆**不作為による不法行為**　　母親が乳児に授乳をせず放置した結果死亡させてしまったり，何度も病院に通っているのに医者が必要な検査をしなかった結果手術をすべきタイミングを失し死亡させてしまうなど，人がある行動をとらなかったことによって損害が発生する場合がある。このような場合は「不作為による不法行為」として論じられる。

不作為による不法行為においては，不作為を不法行為の対象とするための要件を満たす必要がある。不作為は作為に比べて状態の継続にすぎず，それをもって直ちに不法行為責任を負わせるレベルに達しないからである。そのため，判例，学説は，不作為が不法行為責任の対象となるために，一定の作為を命ずる義務（作為義務）と，それに対する違反が必要であるとしている。この作為義務は，その違反が違法と評価されるものであるため，倫理的なものにとどまらず，法的な義務でなければならない。また，作為義務の有無は，一般人を基準として判断されるのではなく，行為者の個別の状況に基づき判断されることに留意が必要である。

**作為義務**の根拠としては，①法令（たとえば，親権者が子を監護する義務〔820 条〕，親が子を扶養する義務〔877 条〕），②契約，③慣習，条理，④先行行為が挙げられる。ほかに支配領域基準を挙げる見解もあるが，そこに挙げられている例は①〜③で説明できるものである。

肝硬変の患者に対し 771 回診察をしながら医師が肝がん検査を実施せず，死亡するに至った場合（最判平 11・2・25 民集 53 巻 2 号 235頁），大学の空手愛好会に属していた学生が退会に伴って暴行を受けた事件について，同大学の学生課長等が暴行を受ける可能性等の事情を知りながら特別な対応をとらなかった事例（東京地判昭 48・8・29 判時 717 号 29 頁）は②の例である。

中学生のグループが電車のレールの上に置き石をして脱線転覆させた事件について，自ら置き石をしなかったものの事前に仲間と話合いをした少年について，話合いに参加して置き石の存在を知りながらそれを除去するなどの措置をとらなかったことについて不法行為責任を認めた判決（最判昭62・1・22民集41巻1号17頁）は③ないし④の例である。他方，加害少年らが被害少年に暴行を加えている事実を知らされずに加害少年らから現場に呼び出された少年らについて，現場で暴行を助長する言動をしていないこと，加害少年から暴力を加えられることを恐れていたことから，「先行行為」があったとは認めず暴行の制止や被害少年の救護をする法的義務はないとしたものもみられる（最判平20・2・28判時2005号10頁）。後者は一般論を展開しない事例判決であるが，呼び出された少年らは気絶状態の被害少年を外部から発見されにくくする工作にも加担していることから，条理上，被害少年の受傷を通報すべき義務を負っており，この義務を怠ったものと認めるべきであろう（最高裁の反対意見を支持する）。

　不作為不法行為における作為義務違反は，一般に**違法性**の問題と解されているが，過失における結果回避義務違反が違法性と類似の性質を有していることと同様，作為義務違反の問題も過失に接近している。そのため，これを**過失**の問題と捉える見解も有力である（本書ではこの見解に沿っている）。

　また，不作為不法行為では，因果関係は，当該作為義務が尽くされていれば損害が発生しなかったかどうかによって決せられる。この点から，因果関係が違法性の認定に吸収されるとの議論もある。しかし，作為義務およびそれに違反する行為がなされることと，それが尽くされていれば損害が発生しなかったこととは別であり，前者を違法性，後者を因果関係の問題と捉えることは十分可能であると考えられる。すなわち，前者は因果関係の起点としての（作為義務違反）行為の問題である。不作為による不法行為も，不作為という行為を起点とするのであり，その点では，作為による不法行為と

異ならないといえよう。

### (4) 危殆化行為類型における結果回避義務とハンドの定式

**Case 8-2**

Aは，自動車の排出ガスによって気管支ぜん息に罹患したとして，自動車メーカーBに対し損害賠償請求をした。Bには，その当時（1973〔昭和48〕年頃）において，自動車の集中・集積に伴う局地的大気汚染の発生，それによる沿道住民の気管支ぜん息等の罹患のおそれについて予見可能性が存在した。

(a) **ハンドの定式の考え方と裁判例**　危殆化行為類型では，事前の思慮・判断において，結果回避義務の判断の際に，ハンドの定式が問題とされることがある。

ハンドの定式とは，「L（Loss：損害の重大性）×P（Probability：損害発生の可能性）が，B（Burden：損害発生の予防費用の負担。結果回避義務を課されることによって犠牲にされる利益）よりも大きいか否かで，過失があるか否かを判断する考え方」である。この考え方を定式化したラーニッド・ハンドというアメリカの裁判官の名からこのように称されている。

B（Burden）については，①加害者の負担のみを考慮するか，②社会等第三者の利益も考慮するかが問題であり，学説上争われている（②については，違法性の問題と考えることもできる）。

判例上は，大阪アルカリ事件大審院判決（前掲大判大5・12・22）が「相当ナル設備」説を採用したのはB（Burden）を考慮したと捉える余地があり，学説上このような見方も有力である。Case 8-2を扱った東京大気汚染訴訟第1審判決（東京地判平14・10・29判時1885号23頁）はこの定式を明確に採用した。同判決では，自動車排ガスによる沿道住民の気管支ぜん息の罹患等に関して，自動車メー

カーの予見可能性を認めつつ，過失の結果回避義務については，それを「被告メーカーらに課すことによって被告メーカーら及び社会が被る不利益の内容，程度等を比較考量」する必要があることから（具体的には，当時，バス，トラックについてはディーゼル車しか製造できなかったため，結果回避のためにはバス，トラックの販売停止が必要になったという事情が認められた），自動車メーカーの結果回避義務違反を否定したのである。

　(b)　学説　　ハンドの定式は，過失の判断についてある意味できわめて分かりやすい枠組みを打ち出したという点で魅力的な面がある。学説上，この定式に代わる説得力を有する他の基準は現時点では確立していないとする見解もある。しかしこの定式の採用に対しては，特に公害の場合に B（Burden）を比較衡量することに対して学説上批判が強い。肯定説のほか，次の二つの考え方に分かれるといえる。

　第1は，裁判所が個人間の効用を比較すること自体はありうるとしつつ，個人の尊厳を重視すべき観点（憲13条）から生命・健康の利益を重視し，それを，権利利益の程度が異なる財産的利益のために犠牲にすることは認めるべきでなく，「生命・健康侵害の場合」および「故意ないし継続的不法行為の場合」（この場合には損害発生の可能性が1に近づくことになる）には，ハンドの定式は適用しないとする考え方である。

　第2は，より一般的に，個人間の効用を比較できないため，受益者＝被害者となるケース（たとえば，〔リスクについて十分情報を伝えられた上での〕医薬品の提供，手術などの医療行為のケース）を除き，この定式を用いることはできないとする立場である。

過失における注意義務について，判例上取り上げられてきたのは，高度の危険性を伴う企業活動から生じた損害，専門家や自動車の運転のように免許を要する活動から生じた損害である。

（1） 高度の危険性を伴う企業活動から生じた損害の場合　公害，薬害，食品被害のような企業活動から生じた損害は，危殆化行為（現代型過失）類型の例であるが，企業活動自体については社会的有用性が認められる一方で，高度の科学技術を用いており，危険性が高い場合も少なくない。その一部は，特別法によって無過失責任が定められているが（大気汚染 25 条，水質汚濁 19 条，製造物責任法，原子力損害賠償法など），特別法が存在しない場合には民法 709 条が適用される。

現代的過失類型における危殆化行為が社会的に相当な程度を超えるものか否かを判断する際に，①相当程度の注意義務で足りるとし，ハンドの定式等を踏まえた判断をするか，②予防原則に基づき，万一のリスクに対処する高度の注意義務が課され，ハンドの定式の衡量にも慎重さが要求されるかは，事案によって異なるであろう。生命・健康被害の未然防止が問題とされた新潟水俣病第 1 次訴訟判決（前掲新潟地判昭 46・9・29）等は②に対応する。財産的被害にとどまる場合には，①に対応することもありうると考えられる。

（2） 医療過誤の場合

Case 8-3 —————————————————————————

A が未熟児として出生した 1974（昭和 49）年当時，未熟児網膜症の光凝固法は有効な治療法として確立されておらず，治療基準について一応の全国的な統一的指針が得られたのは厚生省研究班の報告が医学雑誌に掲載された 1975（昭和 50）年 8 月以降であった。この場合において，B 病院は，A の眼底検査はしたものの，その退院まで光凝固法を

用いた治療をせず，転院もさせなかった。

---

　医療過誤による責任は，診療契約違反の債務不履行責任として把握されることもあるが，実務上は不法行為責任として扱われることが多い。医療行為は社会的有用性がきわめて高いが，過誤があれば生命・健康に重大な被害を及ぼす。

　医師は，「その業務の性質に照し，危険防止のために実験上必要とされる最善の注意義務を要求される」（最判昭 36・2・16 民集 15 巻 2 号 244 頁〔東大輸血梅毒事件〕）。

　医師の注意義務の基準は，「臨床医学の実践における**医療水準**」（最判昭 57・7・20 判時 1053 号 96 頁）であり，これは「学問としての医療水準」とは異なるものとされる。

　医療水準論は，未熟児網膜症に関する光凝固法という新たな治療法の確立時期をめぐって定着してきたが，Case 8-3 を扱った最判平 7・6・9 民集 49 巻 6 号 1499 頁（未熟児網膜症姫路日赤事件）は，治療基準について一応の全国的な統一的指針が得られた昭和 50 年 8 月を目安とする原判決を破棄し，ある新規の治療法の存在を前提として医療機関に要求される医療水準であるか決するについては，当該医療機関の性格，所在地域の医療環境の特性等の諸般の事情を考慮すべきであり，すべての医療機関について一律に解するのは相当でないとした。

　これによって，医療機関によって医療水準に格差が生じるが，医師にはより高度な治療方法を行っている他の医療機関に転院させる義務（最判平 15・11・11 民集 57 巻 10 号 1466 頁）や，常に最新の医療知識を習得する研鑽義務（最判平 14・11・8 判時 1809 号 30 頁）があるとすることによって，この問題を一定程度解消することが行われている。

◆**医療水準として未確立な療法**　医療水準として未確立の療法で
あっても，少なからぬ医療機関において実施されており，相当数の
実施例があり，これを実施した医師の間で積極的な評価もされてい
るものについては，患者が自己への適応の有無・実施可能性につい
て強い関心をもっていることを医師が知った場合などにおいては，
医師に説明義務が認められる場合がある（最判平 13・11・27 民集 55
巻 6 号 1154 頁〔乳房温存手術事件〕）。

（3）　**自動車事故の場合**　自動車の運転は危殆化行為であり，自
動車事故のうち人身事故は自動車損害賠償保障法により，免責要件
がきわめて厳格で実質的に無過失責任に近い処理がなされている。
他方，物損については民法 709 条が適用される。

　自動車事故による死傷者が多いにもかかわらず，自動車の運行は
社会活動において必須となっており，その危険性とともに自動車の
運行に関する配慮も重要である。

　最高裁は，自動車の交通に関して，特段の事情がない限り，他車
が交通ルールに反して運行することまでも予想して，そのような他
車の有無，動静に注意して運行する注意義務までは存在しないとの
判断を示している（最判昭 43・7・25 判時 530 号 37 頁，最判平 3・11・
19 判時 1407 号 64 頁）。これは，信頼の原則と呼ばれる。信頼の原則
については，自動車どうしの事故には適用されるとしても，自動車
による対人事故の場合には，適用されないとする学説が有力である。
歩行者には自動車運転者のような高度の注意義務は課されていない
からである。

> 過失の立証，
> 過失の推定

（1）　**過失の立証**　故意・過失の要件につ
いては，訴訟上，709 条の他の要件と同様，
被害者に主張立証責任がある。

　過失要件については，過失それ自体ではなく，過失の評価を基礎

づける具体的事実が主張立証責任の対象（主要事実）になるとするのが一般的見解である。これは，709条の「過失」が抽象性・評価性が高い概念であるためであり，このような要件を評価的（規範的）要件という。

医療過誤事件のように，医師の責任を追及する法律構成として，不法行為構成以外にも，債務不履行構成を用いうる場合がある。伝統的理解によれば，不法行為構成では，原告（被害者）が被告（加害者）の過失を主張立証しなければならないのに対し，債務不履行構成（415条）は，①債権者（被害者）が債務不履行を主張立証し，②債務者（加害者）が自らに過失（帰責事由）のなかったことを主張立証しなければならないとされていた。②の点に着目すると，医師の過失の主張立証に関して，債務不履行構成のほうが不法行為構成よりも患者にとって有利であるようにみえる。しかし，今日の理解では，両者は実質的に異ならない。債務不履行構成をとる場合においても，診療契約における（健康回復という結果自体を目的としていない）手段債務の債務（義務）の内容および債務不履行（義務違反）の内容について主張立証しなければならず，そこでは，709条の過失要件（行為義務違反）が主張立証されることになるからである。義務違反の内容については，債務者である患者が具体的に特定して主張立証しなければならないと解されている。

◆**評価的要件としての過失**　　評価的（規範的）要件とは，民法1条3項の「権利濫用」，借地借家法の「正当の事由」のように，規範的評価が法律要件となっているものをいう。709条の「過失」も評価的要件と捉えるのが一般である。評価的要件の要件事実については，評価的要件を基礎づける事実について，それを（主張立証の対象となる）主要事実とみるのが多数である。

◆**債務不履行構成と不法行為構成の相違**　　両構成が問題となるケ

ースは，医療過誤以外に，安全配慮義務違反がある（最判昭56・2・16民集35巻1号56頁）。本文に述べたように，両構成の主張立証責任における相違は認められないが，以下の相違があると考えられている。第1に，被害者死亡の場合の遺族固有の慰謝料請求権については，債務不履行構成では，711条の類推適用もされないと解されている（安全配慮義務違反に関して，最判昭55・12・18民集34巻7号888頁）。第2に，遅延損害金の起算点は，不法行為では損害発生時とするのが判例（最判昭37・9・4民集16巻9号1834頁），通説であるが，債務不履行では，412条3項の適用によって請求時とされる。第3に，両者の損害賠償請求権には消滅時効の起算点および期間の相違がある（166条・724条。生命・身体侵害の場合については，2017〔平成29〕年の民法改正により時効期間が統一された。167条・724条の2）。第4に，人の生命または身体の侵害による損害賠償の債務に関しては，（不法行為または債務不履行の）いずれの債務者から自己の他の債権を自働債権として相殺することが禁止されるが（509条2号。ただし，同条ただし書で，債権譲受人は除かれる），さらに悪意による不法行為の損害賠償の債務に関してこのような相殺の禁止が定められている（同条1号）。

(2) **過失の推定**　法律に明文はないが，過失の証明の負担を軽減する方法として，裁判所は，その心証の形成にあたり，経験則上一定の推移が通常だとされる場合に，それを踏まえて過失があると推認されるような状況を証明すれば，過失が推定されるとする（たとえば，最判昭51・9・30民集30巻8号816頁。この場合，「推定」であるため，反証がなされれば覆されることになる）。

このような推定を，法規の適用として推定がなされる「法律上の推定」と区別して，「**事実上の推定**」と呼ぶ（厳密には，「過失」を評価的要件と捉える場合には，過失を基礎づける事実〔「評価根拠事実」〕の事実上の推定を問題とすることになる）。

この場合に活用される経験則については，蓋然性の程度が高い場

合とそれほど高くない場合とがある。高度の蓋然性がある**経験則**が働く場合，前提事実の証明があれば，推定事実の心証もいきなり証明度に近づくことになる。このように，事実上の推定のうち，経験則に高度の蓋然性がある場合を「一応の推定」という。このような「一応の推定」は，過失だけでなく，因果関係の証明などにも用いられる。

わが国では，新しい社会現象に対して迅速に立法活動が行われているとは言い難いため，裁判所による「事実上の推定」や「一応の推定」が活用されるべき場面が多い。特に企業責任および専門家の責任の分野などで，この必要性は大きいと考えられている。

## *3* 権利法益侵害と違法性

本節では，権利法益侵害要件に関して，まず，その一般的・理論的な考え方について説明を加える。

709 条の権利・法益侵害の要件については，2004（平成 16）年の民法現代語化前は，「他人ノ権利」の侵害とされていたが，現代語化後は「他人の権利又は法律上保護される利益」の侵害と修正されたことに注意しておきたい。

まず，① では，709 条の権利侵害が，判例上，民法起草者の立場に比べていったん著しく狭く解された後，広く解されるように変更され，これを受けて，学説上「権利侵害から違法性へ」の転換が本条の解釈論として唱えられるようになり，権利侵害要件はその使命を終えたといわれるまでの変遷を説明する。そして，② では，その後，権利論が再生し，民法現代語化もその方向で進められた経緯をたどる。③ では，今日における権利法益侵害・違法性論について説明する。かつては，違法性概念については，過失との概念重複から

その使命を終えたとする見解も有力であったが，今日再評価されていることをみていきたい。

## ① 権利侵害要件に関する考え方の変遷
### ——「権利侵害から違法性へ」

権利侵害要件に関する<br>民法起草者の立場

「権利侵害」要件は旧民法（1890〔明治23〕年公布）になく，現行民法で入れられたものであるが，現行民法の起草者は，709条の「権利」を広く捉えており，財産上の権利や人の生命，身体，自由，名誉のほか，債権なども権利に含まれると解されていた。権利侵害要件を入れたことによって不法行為が成立しなくなると想定されていたのは，Ａが自己の土地を保護するために堤防を設置し，その後事情があってそれを取り壊し，そのため，隣地に居住するＢが水害の際に損害を被ったケースや，旦那が傷害を負わされたため，雇われなくなった書生が損害を被ったケース（⇒9① 間接被害者（その2）企業損害 ）などであった。すなわち，709条について起草者は，ドイツ民法823条1項（⇒1①参照）のように，侵害された「権利」が絶対権であるか否かは重視しておらず，「権利」の範囲を広く捉える一方，間接損害のようなケースは「権利」侵害から除外することを想定していたのである。

桃中軒雲右衛門事件判<br>決と大学湯事件判決

では，判例においては，権利侵害要件はどのように理解されてきただろうか。

Case 8-4 ————————————————————————

■ Ａは，浪曲師桃中軒雲右衛門の浪曲をレコードに吹き込んで製造販売する権利を有していたが，Ｂがその許諾なしに雲右衛門のレコードを作成して販売したため，著作権侵害を理由として709条に基づき

損害賠償を請求した。

**2** Aは，Bが営業する「大学湯」という風呂屋の「老舗」を買い受け，その建物を賃借し，一時その営業を行った。しかし，AB間で賃貸借契約が合意解除された後，BがCに風呂屋の建物を賃貸し，Cに「大学湯」の名前で営業を続けさせたため，Aは老舗の売却の機会を失った。この場合において，AはBに対して709条に基づき損害賠償を請求した。

---

　大審院は，起草者の見解とは離れ，Case 8-4 **1** の事案に関する，桃中軒雲右衛門事件判決（大判大 3・7・4 刑録 20 輯 1360 頁）において，本条の「権利」をきわめて狭く解した。すなわち，大審院自身，無断複製販売は「正義の観念に反する」としつつも，浪曲の作曲は音楽的著作物として著作権法の保護を受けるべきものでなく，これを権限なく複製販売されても著作権を侵害したとはいえず，本条に基づく損害賠償は請求できないとしたため，「権利」侵害要件が大きくクローズアップされた。これは起草者の考えとは別に，「権利侵害」要件の「権利」をきわめて厳格に解釈し，限定する考え方を採用したものであり，本判決が，ある意味でわが国における本条の権利侵害要件の解釈の出発点となってしまったのである。

　その後，大審院は実質的に判例を変更し，同条の「権利侵害」は，Case 8-4 **2** の事案を扱った大学湯事件判決（大判大 14・11・28 民集 4 巻 670 頁）において「法律上保護される利益」として捉えられるようになった。同判決は，本条は，故意または過失によって「法規違反の行為に出て」他人を侵害した者はそれによって生じた損害を賠償する責めに任ずるというような「広汎なる意味」にほかならないとし，老舗のように厳密な意味では権利とは言い難いものであってもよく，「法律上保護せらるる一の利益」の侵害であれば足りると

したのである。

学説は，大学湯事件判決を支持し，これを
受けて，権利侵害を違法性の徴表として後
者に包摂し，違法性に置き換える立場が支
配的となった（権利侵害から違法性へ）。

そして，主観的要件としての過失と客観的要件としての違法性を
対置させつつ，違法性の有無については，被侵害利益の種類・性質
と侵害行為の態様を相関関係的に衡量することによって決するとす
る「相関関係説」が通説的地位を占めたのである。この立場による
と，権利侵害要件は不要とされた上で，①社会に存在する利益は，
確実な権利として認められるものから新たに権利として認められよ
うとしているものまで，その種類によって保護されるべき程度に相
違があるので，強い権利の侵害行為は弱いものの侵害行為よりも強
い違法性を帯びること，②侵害行為の態様にも，権利行使として是
認されるもの，自由活動の範囲内として放任されるもの，法規違反
として禁止されるものなどさまざまであることが指摘される。侵害
行為の態様の例としては，刑罰法規違反，取締法規違反，公序良俗
違反，権利濫用が挙げられ，特に，侵害された利益があまり強固で
ない場合には，行為の態様が重要性をもつとするのである。

1947（昭和22）年制定の国家賠償法1条に違法性が要件として定
められたのも，当時の民法学説において相関関係説が支配的であっ
たことが大いに関連している。

相関関係説は，後掲の Case 8-5 **1** や Case 8-6 の事案を扱った
判決でも，（権利侵害要件が取り払われたわけではないが，違法性につい
てそれが用いられているという意味で部分的ではあるが）採用されたと
指摘されているように，今日の判例にも大きな影響を与えている。
もっとも，同時に，相関関係説が，権利侵害要件を不要としていた

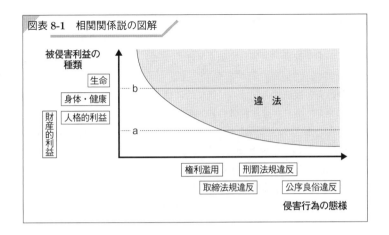

図表 8-1　相関関係説の図解

被侵害利益の種類

生命

身体・健康

人格的利益

財産的利益

b

a

違　法

権利濫用　　刑罰法規違反

取締法規違反　　公序良俗違反

侵害行為の態様

ことも銘記されるべきである。

　そして，1970年頃から始まる過失と違法性の関係について論ずる有力な学説においても，権利侵害要件については，その使命を終え，違法性概念に吸収されたことを前提とした上で，過失概念と違法性概念の重複が論じられたのである。

　◆相関関係説に対する批判と当時の権利侵害要件存置説　　相関関係説は支配的な学説となったが，これに対する批判も行われた。第1に，この説における公序良俗違反などの「侵害行為の態様」は，故意・過失要件と概念が重複するのではないかと批判された。第2は，公害を対象とした議論である。それによれば，違法性には，①権利侵害という客観的行為の結果のみから違法と判断できる場合と，②侵害行為の態様という行為の面を含めて判断をしたときに初めて違法と捉えられる場合がある。しかし，相関関係説は，両者の区別をしておらず，権利侵害があるのに②の枠組みを用いる点が問題であるとするのである。第2の批判説における「権利侵害」とは，絶対権侵害を想定しているとみられる。

　なお，1970年代には，学説上，709条の法文に即して，権利侵害

要件を存置する立場や，相関関係説の「被侵害利益の種類・程度」を「権利侵害」に，「侵害行為の態様」と「故意・過失」を含めたものを「故意・過失」に振り分けようとする立場も存在した。

◆過失と違法性の関係　　伝統的には，過失は709条における主観的要件であり，違法性は客観的要件であるとして，両者は区別されてきたが（二元説），過失の中核を結果（損害）回避義務違反とする立場が判例，学説上支配的になる中で，1970年前後から，過失と違法性を統合しようとする学説が有力に主張されるようになった。過失が客観化する中で，違法性の相関関係説における侵害行為の態様（行為不法）と，過失について，概念が重複することが問題とされたのである。

両者を統合する見解としては，過失一元説，違法性一元説，新受忍限度論が主張された。

過失一元説においては，違法性論は，法的保護を拡大することによってその使命を終えたとし，権利侵害および違法性を要件とせずに過失（結果回避義務）要件に一元化することを主張する。

違法性一元説は，過失と権利侵害のそれぞれの要件を総合的に考慮する場として，違法性要件に一元化することを主張する。ここでは，違法性は不法行為成立可能性として唱えられている。

新受忍限度論は，過失と違法性を，公害に関する裁判例で用いられてきた「受忍限度」の概念に統合することを主張する（なお，公害裁判で違法性判断に用いられる受忍限度とは異なり，新受忍限度論は，違法性と過失を統合する概念として用いられており，両者が異なることには注意を要する）。

## ②　権利論の再生と民法の現代語化

権利論再生の動き

　このように，権利侵害要件は違法性概念の中に吸収されその使命を終えたとの考え方が（特に学説上）一般化したが，その後，特に最高裁判所の判決が

変化を始める。それは権利論の再生および違法性論の再評価という形をとった（違法性論の再評価については，⇒③ 違法性論の再評価）参照）。

Case 8-5 ───────────────────────────────

**1** 　在日韓国人であるＡは，Ｂ（日本放送協会）がテレビのニュース番組でＡの氏名を朝鮮語音読みではなく日本語音読みで呼称したことは人格権の侵害であるとして，709 条に基づき損害賠償を請求した。

**2** 　（国家賠償の事案ではあるが）Ａらは，公害健康被害補償法等に基づき，水俣病と認定すべき旨の申請を，Ｂ（国）から認定業務の委任を受けたＣ（熊本県知事）に対して行ってきたが，同県知事の長期間の不作為により精神的苦痛を被ったとして，ＢおよびＣに対して，国家賠償法１条に基づき精神的損害の賠償を請求した。

**3** 　殉職自衛官の妻であるＡは，Ｂ（自衛隊外郭団体）とＣ（国）が共同して，Ａの意に反して県護国神社に合祀申請したのは宗教上の人格権を侵害する等と主張して，民法 709 条等に基づいて損害賠償を請求した。

**4** 　参議院議員選挙の候補者であったＡは，Ｂ（日本放送協会）がＡの政見放送の一部を削除して放送したことは，政見をそのまま放送されるＡの権利を侵害する不法行為にあたると主張して，Ｂに対し，709 条に基づいて損害賠償を求めた。

───────────────────────────────────────

　1980 年代末以降，新たな人格的利益が法的保護に値するかについていくつかの最高裁判決が出され，そこで権利侵害要件が活用され，このような最高裁の立場を積極的に評価する学説も現れた。Case 8-5 **1**（最判昭 63・2・16 民集 42 巻 2 号 27 頁），Case 8-5 **2**（最判平 3・4・26 民集 45 巻 4 号 653 頁）はこのような最高裁判決の例である。

　このような最高裁判決の変化の背景としては，いわゆる「豊かな」社会を迎える中で，社会における人権意識の高揚，取引活動の

増加が見られ，それに伴い，不法行為に関して裁判所が扱う事案が，人身被害中心から，人格的利益や経済的利益の被害中心へと変化したことが挙げられる。

ここにいう「権利侵害」は法的保護に値する利益の侵害という意味であり，絶対権侵害を想定しているわけではない。このような最高裁判決の，従来の多数説との相違点は，①独立した要件として権利侵害の存否を問題とし，その程度については問題としないこと，②権利侵害にあたる場合にもさらに違法性の判断をし，そこでは相関関係説を用いることである。Case 8-5 **1**については，最高裁は，①氏名を正確に呼称される利益は法律上保護される利益にあたるとしつつ，②違法性を否定した。Case 8-5 **2**については，最高裁は，①「内心の静穏の感情を害されない利益」として法律上保護される利益にあたるとし，②違法性についてはこれを認めた原審の判断を審理不尽として差し戻した。一方，最高裁は，Case 8-5 **3**，Case 8-5 **4**にあたる事案については，①について，それぞれ「静謐な宗教的環境の下で信仰生活を送るべき利益」（最大判昭 63・6・1 民集 42 巻 5 号 277 頁〔自衛官合祀訴訟判決〕），政見放送において差別用語を用いた発言部分が「そのまま放送される利益」（最判平 2・4・17 民集 44 巻 3 号 547 頁）を法律上保護される利益として認めなかった（もっとも，自衛官合祀訴訟判決の結論に対しては，学説上，反対も強い）。

最高裁のこのような判断定式に対しては，①の判断と，②の相関関係説のうち被侵害利益の種類・程度の判断は，ダブルカウントされているとの批判があるが，①は，権利侵害の存否を問題にするにすぎず，②で初めてその程度を問題としているため，ダブルカウントされているわけではない。

このような最高裁判決の傾向は，次の特徴をもつものと整理できる。第 1 に，さまざまな社会の利益を法律上保護される利益として

取り込もうとする立場，第2に，「法律上保護される」とはいえない利益（たとえば，Case 8-5 **3** ［静謐な宗教的環境の下で信仰生活を送るべき利益］，Case 8-5 **4** ［政見放送において差別用語を用いた発言部分がそのまま放送される利益］）は709条の対象としないという意味で，権利・法益侵害要件に，事案のふるい分けの機能を与える立場（思考経済への配慮），第3に，「法律上保護される利益の侵害」とされたものについてさらに侵害行為の態様を踏まえ，違法性の有無を検討する立場である。

学説上も，さまざまな観点から，権利論の再生を説くものが現れた（⇒③民法現代語化後の学説の展開）。

---

民法の現代語化 )  2004（平成16）年の民法現代語化によって，709条の「権利侵害」の語は，「権利又は法律上保護される利益の侵害」に修正された。

立法担当者は，現代語化前の本条の趣旨を変える意図がなかったことを明示しているが，本条の現代語化の最も重要な点は，かつて多数説であった「権利侵害から違法性へ」というテーゼが正面から取り入れられず，権利侵害要件が（「法律上保護される利益の侵害」を追加しつつ）堅持されたことである。この点は，1980年代末以降の最高裁判決の傾向とも一致するものであった（⇒権利論再生の動き）。現代語化による規定修正にそれ以上の意味を見出すか否かについては，学説上見解が分かれる（⇒③民法現代語化後の学説の展開）。

### ③ 今日における権利法益侵害・違法性論

---

違法性論の再評価 )  1970年代以降，過失と違法性の要件の統合に関する議論が華々しく展開され，その中で過失一元説も有力に主張された（⇒◆過失と違法性の関係）にもかかわらず，今日の学説においてはむしろ違法性概念を再評価する立

場が勢いを示している。

Case 8-6 —————————————————————————————————————

　Ａは，歴史的・文化的に形作られてきた良好な都市景観を保っている沿道地区の近くに居住してきており，同沿道地区の建築物は高さ 20 メートル未満であったが，Ｂが 14 階建て高さ 44 メートルのマンションを建築したため，精神的被害を受けたとし，Ｂに対して 709 条に基づき損害賠償を請求した。この請求は認められるか。なお，Ｂのマンションは行政法規，条例には違反していない。

———————————————————————————————————————

　このように，違法性概念を，過失要件とは別に活用する見解が有力となった背景事情としては，次の 3 点を挙げることができる。

　第 1 は，判例は依然として違法性概念を用いており，特に，上記のように，最高裁が人格的利益侵害において違法性判断を活用していることである。

　第 2 は，違法性要件と過失要件の統合の議論の論拠としては違法性と過失の概念重複が指摘されていたが，これに対し反論が示されたことである。その一つは，違法性には，（構成要件としての）過失と異なり，評価的側面（法秩序違反行為であるがゆえに制裁が加えられること）があることに着目し，過失を基本とする一元説的理解を踏まえた上で，なおかつ，違法性を被侵害利益に関する要素として設定する必要があるとの考え方である。この点は，「違法性」の一部としての「侵害行為の態様」が「過失」に必ずしも吸収されるものではなく，客観的法秩序違反という評価である点で，なお独自の意味を有することを指摘するものといえる。違法性とは，その侵害が，被害者側の権利法益と，加害者側に認められる権利法益の調整に関する規範によって判断されるとの立場も主張されている。最高裁は，Case 8-6 の事案を扱った国立景観訴訟上告審判決（最判平 18・3・

30民集60巻3号948頁）において，景観利益が一定の場合には法律
上保護される利益として認められるとしつつ，その利益の性質上，
第一義的には民主的な手続が重視されるとするが，これは過失では
なく違法性の判断として行われるのである。違法性を，不法行為と
なるべき権利・法益侵害を画定するための抽象的・規範的概念と捉
える立場も，これに類似しているといえよう。

　第3は，違法性概念が必要な不法行為類型が存在することである。
名誉毀損，国家賠償法，不正競争防止法，独占禁止法などが挙げら
れる。過失一元論は鋭い指摘ではあったが，他方で，果たして不法
行為法全体をカバーできる議論かということが問われているといえ
よう。

民法現代語化後の<br>学説の展開

権利法益侵害要件に関して，民法現代語化
後の学説の中で注目される見解としては，
上記の権利侵害要件存置説（⇒◆相関関係説
に対する批判と当時の権利侵害要件存置説）のほか，次の三つが挙げられる。

　第1は，権利侵害要件における権利間の衡量のみによって不法行
為法を体系化しようとする見解である。この見解は，709条の「権
利」としての要保護性を，憲法を頂点とする法秩序により保障され
た個人の権利を基点として決定しようとする。

　第2は，権利侵害と（それに至らない）法益侵害を二分し，（権利
侵害の場合には，違法性が推定されるが）（権利以外の）法益の侵害の場
合には違法性の立証を要求する立場を採用するものである（権利・
法益二分論）。この立場は，上記の国立景観訴訟上告審判決と類似し
ている。同判決は，景観利益が「現時点においては……明確な実体
は有するものとは認められず」，「『景観権』という権利性を有する
ものを認めることはできない」とし，「法律上保護される利益」の
侵害の場合において相関関係説を用いている点が注目される。この

見解の下では，権利侵害に至らない法益侵害は，さらに**第1種利益の侵害**（通常の違法性があれば当該利益を保護する場合）と**第2種利益の侵害**（著しい違法性がある場合にのみ当該利益を保護する場合）に分かれる。

第3は，絶対権侵害と（それに至らない）法益侵害の二分論を採用し，両者の区別によって侵害行為の態様による衡量を正面から取り上げるか否かに差を設ける見解である（**絶対権・相対権二分論**）。その中には，絶対権侵害の場合に「故意・過失」を要求する一方，相対権・相対利益侵害の場合には（故意・過失を要求せず）違法な侵害（「侵害行為の態様（主観的要素を含む）＋被侵害利益の種類・性質」）となるかにより不法行為の成立の有無を判断するものもある。

以上はすべて権利・法益侵害要件を重視する709条の解釈を構想するものであるが，第1の立場は権利と法益を一体的に考えるのに対し，第2，第3の立場は，相関関係説をいわば法益の権利性の程度によって分断すること，権利性の強い場合には違法性を推定する点で類似している。ただ，第2の立場は，日本民法典が，絶対権侵害を重視するドイツ法の立場を採用していないこと（⇒1①）にも配慮し，わが国の民法現代語化に最も適合している点が，第3の立場と異なっている（また，第3の立場において，相対権侵害の場合に故意・過失を不要とすることは，709条の明文との関係でどう説明するかという問題もある）。

上記のいずれの立場も，709条の現代語化における権利・法益侵害要件の堅持に適合する解釈であるが，現代語化により権利と法律上保護される利益が区別されたことに意味を見出すとすれば，第2，第3の立場が親和的であり，さらに（損害賠償において，絶対権のみを重視する構造をもっていない）日本民法典の趣旨からは第2の立場が適合的であろう。その際，「権利」とは，「社会的な明確性を備えた権利」であり，「社会構成原理としての基本的な保護法益」であ

ると解される。Case 8-5 **1**，Case 8-5 **2**，Case 8-6 のいずれも，最高裁が「権利」ではなく「法律上保護される利益」とした例である。第2の立場は，判例に適合的であるし，違法性概念の活用については，違法性論の再評価 第3点で述べた，民法の他の分野，他の法律規定との関連を体系的に認識できるという意義がある。

◆**権利論の再生の意義と，違法性概念の活用**　最高裁判決や近時の学説が示している権利論の再生の議論は，「権利侵害から違法性へ」というテーゼの下，権利侵害要件を違法性概念に収斂・吸収させた従来の学説とは異なり，不法行為法における「権利・法益」の重要性を確認するものであった。その趣旨は否定されるべきものではないであろう。

なお，本文の第1の立場は，従来の学説が採用してきた「権利侵害から違法性へ」というテーゼや相関関係説が体現するともいえる「社会本位の法律観」を問題視し，（民法典が本来構想したともいえる）「権利本位の法律観」を徹底し，ドイツのように基本法（憲法）における国家の基本権保護義務を民法にも推し及ぼすことを主張する。この見解のように，「権利本位の法律観」が重要であることには支持が多いと思われるが，他方で，侵害された利益の権利性（明確性等）が必ずしも強くない場合には，人々が社会の構成員である以上，損害賠償の成否を決するにあたり，他者の権利・法益等との調整をするために客観的法秩序からの法的評価をすることは不可避であるといえよう。「権利本位の法律観」をとる場合においても，このような違法性概念の活用は必要であると考えられる。

## *4* 被侵害利益の諸相

### ① 序

本節では，権利・法益の諸相について，個々の被侵害利益に着目

して説明を加える。

権利法益侵害にはさまざまなものがあるが，財産権・財産的利益と人格権・人格的利益とに大別される。

違法性に関する伝統的な相関関係説では，被侵害利益の種類を類型化し，被侵害利益ごとに侵害行為の態様との相関のさせ方を検討する必要がある（⇒3③民法現代語化後の学説の展開）第2説）。権利侵害と（それに至らない）法益侵害を二分する立場においても，被侵害利益の種類・性質は重要であり，その明確性，（想定される）対抗利益との関係が問題となる。対抗利益との調整は，侵害行為の態様を基準として画されることが多い。

## ②　財産的利益の侵害──序

財産的利益には，権利として保護されているものから，権利に至らないものまで，さまざまなものが存在する。また，財産権についても，絶対権として，すべての人との関係で排他的な保護を主張しうる権利と，債権のように，原則として債務者に対してだけ主張しうる権利（相対権）に分かれる。そして，絶対権であれば，それが客観的・形式的に侵害されれば，原則として違法となるのに対し，相対権やその他の財産的利益の場合は，その違法性が独立の要件として判断される。

なお，財産権については，わが国の憲法が自由競争に基づく経済活動を認めていることから，財産権侵害があっても，直ちに違法になるわけではなく，それが法的に許容された自由競争に基づく場合には，違法とされないことにも留意が必要である。

## ③ 絶対権の侵害

Case 8-7

**１** Ａが土地をＢに譲渡した後，同じ土地をＡがＣに二重に譲渡し，Ｃが登記を取得した場合，第１の譲受人であるＢは，第２の譲受人であるＣに対して不法行為に基づく損害賠償を請求できるか。

**２** ＡがＢから金銭の消費貸借をするとともに，Ａの不動産に抵当権を設定した。しかし，その後，第三者ＣがＡの不動産を損傷した。ＢはＣに対して不法行為に基づく損害賠償を請求できるか。

---

所有権の侵害

所有権の侵害の例としては，①物を滅失毀損した場合，②物を不法に占有したり，無断で第三者に賃貸した場合，③動産を無断で譲渡して譲受人が即時取得したり，自己名義になっている他人の不動産を無断で譲渡して善意の第三者保護規定（94条2項の類推適用）によって譲受人が所有権を取得するなどして，元の所有者の所有権を失わせた場合などがある。どの場合であっても，その侵害が客観的・形式的に生じていれば，侵害は侵害行為の態様を問わずに違法とされる。

所有権に対する侵害が生じていても，それが違法と評価されない例外的な場合として，不動産の二重譲渡が挙げられる。Case 8-7 **１** は，ＢのＡに対する土地の引渡請求権（債権）の侵害とみることもできるが，176条により，物権変動における意思主義に従い，第1の譲渡によりＢは所有権を取得しているとみれば，所有権侵害とみることもできる。判例は，Case 8-7 **１** について，177条により，二重譲渡であっても登記を先に取得すればＣが所有権を確定的に取得し，Ｂは対抗できなくなることから，Ｃが第1譲渡について悪意であり，すなわち，Ｂの所有権に対する侵害について故意があっ

たとしても，違法とはならず，Bに対して不法行為責任を負わないとした（最判昭30・5・31民集9巻6号774頁）。従来の通説は，二重譲渡のような競争的関係にある場合には自由競争を許すべきことを理由として判例を支持している。なお，この立場においても，Cが背信的悪意者の場合には，自由競争の枠を超えるものとして不法行為の対象となると考えられるが（鳥取地判昭46・10・18判時654号80頁），この場合には，Bは登記がなくてもCに対抗できるのであり，Bに不法行為に基づく損害賠償請求を認める必要性は乏しい（ちなみに，Case 8-7 **1**では，BはAに対し，415条に基づき，売主としての債務不履行責任を追及することもできる）。

問題は，Cが背信的悪意者でない場合において，BがCに対して不法行為に基づく損害賠償を請求しうるかである。学説上は，Cが第1の売買契約の存在を知りながら買い受けることは不動産という重大な利益侵害の危険を生じさせる行為であり，不法行為の成立を認めるべきであるとする見解や，さらに，Cに第1の売買契約の存在を知らないことについて過失があった場合についても同様に解する見解がある。

この点については，第1に，この場合における「自由競争」をどの程度重視すべきかという問題がある。学説上は，自由競争原理は，同一・対等の地位が存在する前提の下で問題となるのであり，すでに特定当事者間に第1契約が成立していて，その事実を第三者が知りまたは知りえた場合には，その前提が欠けているとする立場が有力である。第2は，物権法上の規律と不法行為法上の規律の関係をどうみるかである。Cが悪意または善意有過失の場合に不法行為法上の保護を認めると，Cが背信的悪意者の場合にのみ保護される物権法の規律とは乖離することになる。第3に，Bの侵害された利益は所有権であるとはいえ，対抗要件を備えていない中途半端な所有

権であることをどう捉えるかという問題がある。自由競争について
は上記の限界があるが，物権法の規律との乖離を過度なものとしな
い要請，他方で，Bの侵害された利益が弱いという法状況に鑑みる
と，Cが悪意の場合に限り，不法行為の成立を認めることが適当で
あると考えられる。

───────────
用益物権，
不動産賃借権
───────────

用益物権の侵害は，いずれも不法行為を構
成する。また，物権的効力が認められる不
動産賃借権の侵害も，用益物権の侵害と同
様に考えてよい。

───────────
抵 当 権
───────────

抵当権は，被担保債権の優先弁済権を内容
とする権利である（369条1項）。そのため，
抵当不動産の所有者が行う抵当不動産の利用は，原則として抵当権
の侵害とはならない。しかし，第三者が抵当不動産を不法占有し，
適正な価額よりも売却価値が下落するおそれがあるなど，抵当権者
の優先弁済権の行使が困難になるような状態がある場合には，抵当
権の侵害となり（最大判平11・11・24民集53巻8号1899頁），不法行
為が成立する。

Case 8-7 **2**のように，第三者が抵当権の目的物を滅失・損傷し
た場合，判例は，目的物の担保価値が減少し，その残存価値が被担
保債権の額を下回る状態になったときに不法行為の成立を認め，そ
の上で，抵当権の実行前でも弁済期後は損害賠償の請求を認めてい
る（大判昭7・5・27民集11巻1289頁）。

もっとも，多数説は，抵当権者が物上代位をすることができるこ
とから（372条・304条），この場合に抵当権者に損害賠償請求権を
認めると物上代位との関係が錯綜することを嫌い，不法行為の成立
を否定する。これに対し，有力説は，物上代位については，第三者
が債務者に損害賠償を支払う前に，抵当権者がその損害賠償請求権

を差し押さえなければならないのであり（304条1項ただし書），この場合に，不法行為責任の追及よりも煩雑となることを多数説は無視しているとして，不法行為に基づく損害賠償と物上代位のいずれも主張してよいとする。他方，有力説に対しては，多数説の立場から，担保目的物の価値が減じた分が物上代位によってカバーされるのでその限りでは損害は発生していないとみることができるとか，抵当権者に損害賠償請求権を認めることは抵当権者に優先権を与えることになるが，第三者に公示せずに優先権を与えるのはおかしいなどの反論も行われている。

　なお，債務者自身，あるいは抵当不動産の第三取得者や物上保証人が抵当目的物を滅失，損傷した場合には，物上代位権は発生しないため，上記の多数説においても不法行為が成立するとされる。

　債務者自身または第三者による抵当権目的物の侵害について，損害賠償請求権の行使をどの段階で認めるべきだろうか。これについては，不法行為時説，抵当権実行時説，弁済時説があるが，判例は，上記のように，抵当権の実行前でも弁済期後は損害賠償の請求を認めている。不法行為時では，抵当目的物は侵害されていても抵当権者の損害は顕在化していない一方，抵当権実行時まで何ら不法行為法上の保護を受けないことにも問題があり，判例の立場が適切であろう。

　◆知的財産権の侵害　　知的財産権には排他的支配権が与えられており，物権と類似した性質を有する。そのため，知的財産権の侵害の場合には，物権に対する侵害と同様に，不法行為が成立する。知的財産権については，一定の行為を侵害とみなす規定（著作113条，特許101条，新案28条，意匠38条，商標37条），および損害額の推定等の規定（著作114条，特許102条，新案29条，意匠39条，商標38条）がおかれている。また，実用新案権以外の工業所有権については，

過失の推定の規定がおかれている（特許103条，意匠40条，商標39条）。

## ④ 債権の侵害

Case 8-8 ──────────────────────────────────

**❶** Ａがその所有する物甲を，Ｂに売り渡す契約を締結したところ，第三者Ｃが甲を滅失・毀損させた場合，Ｂは，甲の引渡し債権の侵害についてＣに対して損害賠償請求権を行使できるか。

**❷** ＡがＢから労務提供を受ける契約を締結していたところ，ＣがＢの労務提供を受けるため引き抜きをした場合，ＡはＣに対して損害賠償請求権を行使できるか。

──────────────────────────────────

債権が第三者からの侵害に対して保護され，債権侵害が709条の権利侵害に含まれることは，民法起草者も認めていたことであり，今日も異論がない。明治時代の末期や大正時代にかけての一時期，ドイツ民法に関する一定の理解（⇒3①，③）から，同条の権利侵害は絶対権に限るという学説が支配的になった時期があるが，その後，債権にも権利としての不可侵性があるとの議論が生じ，債権侵害も不法行為になると解されるようになっている（大判大4・3・10刑録21巻279頁）。

もっとも，債権には，①債務の履行は債務者の意思にかかわり，排他性がない，②債権の存在は通常は外部から認識できない（公示の欠如），③債権の発生原因である契約は自由競争を基本としているという特性があり，これらが債権の侵害についての違法性判断を，絶対権侵害のそれとは異なるものとしている。

判例は，Case 8-8 ❶について，上記②債権の存在の非公示性から，このような債権侵害を広く認めるときは間接的な被害者の賠償

請求を広く認めることになるので、それを一定範囲に限定するために、加害者に故意が必要であるとする（大判大 7・10・12 民録 24 輯 1954 頁、大判大 11・8・7 刑集 1 巻 410 頁）。また、Case 8-8 **2** については、上記①債務者の意思の自由の尊重、および③引き抜きに関する競争の観点から、侵害者の故意だけでなく、侵害行為が刑罰法規や保護法規、公序良俗に反する場合にのみ違法となると解されている。

　判例のように、債権を物権等の絶対権と区別し、債権侵害に関して不法行為の成立に故意や高度の違法性を必要とする立場に対し、この立場は、物権と債権を峻別し、債権の保護を弱めるドイツ法の考え方であり、わが国ではそのような区別を採用すべきではなく、むしろ、契約関係保護のため、故意等を要求すべきではないとの見解も、学説上主張されている。この見解に対しては、確かにすでに契約が成立している場合についてまで自由競争の原理（上記③）を強調することには疑問の余地があるが、①債権の実現が債務者の意思にかかっている点、および②債権が通常外部から認識できない点も重要であり、これらの点からは、絶対権とは違法性の判断は異なることになろう。この点から、前述した、709 条の権利利益侵害について権利侵害と利益侵害を区分する見解（⇒ *3* ③<u>民法現代語化後の</u><u>学説の展開</u>）の第 2 説）の下では、債権侵害は多くの場合、利益侵害に区分されることになる。

　*Column③*　債権侵害の類型 ・—・—・—・—・—・—・—・—・—・—・—・—・—・—・—・—・—・—・—
　債権侵害は主に四つの類型に区分される。以下のうち第 1 類型、第 2 類型は、債権の給付に対する侵害、第 3 類型は、債権の帰属に対する侵害である。
　第 1 は、給付侵害・債権消滅型である。Case 8-8**1** の場合や、労務提供をする義務を負っていた者を監禁することにより労務給付

に関する債権を侵害する場合のように，第三者が債務者の給付行為を侵害することにより，債権が消滅する場合である。前述したように，判例は，この場合に不法行為が成立するには加害者に故意が必要であるとする。この類型は，債務者を交通事故で死亡させた場合などの間接被害者の問題とも重複する（⇒9 ① 間接被害者（その2）企業損害）。判例としては，最判昭43・11・15民集22巻12号2614頁）。故意を必要とするかはともかく，債権の非公示性と，被害の間接性から，賠償請求にあたり，一定の制約は必要となろう。

　第2は，給付侵害・債権非消滅型である。Case 8-8 ② のように，債務者の自由意思に働きかけて債権の実現を侵害する行為である。債務者の給付行為の侵害により，債務者の責めに帰すべき事由による履行不能として，債権が損害賠償債権に転化する場合である。この場合については，上記①債務者の意思の自由の尊重，および③引き抜きに関する競争の観点から，侵害者の故意だけでなく，侵害行為が刑罰法規や保護法規，公序良俗に反する場合にのみ違法となると解されている。憲法における職業選択（転職）の自由という基本権の尊重の必要を指摘する見解もある。

　なお，不動産の二重譲渡のケースはこの類型ともいえるが，第2の譲渡により第1譲受人が取得していた所有権が侵害されたと捉えることもできる（⇒③ 所有権の侵害）。

　第3は，帰属侵害型である。第三者が債権の帰属自体を侵害する行為である。債権者でない者が債権の準占有者として弁済を受けた場合（弁済は有効となる。478条），無記名債権証書を勝手に譲渡して善意取得させた場合（192条）である。これらの侵害は財産権としての債権自体を失わせる行為であり，所有権の対象となる物を奪うことと実質的には異ならない。行為の態様に関係なく違法な行為となり，過失による侵害も不法行為となる。

　第4は，責任財産減少型である（この点については，債権総論に譲る）。

## ⑤ その他の財産的利益

財産的利益の冒頭に触れたように（⇒4②），財産的利益には，権利として保護されているものから，権利に至らないものまで，さまざまなものが存在する。物権や債権といった具体的な財産権に至らない財産的利益の場合には，それが709条の法益に該当する場合であっても，侵害行為の態様における法的非難性と相まって初めて違法と判断される。

> 営業上の利益

営業によって財産的利益を得る期待や営業活動自体のような営業上の利益は，債権と同じように不法行為法上の保護を受ける。大学湯事件で大審院判決（⇒3①[桃中軒雲右衛門事件判決と大学湯事件判決]）に認められた老舗はその例である。

営業上の利益は，営業の自由や自由競争の保障との調整が必要となるため，侵害行為の態様と相まって違法性が判断される。たとえば，商品販売の受託者を脅迫し，営業を妨害する場合（大判大3・4・23民録20輯336頁），真実でない事実を告知・流布して営業上の信用を毀損する場合などである。

営業上の利益の侵害は，競業関係にある者相互間で問題となることが多い。この場合，許される自由競争の範囲を逸脱する行為による営業利益の侵害だけが，違法性を有し，不法行為となる（最判平19・3・20判時1968号124頁）。その際，競争法上の規定（不正競争2条1項，独禁2条9項など）が参考になる。

なお，独禁法違反の闇カルテルによって，消費者の利益が侵害された場合についても，判例は不法行為成立の可能性を認める（最判平元・12・8民集43巻11号1259頁〔鶴岡灯油事件〕。具体的な事案では否定）。

| 不当訴訟，不当執行 |

事実的・法的に根拠のない不当訴訟の提起によって相手方に応訴のための訴訟追行費用の出費を余儀なくさせた場合，財産的利益の侵害となるが，訴訟の提起は裁判を受ける権利（憲32条）に基づくことから，それとの調整・衡量が必要となる。判例は，訴訟の提起が違法となるのは，それが「裁判制度の趣旨目的に照らして著しく相当性を欠くと認められるときに限られる」とする（最判昭63・1・26民集42巻1号1頁）。なお，弁護士会に対する懲戒請求も，制度の趣旨目的に照らし相当性を欠くと認められるときには違法となるとする。前述の整理（⇒3③民法現代語化後の学説の展開）の第2説）によると，不当訴訟による財産的利益の侵害は第2種利益（著しい違法性がある場合にのみ，当該利益を保護する場合）の侵害，不当な懲戒請求による財産的利益の侵害は第1種利益（通常の違法性があれば，当該利益を保護する場合）の侵害であり，その相違は，裁判を受ける権利という対抗利益が憲法上保障された権利であることに基づくものと考えられる。

なお，不当訴訟の一種として（批判的言論を抑圧ないし威嚇する目的で提起される）いわゆるSLAPP訴訟が現れている（東京地判平13・6・29判タ1139号184頁，東京地判平17・3・30判時1896号49頁）。不当訴訟に関する上記の要件を満たす場合には，違法な提訴であると判断される。請求額が高額なことが違法性の判断で考慮されることが多い。

確定判決に基づく強制執行であっても，同判決の成立過程において，相手方の権利を害する意図の下に，相手方の訴訟手続に対する関与を妨げ，または虚偽の事実を主張して裁判所を欺罔するなどの不正な行為を行い，その結果，本来ありうべからざる内容の確定判決を取得してこれを執行した場合には，不法行為が成立する（最判昭44・7・8民集23巻8号1407頁）。

売買契約によって取得した建物に瑕疵があ
る場合，建物の取得者はその建物の設計・
施工者に対して不法行為責任を追及できる
か。判例は，建物の設計・施工者に対しては，「建物としての基本的
な安全性を損なう瑕疵」，つまり，「居住者等の生命，身体又は財産
を危険にさらすような瑕疵」がある場合に限り，瑕疵修補費用相当
額について不法行為に基づく損害賠償請求ができるとした（最判平
19・7・6民集61巻5号1769頁，最判平23・7・21判時2129号36頁）。
建物取得者を含む生命・身体・財産の保護のため，侵害のおそれ
（「これを放置するといずれは居住者等の生命，身体又は財産に対する危険
が現実化することになる」）があるにすぎない場合でも，瑕疵修補費
用の賠償を認めるものである。契約法の規律領域に属する問題とも
いえるが，期間制限（566条）や，建物売主の無資力の危険のため，
契約責任では救済ができない場合もあることから，上記のような要
件の下に不法行為法の対象としたものである。

◆純粋経済損失（純粋経済損害）　他人の行為によって人的・物的
な侵害を伴わない経済的損失（「純粋経済損失」，「純粋経済損害」。ドイ
ツ法に言う「総体財産の減少」と多くの場面が重なる）について，ドイ
ツやイギリスでは，不法行為による救済を制限する考え方がとられ
ることが多い。これは訴訟が洪水のように濫発することに対する危
惧，金銭的利益よりは有体物に対する権利が重要であるとの考え方
などを背景としている。これに対し，わが国では，709条の権利を
限定的に捉えてこなかったことから，純粋経済損失の賠償の可否を
権利法益侵害に関して論ずる問題意識は少なく，過失の有無および
損害賠償の範囲に関して論じれば足りるとの立場がとられてきた。
フランス法と類似の立場をとってきたといえる。

建物としての基本的安
全性を損なう瑕疵

## ⑥　人格的利益の侵害——序

　民法710条は，709条の権利および法律上保護される利益の内容
として，身体，自由，名誉という人格的利益が侵害された場合に不
法行為が成立することを注意的に定めている。さまざまな人格的利
益の侵害が，判例，学説上不法行為として認められている。

　なお，「人格権」という語が用いられることもあるが，人格的利
益であれば709条により不法行為に基づく損害賠償が認められうる
のに，人格権の概念を用いる意義はどこにあるだろうか。一般に，
①保護されるべき客体の範囲を明確化する点，②差止の判断におい
て権利説を採用する場合に相違がある点に意義があると解されてい
るほか，③損害賠償についても，権利侵害と（それに至らない）法益
侵害を区分し，それによって違法性の立証を必要とするかの相違を
認める見解（⇒ 3 ③民法現代語化後の学説の展開）の第2説）では意義が
あることになる。

　　◆一般的人格権　　ドイツでは一般的人格権概念が用いられている
　　が，ドイツ不法行為の構造上，名誉を保護法益とすることが困難で
　　あったことに起因する議論であり，わが国では名誉は不法行為法上
　　保護すべき権利利益であることは明らかであるため（710条），直ち
　　に用いる必要はない。同条（または709条）の権利利益にあたるか
　　否かを判断すれば足りる。

## ⑦　生命・身体・健康

　生命・身体・健康は，人格の存立基盤であり，絶対権としての保
護を受ける。

| 生命および生存の<br>相当程度の可能性 | 生命侵害に対しては，被害者の承諾や正当行為による違法性の阻却は原則として否定される。特別の違法性阻却事由がない限り， |
|---|---|

それ自体違法となる。

他方，「生命を維持することは人にとって最も基本的な利益であ」ることから，生命それ自体だけでなく，その「生存の相当程度の可能性」についても，不法行為「法によって保護されるべき利益」と解されている（最判平12・9・22民集54巻7号2574頁）。その後，最高裁は，「重大な後遺症が残らなかった相当程度の可能性」侵害に対しても，不法行為の成立を認め（最判平15・11・11民集57巻10号1466頁），この法理の適用を拡張した。生存の相当程度の可能性侵害については，賠償は慰謝料に限られるとする見解が多い。この考え方が実質的には確率的心証論（⇒6③事実的因果関係の立証（その1）公害における議論の深化）を採用したとみられることから，可能性の程度に応じた逸失利益の賠償を認める見解もみられる。

さらに，これとは別に，期待権侵害，すなわち，「患者が適時に適切な医療機関へ転送され，同医療機関で適切な検査，治療等の医療行為を受ける利益」が709条の法律上保護される利益にあたるか否かについては，最高裁の法廷意見はこれを認めていない（最判平17・12・8判時1923号26頁〔反対意見は認めている〕。拘置所に勾留中の者が脳梗塞を発症し重大な後遺症が残った事案。重大な後遺症が残らなかった相当程度の可能性が否定された）。もっとも，このような期待権侵害についても，同判決の補足意見は，現実にとられた措置が著しく不適切な場合には賠償が認められる余地があるとの考え方を採用しており（同判決の才口・島田補足意見。なお，最判平23・2・25判時2108号45頁），権利侵害と（それに至らない）法益侵害を区分する見解（⇒3③民法現代語化後の学説の展開）の第2説）のいう「第2種利益」

を認める余地を示しているとも考えられる。

| 身体, 健康 | 身体侵害についても不法行為が成立するが, 正当行為等による違法性の阻却が認められ |

る場合は生命侵害よりも広がる。健康侵害については, 公害に関して特に論じられてきた (⇒⑧)。

| 身体の自由 | 監禁のような身体の自由の侵害も, 710条の「自由」の侵害であり, 絶対権的な保護 |

を受ける。

## ⑧ 生活妨害等と人格的利益

Case 8-9

**1** Aは, B (国) が管理する幹線道路である国道の自動車交通による騒音, 振動, 排ガスによって, 睡眠妨害, 生活の妨害, 精神的被害を受けた。

**2** Aは, 歴史的・文化的に形作られてきた良好な都市景観を保っている沿道地区の近くに居住してきており, 同沿道地区の建築物は高さ20メートル未満であったが, Bが14階建て高さ44メートルのマンションを建築したため, 精神的被害を受けた。Bのマンションは行政法規, 条例には違反していない (Case 8-6 と同一)。

| 権利濫用論から受忍限度論へ, 積極的生活妨害と消極的生活妨害 | 公害等の生活妨害に対する権利・利益侵害は, 当初は, 汽車のばい煙によって信玄公旗掛松が枯死した事件に関する大審院判決 |

(大判大 8・3・3 民録 25 輯 356 頁) にみられるように, 権利の行使が「適当なる範囲」を超えること, すなわち, 侵害行為の権利濫用という媒介項を通して不法行為となると解されていたが, その後, 生活環境上の利益侵害であることが重視されるようになる。また, こ

のような利益侵害は，当初は，ばい煙の居住地への侵入が所有権侵害にあたるというように，財産権侵害と考えられていたが，その後，人格権侵害と考えられるようになった。

　今日，判例は，（騒音，大気汚染等の）道路公害および空港公害の事案に関する違法性の判断において，①侵害行為の態様と侵害の程度，②被侵害利益の性質と内容，③侵害行為のもつ公共性の内容と程度，④被害の防止に関する措置の内容等の4点を考慮する受忍限度論を採用している（さらに，③の考慮にあたっては⑤周辺住民が当該施設〔たとえば空港〕の存在によって受ける利益とこれによって被る被害との間に，後者の増大に必然的に前者の増大が伴うというような「受益と被害の彼此相補の関係」が成り立つか，⑥被害対策がみるべき効果をあげているかを検討する。大阪国際空港訴訟上告審判決〔最大判昭56・12・16民集35巻10号1369頁〕，国道43号線訴訟上告審判決〔最判平7・7・7民集49巻7号1870頁。Case 8-9 **1**の事案である〕。なお，これらの最高裁判決は国家賠償法2条の営造物責任に関するものであるが，同条の「瑕疵」の違法性については民法709条の下での受忍限度論と同様の判断構造が用いられている）。これに対して，学説においては，騒音・大気汚染のような積極的生活妨害（積極的侵害。公害）により人格権侵害がなされた場合であれば，権利（絶対権）侵害がなされているのであり，違法性ではなく，正当化事由（違法性阻却事由など）が問題となるはずであり，受忍限度は抗弁と解すべきであるとの見解もあるが，判例は上記4要素を請求原因としているものと解される。

　なお，これに対し，生活妨害の中でも眺望侵害，日照妨害等の（隣人等の土地利用の結果として眺望や日照が遮られたという）消極的生活妨害（消極的侵害）については，裁判例上土地利用の先後関係が考慮されることが少なくなく，多くの裁判例が法律構成を明示することなく単に受忍限度内か否かを論じており，また，ドイツ法の通

説はこれを権利侵害とは捉えていないことなどから，709条の法益
侵害であることは明らかであるものの，伝統的な権利侵害とは言い
難いと考えられる（日照妨害が加害者の侵害行為の態様に応じて不法行
為となるという性格をもつことについては，最判昭47・6・27民集26巻5
号1067頁も指摘する）。

　ちなみに，上記の道路公害および空港公害に関する最高裁判決の
挙げる受忍限度判断の要素のうち，③公共性については，学説上は，
損害賠償の判断に際しては考慮すべきでないとするもの（公共性考
慮否定説）が有力に唱えられている。公共性が高い施設によって特
別の犠牲を払った者については，それだけ補償（ないし賠償）の必
要が大きいのであり，その負担は社会に転嫁されるべきであると解
されることから，公共性考慮否定説が妥当であると考えられる。

平穏生活権・
平穏生活利益
生活妨害に関連する新たな権利・法益とし
て下級審裁判例で認められたものとして，
平穏生活権・利益がある。平穏生活権・利
益は，健康リスクに関連する狭義の平穏生活権・利益（健康リスク
型平穏生活権・利益）と，健康リスクには関連しないものを含む広義
の平穏生活権・利益（内心型平穏生活権・利益⇒⑪）に区別される。
狭義の平穏生活権・利益が認められた重要な例としては，福島原発
事故に伴う自主避難者の損害の賠償請求事件が挙げられる（仙台高
判令2・9・30判時2484号185頁〔最決令4・3・2（上告不受理）〕。広義の
平穏生活権・利益に関する例については，⇒⑪）。

景観利益
このような生活妨害に対する利益とは異な
り，従来環境利益の侵害と考えられてきた，
いわゆる景観利益について，その侵害が709条の権利・法益侵害に
あたる場合があるとした国立景観訴訟上告審判決（最判平18・3・30
民集60巻3号948頁）が注目される。同判決は，Case 8-9 **2**の事案

に関して「①良好な景観に②近接する地域内に居住し，③その恵沢を日常的に享受している者は，良好な景観が有する客観的な価値の侵害に対して密接な利害関係を有するものというべきであり」（①～③の番号は筆者）このような「景観利益」は，法律上保護に値するとした（ただ，その「権利」性は，明確性を欠くため，認めていない）。もっとも，「ある行為が景観利益に対する違法な侵害に当たるといえるためには，少なくとも，その侵害行為が刑罰法規や行政法規の規制に違反するものであったり，公序良俗違反や権利の濫用に該当するものであるなど，侵害行為の態様や程度の面において社会的に容認された行為としての相当性を欠くことが求められる」とし，当該マンションの建築については違法性を認めなかった。同事件の第1審（東京地判平14・12・18判時1829号36頁）は，特定の地域内において地権者らによる土地利用の自己規制の継続により，相当の期間，ある特定の人工景観が保持された場合においては，一定の要件の下に，地権者らは形成された良好な景観を維持する義務を負うとともにその維持を相互に求める利益があるとしていたが，最高裁はこの立場は採用しなかった。

### ⑨　身分上の人格的利益

Case 8-10

**■**　第三者Ａが，婚姻関係にある配偶者の一方であるＢと性的関係をもった場合に，他方配偶者ＣはＡに対して不法行為に基づく損害賠償請求ができるか。

**②**　**■**において，第三者Ａと，婚姻関係にある配偶者の一方であるＢとの性的交渉がＢらの家庭を破壊した場合，Ｂらの未成年の子Ｄは，Ａに対して不法行為に基づき損害賠償を請求することができるか。

内縁関係を正当な理由なく破棄した場合について，最高裁は，婚姻予約の債務不履行であるとともに，「婚姻に準ずる関係」（準婚）に対する不法行為でもあるとした（最判昭33・4・11民集12巻5号789頁）。同居の親族のような第三者が内縁関係を破綻させた場合においても，その第三者の行為が社会観念上許容されるべき限度を超えた不当な干渉にあたる場合には不法行為となる（最判昭38・2・1民集17巻1号160頁）。

婚姻関係　配偶者の一方の有責行為によって他方配偶者が離婚せざるをえなくなった場合，不法行為が成立し，慰謝料の請求が認められる（最判昭31・2・21民集10巻2号124頁）。

　一方，Case 8-10 **1**において，Aの行為が他方配偶者Cの婚姻関係に関する利益を侵害する不法行為となるかについては議論が分かれている。

　判例は，「夫婦の一方の配偶者と肉体関係を持つた第三者は，故意又は過失がある限り，右配偶者を誘惑するなどして肉体関係を持つに至らせたかどうか，両名の関係が自然の愛情によつて生じたかどうかにかかわらず，他方の配偶者の夫又は妻としての権利を侵害し，その行為は違法性を帯び，右他方の配偶者の被つた精神上の苦痛を慰謝すべき義務があるというべきである」とする（最判昭54・3・30民集33巻2号303頁）。この場合の保護法益は「夫又は妻としての権利」（同判決）または「婚姻共同生活の平和の維持」という権利法益（最判平8・3・26民集50巻4号993頁）と構成されている。一方，近時の学説上は，不貞の関係であってもそれが当人どうしの自然な愛情に基づくものであれば不法行為の成立を否定すべきであるとの議論が有力に唱えられている。この点に関する考え方の相違は，i）性的自由や婚姻に関する法律関係についての考え方が社会にお

いて変化し，性的自由が個人の自己決定に委ねられた部分であると
の理解が生じてきたことをどうみるか，ⅱ）この種の慰謝料請求訴
訟が（AB 間で生まれた子の）強制認知請求の抑制の手段として用い
られる危険があることをどの程度重視するかにある。判例は，婚姻
秩序維持を重視する立場を採用している。もっとも，この場合に不
法行為の成立を肯定する見解においても，第三者 A が，相手方 B
の婚姻ないしそれに準ずる関係の存在を知っていることを要件とし
ており，その程度の限定は加えているわけである。

　なお，判例は，不貞行為があった当時婚姻関係がすでに破綻して
いたときは，特段の事情のない限り相手方第三者は不法行為責任を
負わないとした（前掲最判平 8・3・26）。

　また，最近，最高裁は，婚姻関係の当事者でない第三者が夫婦の
一方と不貞行為をし，それを理由として夫婦が離婚に至ったことに
ついて不法行為責任を負うのは，「当該第三者が，単に夫婦の一方
との間で不貞行為に及ぶにとどまらず，当該夫婦を離婚させること
を意図してその婚姻関係に対する不当な干渉をするなどして当該夫
婦を離婚のやむなきに至らしめたものと評価すべき特段の事情があ
るときに限られる」とした（最判平 31・2・19 民集 73 巻 2 号 187 頁
〔不貞行為がありその解消の 4 年後に別居に至り，離婚調停に及んだ事案に
関する〕）。離婚自体については，当該夫婦の自由意思が介在するた
め，原則として離婚慰謝料を認めるべきではないとの考え方である。
この判決は，不貞行為による慰謝料に関する従来の判例の立場を変
更するものではないが，不貞行為の結果，婚姻関係が破綻し，離婚
するに至った場合に，不貞行為による慰謝料に離婚自体の慰謝料を
単純に加えた額を（当該第三者に対して請求する）賠償として認める
ことは困難になったといえる。

判例は，Case 8-10 **2** について，害意をもって監護を積極的に阻止するなどの特段の事情のない限り，A について不法行為は成立しないとする（前掲最判昭 54・3・30）。最高裁は，未成年の子どもが日常生活において父親から愛情を注がれ，その監護，教育を受けることができる地位を保護法益と捉えつつ，父親が未成年の子に対し愛情を注ぎ，監護し，教育することは，他の女性と同棲するかどうかにかかわりなく，父親自らの意思によって行えるから，相当因果関係を否定し，原則として A の不法行為責任は成立しないとしたのである。

本判決に対しては，① A と B の性的交渉と，D の監護等に関する B の懈怠との間に相当因果関係を認める立場（同判決反対意見）がありうるとともに，②「子が監護教育を受けうる地位」，「子が父母の愛情に包まれて，家庭で精神的な安定と幸福を享受できる利益」を不法行為法の保護法益として認めるべきかについて議論がある。②に関しては，有力説は，子は親に貞操を要求する権利はなく，また，監護を受ける利益は親に対して向けられるものであっても，第三者に対して向けられたものではないとし，この場合の D の保護法益を認めていない。

性 的 自 由　暴力，詐欺，地位の利用などにより性的関係を結ぶことは不法行為となる（大判明 44・1・26 民録 17 輯 16 頁〔婚姻の意思がないのにあると偽って同棲し，煩瑣な理由で離別した場合〕）。

## 10　名誉・プライバシー等の侵害

名 誉 毀 損　(1)　名誉の意義　名誉とは，「人がその品性，徳行，名声，信用等の人格的価値について社会から受ける客観的な評価」である（最判昭 45・12・18 民

集 24 巻 13 号 2151 頁)。したがって，ある人を侮辱する発言がされた
としても，その内容がその人の**客観的評価**を下げるものでない場合
や，一定範囲に流布しうるものでない場合には，名誉毀損（名誉侵
害）にはならない。**名誉感情**（自分自身の人格的価値について有する主
観的評価〔前掲最判昭 45・12・18 参照〕）の侵害による**不法行為が成立
しうるにとどまり**（大阪高判昭 54・11・27 判時 961 号 83 頁。タクシー
の客が車内で運転手を誹謗侮辱した事例），謝罪広告などの名誉回復処
分（723 条）の対象にならない（⇒(3)）。

　(2)　**成立**　　名誉毀損は，《一般の読者（視聴者）の普通の注意
と読み方（視聴の仕方)》を基準に，社会的評価を低下させるものか
否かで判断される（最判昭 31・7・20 民集 10 巻 8 号 1059 頁〔新聞〕，最
判平 15・10・16 民集 57 巻 9 号 1075 頁〔テレビ〕。単純リツイートを名誉
毀損行為とした大阪高判令 2・6・23 判タ 1495 号 127 頁も参照）。被害者
が知らない精神的苦痛のない段階でも，発行・放送等で社会的評価
が低下した時点で成立する（最判平 9・5・27 民集 51 巻 5 号 2024 頁。
名誉を毀損する犯罪報道の後に有罪判決を受けたとしても社会的評価の低
下の事実自体に消長をきたすものではなく，慰謝料算定や違法性阻却で考
慮されるにとどまる）。信用などの社会的評価の低下により，法人に
対しても名誉毀損が成立しうる。

　(3)　**免責要件**

Case 8-11
　衆議院議員選挙の立候補者 A は，B 新聞の記事で，㋐学歴と経歴の詐
称の疑いや，㋑前科がある旨が報道された。

　名誉毀損の不法行為は，人格権と表現の自由（報道の自由）との
衡量・調整の見地から，一定の場合に免責が認められる。判例は，
(a)「事実の摘示」による場合と(b)「意見ないし論評の表明」による

場合で異なる要件を用いているが，いずれも，定型化された要件を満たせば違法性（または過失）が阻却されるという定型的衡量による判断をしている（後述するプライバシー侵害は個別的衡量による）。

(a) 「事実の摘示」による名誉毀損　判例は，名誉毀損行為について，下記の①②③の要件を満たすときは違法性がなく，③の証明がなくても，③'の要件を満たすときは故意または過失がないとする（最判昭 41・6・23 民集 20 巻 5 号 1118 頁，最判昭 58・10・20 判時 1112 号 44 頁。最判平 16・7・15 判時 1870 号 15 頁も参照）。

① 公共の利害に関する事実に係ること（公共性）

② もっぱら公益を図る目的に出たこと（公益目的性）

③ 摘示された事実が重要な部分において真実であることが証明されたこと（真実性）

③' 行為者が摘示された事実の重要な部分を真実と信ずるについて相当の理由があること（相当性）

前掲最判昭 41・6・23 は，Case 8-11 と同様の事案で，㋐について①②③を，㋑について①②③'を認めて，不法行為の成立を否定したものである。

判例が，①②③'を故意過失，①②③を違法性の問題とすることには，次の意味がある。③'については，行為者の認識内容が問題になるので，立証は行為時に存在した資料に限定されるのに対し，③の立証には，そのような限定がなく，事実審の口頭弁論終結時に客観的に判断される（最判平 14・1・29 判時 1778 号 49 頁）。

◆③（真実性）に関する判例　前掲最判平 15・10・16 は，一般視聴者の普通の注意と視聴の仕方として，ほうれん草を中心とする所沢産の葉物野菜が全般的にダイオキシン類による高濃度の汚染状態にあるなどの事実の摘示がテレビ報道されたとした上で，被告が裁判中に探し出した白菜一検体の数値だけでは③の真実性の立証があ

ったとはいえないとして，農家に対する名誉毀損の成立を認めた。

◆③'（相当性）に関する判例・裁判例　　公式発表のない段階で警察関係者から非公式に情報を得るなどして新聞報道した事例（最判昭47・11・16民集26巻9号1633頁，最判昭55・10・30判時986号41頁）や，ロス疑惑に関する（通信社に相当性が認められない）誤った配信記事を新聞社が掲載した事例（最判平14・1・29民集56巻1号185頁，最判平14・3・8判時1785号38頁）では，相当性が否定されている（その後，最判平23・4・28民集65巻3号1499頁は，通信社に相当性が認められる誤報の場合について，「報道主体としての一体性を有する」ときは，掲載社による取材と「同視」して，特段の事情がない限り，掲載社にも相当性が認められるとした）。

これに対し，刑事第1審判決の認定事実（控訴審で異なる認定がされた）と同一性のある事実を著書で摘示した事例（最判平11・10・26民集53巻7号1313頁）や，警察の公式発表を新聞報道した事例（那覇地判平20・3・4判時2035号51頁）では，相当性が肯定されている。相当性は厳しく判断される傾向にあるが，議員の汚職行為に関する報道のように公共性の高い事項については，相当性の判断を緩めるべきである（東京高判昭53・9・28判時915号62頁）。

(b)　「意見ないし論評の表明」による名誉毀損　　判例は，名誉毀損行為について，下記の①②③④の要件を満たすときは違法性がなく，③の証明がなくても③'の要件を満たすときは故意または過失がないとする（最判平9・9・9民集51巻8号3804頁。前掲最判平16・7・15も参照）。

① 公共の利害に関する事実に係ること（公共性）

② 目的がもっぱら公益を図るものであること（公益目的性）

③ 意見ないし論評の前提とする事実が重要な部分について真実であること（前提事実の真実性）

③' 行為者が上記事実の重要な部分を真実と信ずるについて相当の理由があること（前提事実の相当性）

④ 人身攻撃に及ぶなど意見ないし論評の域を逸脱したものでない
　こと

このように「事実の摘示」と「意見ないし論評の表明」では免責
要件が異なるため，両者を区別する必要が生ずる。

◆「事実の摘示」と「意見ないし論評の表明」の区別　　判例（前
掲最判平 9・9・9）は，「一般の読者の普通の注意と読み方とを基準
として」，「証拠等をもってその存否を決することが可能な他人に関
する特定の事項を主張しているもの」と解せるか否かで判断する。
そして，「第三者からの伝聞内容の紹介や推論の形式を採用するな
どによりつつ，間接的ないしえん曲に前記事項を主張するもの」と
理解されるときや，前後の文脈等の事情を総合的に考慮すると「叙
述の前提として前記事項を黙示的に主張するもの」と理解されると
きも，「事実の摘示」と判断する。この基準からは，犯行動機を推
論する新聞記事は，「事実の摘示」にあたる（最判平 10・1・30 判時
1631 号 68 頁）。他方，著作権侵害で違法だとする批判などの法的な
見解の表明は，「意見ないし論評の表明」にあたるが，その前提と
して「事実の摘示」を含む場合もある（前掲最判平 16・7・15）。

(4)　効果　　慰謝料（710 条）による金銭賠償のほか，金銭賠償
の原則（722 条 1 項）の例外として，名誉回復処分（723 条）が規定
されている。

(a)　金銭賠償　　名誉毀損の慰謝料は，社会的なダメージの大き
さに比べて額が低すぎる（週刊誌等は慰謝料を支払っても売上げ増で利
益が出てしまう）という批判を契機に算定が見直されてきた。近時
の裁判例では，芸能人などの有名人の名誉毀損について高額の慰謝
料を認めるものもみられる（東京高判平 13・7・5 判時 1760 号 93 頁。
ただし，精神的損害とともに無形の財産的損害をも考慮）。法人には，精
神的苦痛はないが，信用低下による「無形の損害」（710 条の「財産
以外の損害」）の賠償が認められている（最判昭 39・1・28 民集 18 巻 1

号 136 頁⇒*6* 2◆非財産的損害と無形の損害)。

(b) 特定的救済　社会的評価の低下を要件とする名誉毀損については，金銭賠償だけでは塡補されない社会的，客観的評価自体を原状回復することを可能にするための例外的な救済（前掲最判昭45・12・18参照）として，名誉回復処分（723条）が規定されている（損害賠償の一方法として，これにも724条の消滅時効が適用されよう）。謝罪広告や取消訂正記事のほか，看板の撤去，碑文の削除などが認められている（反論文の掲載については最判昭62・4・24民集41巻3号490頁が否定）。あくまでも金銭賠償では十分な救済ができない場合の例外であるとして，必要性・相当性などの判断によって請求が制限されることがある（大阪地判昭56・9・28判時1022号123頁〔一般論〕)。

◆死者の名誉毀損等と謝罪広告　社会的評価の低下を要件としない名誉感情については謝罪広告を請求できない（プライバシー侵害には後述する議論がある）。また，死者の名誉が毀損された場合も，権利の帰属主体たりえない死者に対する名誉毀損を介して，遺族の人格的利益たる「死者に対する敬愛追慕の情」が侵害されたにすぎない（大阪地判平元・12・27判時1341号53頁）ので，謝罪広告を請求できない。ただし，死者の名誉毀損を介して遺族に対する名誉毀損の不法行為が成立する場合には，遺族の名誉回復のための謝罪広告請求が可能となる（静岡地判昭56・7・17判時1011号36頁参照。この事例では謝罪広告の必要性が否定された）。

謝罪広告の新聞等への掲載について，判例は，単に事態の真相を告白し陳謝の意を表明するにとどまるのであれば憲法19条に反せず，代替執行が可能であるとする（最大判昭31・7・4民集10巻7号785頁）が，学説では違憲説も有力であり，特に，意見・論評による名誉毀損については問題が大きいとされる。

そのほか，723条による効果とは別に，物権と同じく排他性を有

する人格権としての名誉権に対する侵害（故意過失を要件としない）の効果として，差止が認められている（最大判昭61・6・11民集40巻4号872頁⇒*8* ③）。

　　◆訂正請求に関する議論　　723条の効果としての訂正請求とは別に人格権侵害に基づく物権的請求権類似の効果（過失を要件としない）として，訂正請求を認める学説が有力である。真実に反する報道がされても，前述の免責要件を満たせば，故意過失が阻却されて不法行為の成立が否定されてしまうので，このような形での救済が必要となる。

Case 8-12 ──────────────────────────────

**1**　Aは，勤務先のB会社によって社員ロッカーを無断で開けられて所属する政党の党員手帳を写真撮影された。

**2**　Cは，米国統治下の沖縄で傷害致死罪による有罪判決を受け，服役後に東京で前科を秘匿して約10年間平穏に生活していたが，Cの陪審員裁判に参加したDのノンフィクション作品で実名とともに前科を公表された。

**3**　EはF大学主催の外国要人の講演会への参加を申し込む際に学籍番号・氏名・住所・電話番号を記載したところ，FはEに無断でその名簿を警察に提出した。

─────────────────

> プライバシー侵害

（1）**意義**　プライバシー侵害に関する最初の裁判例である「宴のあと」事件（東京地判昭39・9・28判時385号12頁）は，プライバシーとは「私生活をみだりに公開されないという法的保障ないし権利」であるとした上で，①私生活上の事実または私生活上の事実らしく受け取られるおそれがある事柄であること，②一般人の感受性を基準にして当該私人の立場に立った場合，公開を欲しないであろうと認められる事

柄であること，③一般の人々に未だ知られていない事柄であること，の3要件を提示した。この要件は，下級審裁判例で多く用いられている（最高裁はまだ明確な定義を示していない）。

　上記はプライバシーを私生活の平穏の利益として捉えるものであるが，その後の学説では，自己情報コントロール権（ないし自己決定権）と位置づける議論（意図しない範囲への個人情報の公開をプライバシー侵害とした神戸地判平11・6・23判時1700号99頁〔電話帳にある住所・電話番号がネット掲示板に書き込まれた〕も参照）や，社会の正当な関心がどこまで認められるかの問題であるとする議論がされている。他方，プライバシー侵害の類型として，㋐私的領域への侵入・干渉（たとえばCase 8-12 **1**〔最判平7・9・5判時1546号115頁参照〕），㋑他人に知られたくない私生活上の事実の公開（たとえばCase 8-12 **2**〔最判平6・2・8民集48巻2号149頁参照〕），㋒個人情報の開示・公開（たとえばCase 8-12 **3**〔最判平15・9・12民集57巻8号973頁参照〕）などに分ける議論も有力である。

　(2)　**不法行為の成否**　①社会の正当な関心事であること，②表現内容・表現方法が不当なものでないことを免責事由とする説が有力であった（下級審裁判例にもみられた）が，最高裁はこれと異なる判断枠組みをとった。

　表現の自由との調整が問題となる事案類型では，㋐「公表されない利益」と㋑「公表する理由」との個別的比較衡量によって不法行為の成否が判断されている。すなわち，最高裁（最判平15・3・14民集57巻3号229頁）は，実名類似の仮名を用いた少年犯罪報道に関し，犯人情報・履歴情報を「プライバシー」とした上で，上記の比較衡量で㋐が㋑を優越するときには不法行為が成立する旨の一般論を述べた（少年保護事件に関する家裁調査官の論文公表につき㋐の優越を認めず違法性を否定した最判令2・10・9民集74巻7号1807頁も参照）が，

「プライバシー」に関する先行判例としてCase 8-12 **2**と同様の事案に関する前掲最判平6・2・8を引用している。同判決は，「前科等にかかわる事実を公表されないことにつき，法的保護に値する利益を有する」とした上で，⑦④の比較衡量による判断をすべきだとした（⑦が優越するとして不法行為の成立を肯定）。表現の自由との調整を定型的衡量によっている名誉に対し，プライバシーが個別的比較衡量によっているのは，最高裁がなお明確な定義を示していないように，権利の外延が明確ではないからであろう。

　一方，表現の自由との調整が問題とならない事案類型では，比較衡量によっていない。Case 8-12 **3**と同様の事案に関し，最高裁（前掲最判平15・9・12）は，学籍番号・氏名・住所・電話番号のような個人識別情報も「プライバシーに係る情報として法的保護の対象となる」とした上で，承諾を求めることが困難であった特別の事情がないにもかかわらず，無断で個人情報を警察に開示した行為は，「プライバシーを侵害するものとして不法行為を構成する」とした（顧客の個人情報の名簿業者への売却・漏えいをプライバシー侵害の不法行為とした最判平29・10・23判時2351号7頁も参照）。

　　◆名誉毀損との差異　　プライバシー侵害の不法行為の成否は，真実性が免責要件とならない点でも名誉毀損と異なる。真実の公表によるプライバシー侵害のほうが，これを否定して回復する余地がなく，被害が重大だからである。なお，前科の公表のように，名誉毀損とプライバシー侵害の両方が成立しうる場合もある。

　(3)　効果　　プライバシー侵害は，社会的評価の低下を要件としないことに照らせば，名誉感情の侵害と同じく謝罪広告の請求が否定されることになるが，学説では肯定説も有力である。謝罪広告について前述の憲法上の問題（⇒名誉毀損）(4)(b)）がある以上，プライバシー侵害に723条を類推適用して謝罪広告を認めることには慎

重になるべきであり，少なくとも，私生活上事実らしく受け取られる誤った事実による侵害に限定すべきであろう。

プライバシー侵害についても，名誉毀損と同じく，差止が認められる（最判平 14・9・24 判時 1802 号 6 頁〔出版差止〕，最決平 29・1・31 民集 71 巻 1 号 63 頁〔ネット検索結果の削除。一般論。本件では否定〕，最判令 4・6・24 民集 76 巻 5 号 1170 頁〔ツイートの削除〕⇒ *8* ③）。

Case 8-13 ─────────────────────────────

❶ Aを被疑者とする刑事法廷（撮影禁止）で，BはAの手錠腰縄姿を隠し撮りして，その写真を雑誌に掲載した。

❷ 芸能人Cの歌の振り付けを使ったダイエット法を解説するDの雑誌記事に，Cの小さな白黒の写真が無断で掲載された。

❸ 芸能人Eの肖像写真を，Fは無断で使用してカレンダーを販売した。

─────────────────────────────

┌─────────────────
肖像権・パブリシティ
権の侵害
└─────────────────

学説は，いわゆる肖像権には，㋐自己の肖像の作成・公表を禁止する権利と，㋑自己の肖像の営利目的による利用を禁止する権利（パブリシティ権）の二つの側面があるとするものが多い。

上記㋐に関し，判例（最判平 17・11・10 民集 59 巻 9 号 2428 頁）は，「人は，みだりに自己の容ぼう等を撮影されないということについて法律上保護されるべき人格的利益を有する」とする（最大判昭 44・12・24 刑集 23 巻 12 号 1625 頁〔京都府学連デモ事件〕が，「これを肖像権と称するかどうかは別として」と留保しつつ，「何人も，その承諾なしに，みだりにその容ぼう・姿態……を撮影されない自由を有する」としたことを踏まえている）。その上で，正当な取材行為等として許される場合もあるので，承諾のない撮影の違法性について，被撮影者の社会的地位，その活動内容，撮影の場所・目的・態様・必要性等を総

合考慮して，上記利益の侵害が「社会生活上受忍の限度を超えるもの」かどうかで判断すべきだとして，Case 8-13 **1**と同様の事案における撮影・公表を違法とした。

上記⑦に関し，判例（最判平24・2・2民集66巻2号89頁〔ピンク・レディー事件〕）は，肖像・氏名等について，(i)「人格権に由来するものとして，これをみだりに利用されない権利を有」し，(ii)「専ら肖像等の有する顧客吸引力の利用を目的とするといえる場合に，パブリシティ権を侵害するものとして，不法行為法上違法となる」として，(iii)「①肖像等それ自体を独立して鑑賞の対象となる商品等として使用し，②商品等の差別化を図る目的で肖像等を商品等に付し，③肖像等を商品等の広告として使用するなど」を例示する。Case 8-13 **2**のような事案では違法性が否定される（前掲最判平24・2・2参照）が，Case 8-13 **3**のような事案では違法になる（東京高判平3・9・26判時1400号3頁〔おニャン子クラブ事件〕参照）。

| 氏名権等の侵害 |

氏名権に関し，判例（最判昭63・2・16民集42巻2号27頁）は，①氏名は，「人が個人として尊重される基礎であり，その個人の人格の象徴であつて，人格権の一内容を構成するもの」といえるから，「氏名を正確に呼称される利益」は「不法行為法上の保護を受けうる人格的な利益」である（⇒[11]）が，②「氏名を他人に冒用されない権利・利益」と異なり強固な利益ではないので，③⑦「明示的な意思に反してことさらに不正確な呼称をしたか」，④「又は害意をもつて不正確な呼称をした」などの特段の事情がない限り違法性は認められないとした（一般論。③⑦の特段の事情があつたとしても，外国人氏名の母国語読みをしない慣用が当時は是認されていたとして，在日韓国人氏名の日本語読みをしたNHKの違法性を否定した）。

これに対し，書類作成等における氏名の冒用は，原則として違法

と解される（札幌地判平17・8・18判時1913号112頁。東京高判平22・4・7判時2083号81頁も参照）。

関連する新しい問題として，ネット掲示板上の「なりすまし」行為について「他者から見た人格の同一性に関する利益も不法行為上保護される人格的な利益になり得る」とした裁判例がみられる（大阪地判平29・8・30判時2364号58頁）。

### 11 新たな人格的利益

昭和60年代頃から，社会において人権意識が高まる中で，新たな人格的利益が判例上取り上げられ，また，判例学説上権利論の再生が唱えられるようになったが（⇒3②，③），それらは「被侵害利益の主観化と公共化」という語で表される（吉田克己博士による）。このうち「公共化」に関しては，景観利益について触れた（⇒8）。「主観化」に関連するものとしては，(i)内心の感情に関するもの，(ii)健康リスクに関するもの，(iii)期待権，期待利益，(iv)自己決定権，自己決定の利益に分けることができる。平穏生活権（利益）は(i)および(ii)に関連している。

内心の感情に関する利益

さまざまな人格的利益の侵害が主張されたが，最高裁は，すでに触れたように，1)権利ないし法律上保護される利益にあたるか否かを判断し，それにあたるとしたものについて，2)違法性の有無を判断するという判断方式を採用している（⇒3②権利論再生の動き）。

1)において不法行為の成立を否定したものとして，① Case 8-5 ❸にあたる事件について最高裁は「信仰生活の静謐」の侵害は，それが信仰の自由の侵害にあたり，その態様，程度が社会的に許容しうる限度を超える場合でない限り法的利益が害されたとはいえな

いとした（最大判昭63・6・1民集42巻5号277頁〔自衛官合祀訴訟〕）。最高裁は侵害行為の態様によっては賠償が認められうる姿勢を示したともいえる。本判決の結論に対しては学説上有力な批判がある。②葬儀場を営む業者に対し，その近隣に居住する原告が，居宅の2階から葬儀等が見えないよう既設のフェンスを高くすることや慰謝料を求めて提訴した事件について，最高裁は，「主観的な不快感」にとどまり，社会生活上受忍すべき程度を超えて平穏に日常生活を送るという利益を侵害しているとはいえないとした（最判平22・6・29判時2089号74頁）。

　2）について判断したものとして，③ Case 8-5 **1** にあたる事件につき，最高裁は，「氏名を正確に呼称される利益」も不法行為法上保護を受けうる利益であるとした（前掲最判昭63・2・16⇒⑩氏名権等の侵害）。また，④ Case 8-5 **2** にあたる事件について，最高裁は，認定申請者の「早期の処分により水俣病にかかっている疑いのままの不安定な地位から早期に解放されたいという期待」という利益は，「内心の静穏な感情を害されない利益」として不法行為法上の保護の対象になりうるとした（最判平3・4・26民集45巻4号653頁〔水俣病待たせ賃訴訟〕。もっとも「社会的に許容し得る態様，程度」を超えない限り不法行為の成立を認められないとする）。⑤セクシャル・ハラスメントも，内心の感情にかかわる法的利益の一種として裁判例上認められ，それが不法行為の対象となる場合があるとされ（比較的初期のものとして，福岡高判平12・1・28判タ1089号217頁），今日重要な社会規範となっている。

　①，②，④は平穏生活権のうち，精神的な人格権，人格的利益に関する「内心型平穏生活権」にあたる。

この種の利益は，生活妨害等と人格的利益の箇所で触れた，「健康リスク型平穏生活権」である（⇒8 平穏生活権・平穏生活利益））。医療過誤の分野における期待権侵害，すなわち，「患者が適時に適切な医療機関へ転送され，同医療機関で適切な検査，治療等の医療行為を受ける利益」について，最高裁の法廷意見はこれを不法行為法上保護される利益として認めていないが（最判平17・12・8判時1923号26頁），補足意見は，現実にとられた措置が著しく不適切な場合には賠償が認められる余地があるとする。

私立学校が生徒の募集にあたって説明していた教育内容等が子の入学後に変更されたことにより，子らの親が学校選択の自由を侵害され，期待権に反するとして損害賠償を求めた事件について，最高裁は，上記「期待，信頼」が709条の法律上保護される利益にあたるとしつつ，それが違法となるのは当該変更が，学校側の裁量を考慮してもなお社会通念上是認することができない場合に限られるとした（最判平21・12・10民集63巻10号2463頁）。

また，取材対象となった原告らが中心となって開催したいわゆる慰安婦問題を裁く国際的な民衆法廷をとりあげたテレビ番組について，NHKらが当初説明した番組の趣旨とは異なる趣旨の番組を制作・放送して，原告らの期待，信頼を侵害したとして損害賠償を求めた事件について，最高裁は，取材対象者の期待や信頼は原則として不法行為法上保護の対象とはならず，保護法益となりうるためには一定の要件が満たされる必要があるとした（最判平20・6・12民集62巻6号1656頁）。本件では，放送事業者の番組編集の自律性という対抗利益との関係が問題とされている。

このように，期待権・期待利益の権利利益性は分野によって大き

く異なると考えられるが，対抗利益や裁量との関係が問題となり，基本的に第2種利益となると考えられる。

自己決定権，<br>自己決定利益　宗教上の理由からいかなる場合にも輸血を拒否する意思を明確にしている患者に対し，医療機関が手術中に救命の必要から輸血した事件において，最高裁は「このような意思決定をする権利は，人格権の一内容として尊重されなければならない」とし，手術前に，必要な場合には輸血するとの説明を怠った医療機関は，患者の人格権を侵害したものとしてその精神的苦痛を慰謝すべき責任を負うとした（最判平12・2・29民集54巻2号582頁〔エホバの証人訴訟〕）。

　自己決定権については，各種の権利の基底にある権利と把握する学説もある。もっとも，各種の権利法益においては，自己決定権と直接関連しないものも少なくない。取引において売主等が重要事項や取引のリスクを説明しなかったことが消費者の自己決定権を侵害したことになり，慰謝料が認められるとの判断に至る場合もあるが（最判平16・11・18民集58巻8号2225頁），学説上は，取引的不法行為において自己決定権侵害を問題とすることは，自己決定権の過度の拡大につながるとの警戒感を示す見解も有力である。

　また，自己決定権，自己決定の利益の侵害が違法となるためには，侵害の態様との関連も重要となる。なお，自己決定権侵害は期待権，期待利益侵害とも重なりうる。

# 5 不法行為の成立を阻却する事由

## 1 序

かつての通説による整理

一般不法行為の四つの成立要件（⇒ **1** ②）を満たす行為でありながら，特別な事情があるために不法行為が成立しない場合がある。

すなわち，①責任能力がない場合（712条・713条）や，②正当防衛・緊急避難（720条）が認められる場合のほか，民法に規定はないが，③被害者の承諾，④正当行為，⑤自力救済などが解釈上認められている。

かつての通説は，①の責任能力については《故意過失の前提問題》として，それ以外の②〜⑤については《違法性を阻却する事由》として，それぞれ位置づけてきたが，近時の学説は，このような理論的な整理に批判的なものが増えている。

近時の考え方

①の責任能力を故意過失の前提問題として位置づけるのは，過失を主観的な心理状態として捉える立場に基づくものであるが，近時は，過失を客観的な行為義務違反として捉える立場が一般的である。かかる立場からは，責任能力の制度については，年少者等の判断能力が十分備わっていない者を賠償責任の負担から保護するための政策的規定と解するほかない。他方で，違法性概念に積極的な意味を見出さない立場をとる学説を中心に，②〜⑤について違法性阻却事由とは別の位置づけをしようとする動きが生ずることになる。

そこで近時は，①〜⑤について，一般不法行為の四つの成立要件

を満たす行為でありながら，不法行為が不成立になる特別な事由であり，かつ，被告側（加害者側）に立証責任がある，という共通性を有する点に着目し，不法行為の成立を阻却する事由（ないし責任阻却事由）として一緒の位置づけをする学説が有力となって支持を得ている。

　以下では，このような見解に立って，①〜⑤を一括して扱うことにする。

　　◆責任無能力者の衡平責任の立法の可能性　　責任無能力制度をこのような政策的な制度と捉えるのであれば，そこから逆に被害者保護の優先が正当化される特別な事情がある場合には，衡平の見地から例外的に責任無能力者に賠償責任を負わせるという「衡平責任」を政策的に導入することも十分考えられる（比較法的にみられる制度である）。たとえば，713条で免責された加害者の賠償資力に十分余裕がある一方，714条で補充的責任を負うべき法定監督義務者（⇒第9章4）の免責ないし不存在で被害者が賠償されずに困窮するような事情がある場合には，責任無能力者の責任を認めることが考えられる。

## ② 責任無能力

| 概　観 |

民法は，責任弁識能力のない未成年者，および，精神障害のために責任弁識能力を欠く者の各行為について責任を否定する旨を規定している。すなわち，712条は，未成年者が「責任を弁識するに足りる知能」を備えていないときの行為について賠償責任がないとする。また，713条は，「精神上の障害により自己の行為の責任を弁識する能力を欠く状態」にある間の行為についても賠償責任がないとする（ただし，「故意又は過失によって一時的にその状態を招いたとき」は除外する）。

　これら二つの規定は一定の判断能力をもっていない行為者につい

て賠償責任を問わないとしたものであり，賠償責任を問うためには一定の判断能力があることが前提とされている。この判断能力のことを**責任弁識能力**または**責任能力**といい（本書では後者の用語を基本とする），加害行為時に責任能力がなかったこと（**責任無能力**）を加害者側が立証したときは不法行為の成立が阻却される。

◆**責任能力制度の709条以外の適用範囲**　　学説は，①717条の所有者の責任には責任能力制度の適用がないとする見解が支配的であり，②715条の責任，③717条の占有者の責任，④718条の責任，⑤自動車損害賠償保障法3条の責任についても，適用に否定的である。責任能力を判断能力が不十分な行為者を保護するための政策的な制度と捉える近時の立場からは，①は「行為」についての判断能力が問題とならないことから適用がないと考えられる。また，②は規定上は中間責任である（立証責任は転換されているが過失行為が問題となる）が，報償責任に基づく代位責任と解されているので，同様に適用がないと考えられる。さらに，③④⑤も中間責任であるが，危険責任など被害者保護を優先させる立法趣旨に基づくものであるので適用がないと考えることができる。

---

Case 8-14 ━━━━━━━━━━━━━━━━━━━━━━━━━━━━━━

**1**　A夫婦の子Bは自転車走行中に不注意でCに衝突して負傷させた。

**2**　上記がD新聞店の新聞配達中の事故の場合はどうか。

---

> **責任能力のない未成年者**

未成年者の責任能力の有無の境界線は11歳〜14歳程度で，平均すれば12歳程度だとされている（なお，法律行為における意思能力は7歳〜10歳，行為能力は18歳を基準としており，責任能力との違いに注意されたい）。

　Case 8-14 **1**のBが10歳で責任能力がない場合，Bの709条の

責任は成立しない。CはBの親権者Aらの714条の監督者責任を追及することになる（⇒第9章4①）。これに対し，Case 8-14 **2**でCがBの使用者Dの715条の責任を追及するためには，Bに責任能力があって709条の責任が成立することが前提となる（⇒第9章3）。

判例・裁判例には，責任能力の有無について一見矛盾するような判断もみられる（古い判例では，⑦大判大6・4・30民録23輯715頁は12歳2か月弱で責任能力を否定したが，⑦大判大4・5・12民録21輯692頁は11歳11か月で責任能力を認めていた）。加害者ごとの個別判断であるという事情もあるが，責任能力の有無が問題とされるのが，上記のように714条の責任の前提なのか，715条の責任の前提なのかにも影響されよう（⑦は遊戯中に射的銃で友人を失明させたことに714条の責任を肯定し，⑦は商品配達中の自転車事故について715条の責任を肯定する前提としての判断）。

◆**責任能力の年齢基準の問題**　一般に未成年者は資力に乏しいため，多くの場合，被害者は親権者に対して714条に基づく請求をしようとする。裁判例では，714条で被害者を保護するため，未成年者の責任能力を否定しようとする誘因が働き，境界線の年齢が高めに設定される傾向にある。他方，715条で被害者を保護するためには，未成年者に709条の責任が成立する必要があり，責任能力を肯定しようとする誘因が働くが，こちらの事例は多くないので，境界線は全体としては高めに引き上げられる。

> 精神障害のために
> 責任能力を欠く者

①精神病による場合だけではなく，②薬物中毒や泥酔による場合にも責任能力を欠くとされることがある。ただし，②については，713条ただし書に該当する場合（被害者が〔再抗弁として〕立証責任を負う）は免責されない。刑法における「原因において自由な行

為」と同じ考え方によるものである。

### ③ 正当防衛・緊急避難

Case 8-15 ―――――――――――――――――――――――

**1** Aは，夜道で，Bから金を出せといわれ，ナイフで切られそうになったので，Bを殴って逃げたが，歩いてきたCを避けきれず，Cが手にしたスマホを落下・破損させた。

**2** Dは，飼い主Eと散歩中の大型犬甲から突然襲われたため，持っていた杖で反撃して甲に傷を負わせた。

―――――――――――――――――――――――――――――――

| 正当防衛 |

（1）**民法上の正当防衛** 720条1項本文は，①他人の不法行為に対し，②自己または第三者の権利または法律上保護される利益を防衛するため，③やむをえず，④（不法行為者または別の第三者に対し）加害行為をなした者，について，不法行為責任を免除している（④の括弧内は条文上は明示されていないがそのように解釈される）。これを正当防衛という。

①の《他人の不法行為》については，過失・責任能力は問題とならず，権利法益侵害ないし違法な侵害があればよいとされる（責任能力がなくてもよい）。

②の《自己または第三者の権利または法律上保護される利益》については，2004（平成16）年に民法現代語化に伴って文言が改正される（「法律上保護される利益」が追加される）前から，必ずしも厳密な意味での権利に限定されないと解されてきた。

③の《やむをえず》については，㋐他にとるべき方法がなかったことと，㋑守るべき法益と加害による被害との間に合理的な均衡があること，が要件とされている。㋑の要件については，Case 8-15 **1** のBのような不法行為者に反撃した場合（対人・反撃型）はあ

まり厳格に判断すべきではない。別の第三者に転嫁する形で加害行為をした場合（対人・転嫁型）には厳格に判断すべきであるが，Case 8-15 **1**のCについては問題ないだろう。

④上記のように別の第三者に転嫁する形で加害行為をした場合にも，加害行為をした者は免責されるが，転嫁による被害を受けた第三者は不法行為者に対して賠償を請求することができる（720条1項ただし書）。Case 8-15 **1**のCに対するAの加害行為が正当防衛で免責された場合，CはBに損害賠償を請求しうる。

(2) **刑法との関係**　民法上は，対人・反撃型，対人・転嫁型を問わず，正当防衛としているが，刑法上は，対人・反撃型のみが正当防衛（刑36条）で，対人・転嫁型は緊急避難（刑37条）にあたる。

| 緊 急 避 難 |
|---|

(1) **民法上の緊急避難**　720条2項は，①他人の物より生じた，②（自己または第三者の権利または法律上保護される利益に対する）急迫の危難を避けるため，③その物を損傷した行為，について，不法行為責任を免除している（②の括弧内は条文上明示されていないがそのように解釈される）。これを緊急避難という。

他人の物からの危難であれば，他人の不法行為でなくてもよい点が，1項の正当防衛とは異なる。Case 8-15 **2**のように，他人の物からの危難が，その物を管理する他人の不法行為（718条参照⇒**第9章5④**）にもあたる場合には，正当防衛と緊急避難が同時に成立する（甲が襲ったのが大地震で堅固な檻が壊れて逃げたためであれば緊急避難のみとなる）。

(2) **刑法との関係**　民法上は，その物を損傷した場合（対物・反撃型）のみ緊急避難としての免責が認められ，他の物を損傷したり他の人を突き飛ばして逃げた場合（対物・転嫁型）は，免責の対象とされていない。これに対し，刑法では，物の管理者の責任が問

題とならない場合に，対物・反撃型とともに対物・転嫁型について
も緊急避難（刑37条）による免責の対象とされている。

　民法上これを類推適用すべきであるとの見解もあるが，転嫁によ
る被害を受けた者が720条1項ただし書のような救済を受けること
ができない以上は，否定すべきである（起草者の見解でもある）。

## ④　被害者の承諾・危険の引受け・危険への接近

> 被害者の承諾

被害者の権利法益が侵害されても，被害者
には自分の権利法益についての処分権限が
あるので，事前に被害者の承諾があれば，①自由意思に基づき（同
意能力がその前提として必要とされる），②公序良俗に反せず，③その
承諾の範囲を超えない限り，不法行為の成立が阻却される。不法行
為の成立を阻却させるのに足りなくても，過失相殺の事由になりう
るとされている。

> 危険の引受け・
> 危険への接近

被害者の承諾は権利法益侵害それ自体の承
諾であるが，権利法益侵害の一定の危険性
についての承諾である危険の引受けについ
ても同様に解される。危険の引受けは，本来は，被害者に承諾があ
る場合をいうべきであるが，被害者が自ら危険に接近するという形
で被害発生の一因をなした場合である危険への接近とあまり区別さ
れずに用いられている。いずれについても，被害者の承諾と同様，
不法行為の成立を阻却させるに足りない場合は，過失相殺の事由に
なりうる。

　◆空港騒音と危険への接近　　この問題に関し，最大判昭56・
12・16民集35巻10号1369頁〔大阪空港事件〕は，被害が生命身
体にかかわらず，原因行為に公共性が認められる場合という限定の
下，「危険の存在を認識しながらあえてそれによる被害を容認して

いたようなときは，事情のいかんにより加害者の免責を認めるべき
場合がないとはいえない」としたが，団藤重光裁判官らの反対意見
は，認識だけで免責されるのは，**地域性**と呼ばれる加害状況につい
て一般的な社会的承認が存在する場合に限定されるべきであり，そ
のような状況にないときは，過失相殺による減額にとどめるべきだ
とした。その後，横田基地訴訟控訴審判決（東京高判昭 62・7・15 判
時 1245 号 3 頁）は，地域性による免責と過失相殺による減額とを区
別して後者のみを適用し，上告審判決（最判平 5・2・25 判時 1456 号
53 頁）はこれを是認しており，近時はむしろ大阪空港事件の反対意
見に近い立場へのシフトがみられる（過失相殺すら否定された事例も
みられる〔横浜地判平 14・10・16 判時 1815 号 3 頁（厚木基地第 3 次訴
訟）〕）。

## ⑤ 正 当 行 為

刑法 35 条は，法令または正当な業務による行為を罰しないと規
定する。このような正当行為については，不法行為責任も否定する
のが通説的見解であり，正当な手続による逮捕（刑訴 199 条・213
条），死刑の執行（同 475 条以下）など法令に基づく行為のほか，法
令に規定がないが，医療行為，遊戯・スポーツなどがこれにあたる。

判例も，児童（小学 2 年生）が「鬼ごっこ」中に他の子どもに傷
害を与えた事件において「違法性を阻却すべき事由」（本書の立場で
は不法行為の成立を阻却する事由ないし責任阻却事由となる）があるとし
て，親権者の監督者責任（714 条 1 項）を否定している（最判昭 37・
2・27 民集 16 巻 2 号 407 頁）。これに対し，遊戯（手製の弓矢を使った
戦争ごっこ）中の行為であっても「重大な結果を発生するおそれ」
から「違法性」が認められて親権者の 714 条 1 項の責任が肯定され
た事例もある（最判昭 43・2・9 判時 510 号 38 頁）。

その一方で，判例は，スポーツ事故については，事故回避のため

の注意義務違反の有無で判断したものもあり（最判平7・3・10判時1526号99頁〔スキーヤー同士の接触事故〕），また，医療行為については，患者に意識がない場合は別として，患者の承諾を問題としている（最判平12・2・29民集54巻2号582頁〔エホバの証人輸血事件〕参照）。

したがって，正当行為というだけで直ちに不法行為の成立が阻却されるわけではない。学説の中には，故意の存否，過失における通常の行為義務，被害者の承諾・危険の引受けなどの問題として扱うべきだとする説もある。

### ⑥　自力救済

権利が他人によって侵害された場合に，司法などの国家機関の手によらずに自らの権利の保護を実現することを自力救済という。自力救済は，原則として禁止されるが，通説は，例外的に許容されて，不法行為が成立しない場合を認める。判例も，①「法律に定める手続によつたのでは，権利に対する違法な侵害に対抗して現状を維持することが不可能又は著しく困難であると認められる緊急やむを得ない特別の事情が存する」こと，②「必要の限度を超えない範囲内」であること，という要件の下で例外的に許容・免責される余地を認めている（最判昭40・12・7民集19巻9号2101頁。一般論。本件では免責を否定）。もっとも，正当防衛・緊急避難や過失の判断の中で考慮すれば足りると主張する学説もある。

# *6* 損害・因果関係・賠償範囲・金銭的評価

## ① 概　　観

Case 8-16

Ａは，歩道沿いの建物壁面で作業中のＢが誤って落とした機械に当たって負傷し，搬送されたＣ病院の医療過誤も原因となって死亡した。

　本節で扱う項目は，不法行為の成立要件と効果の両方にまたがるが，それぞれ密接に関連している。近時の不法行為理論では，被害者の損害について，以下の３段階に分けて加害者の賠償責任の判断をするのが一般的である。

　① 加害行為（故意過失ある行為）と損害の発生との間に**事実的因果関係**があるか。

　② その損害が**賠償範囲**内であるか。

　③ その損害の**金銭的評価**（損害額の算定）。

　Case 8-16 におけるＢの賠償責任についてはこうなる（Ｃに関してはここでは立ち入らない）。まず，Ａの死亡という損害の発生（⇒②）を大前提に，Ｂの過失行為がなければＡがＣの医療過誤にあうこともなくＡの死亡という損害が発生することもなかったという「あれなければこれなし」の事実のレベルでの因果関係（事実的因果関係）が認められ（⇒③），①はクリアされる。

　次に，①を満たす損害がすべて無限定に賠償の対象となるわけではなく，②では（①の事実のレベルでの判断とは異なる）規範的な判断で加害者に帰責すべき一定範囲に画される。その判断の基準をどう解するかは議論が分かれているが，Case 8-16 の事例では結論とし

ては，医療過誤が⑦重過失という特別（例外的）なものか⑦通常の
過失かで，Bの賠償すべき範囲が重傷の限度か，死亡まで含まれる
か，が変わると解する立場が多い（⇒④）。

最後に，もし⑦の場合で，死亡までが賠償範囲とされた場合，そ
れを金銭賠償するために金銭的評価の判断が必要となる。被害者
Aの年齢・性別その他の属性によって賠償額が変わりうるのが現
在の裁判実務であるが，人の生命の平等という観点からそのような
算定方法を疑問視する説もある（⇒⑤）。

　◆不法行為の条文との関係　　709条は，「故意又は過失によって
他人の権利又は法律上保護される利益を侵害した者」に対し「これ
によって生じた損害を賠償する責任」を負わせている。上記の文言
上，損害の発生が不法行為責任の要件であることは明らかである。
一方，「よって」という因果関係にかかわる文言が二つあることが，
やや問題となる（前者を責任設定因果関係，後者を責任充足因果関係として
2段階の因果関係を区別する伝統的な議論も今なお有力である）。近時は，
故意・過失ある行為によって（権利法益侵害を介して）発生した損害
という形で，故意・過失ある行為と損害発生との間の事実的因果関
係という一つの因果関係を問題とする議論が多い。709条には債務
不履行における416条のような賠償範囲に関する明文の規定はなく，
解釈基準が分かれているが，事実的因果関係を前提に一定の規範的
な判断で賠償範囲を制限するのが通常である。最後に，722条1項
の金銭賠償の原則に照らし，賠償すべき損害の金銭的評価が必要と
なる。

## ② 損害の発生

Case 8-17

　Aは，不法行為によって負傷し後遺症が残ったが，収入は減少してい
ない。

709条の文言から損害の発生が不法行為の
要件であることが見てとれるが，「損害」
とは何か。その考え方・捉え方によって，
損害が発生しているか，損害発生との因果関係があるか（さらには
後に検討するように損害の金銭的評価の仕方）が変わってくることがあ
る。近時の損害の考え方は，図式的には，差額説と損害事実説の対
立という形で整理しうる。

差額説は，加害行為（権利法益侵害）によって被った不利益を金銭
的な差額として表現したもの（加害行為の前後の具体的な金銭的差額）
を損害と捉える考え方である。これに対し，損害事実説は，加害行
為（権利法益侵害）によって被った不利益として主張された事実（加
害行為による抽象的な不利益な事実）を損害として捉える考え方であ
る。

Case 8-17 について，差額説に立てば，被害者 A に後遺症が残
っても，その不利益が収入の減少という金銭的な差額として現れな
ければ，少なくとも後遺症についての財産的損害は発生していない
ことになる（かつての判例。最判昭 42・11・10 民集 21 巻 9 号 2352 頁参
照）。これに対し，損害事実説に立てば，後遺症という不利益な事
実が損害として認められ，あとは，これをどのように金銭的評価を
するかの問題として扱われることになる。

差額説を基本としてきた判例・伝統的通説に対し，近時の学説は，
損害事実説に立って批判してきた。最近の判例は，差額説だけで全
部を説明できるものではなく，損害事実説に近い考え方を取り入れ
ている（⇒⑤。下記◆因果関係の立証の場面での違いの②も参照）。

なお，損害事実説に立った場合，権利法益侵害と損害が表裏一体
をなし，両者を区別する実際上の意味がないようにもみえる（たと
えば生命の侵害と死亡）。しかし，無価値で廃棄予定の所有物が持ち

去られた場合のように，所有権の侵害はあるが損害は発生していないという場合もあり，理論上も実際上も区別する意味がある。

◆**因果関係の立証の場面での違い**　医療過誤と死亡損害との因果関係の証明については，①医療過誤がなければどの程度の期間延命できたかを立証しなければならない，②医療過誤がなければその時点では死亡しなかったことの立証をすればよく，どの程度の期間延命できたかは損害の金銭的評価の問題に過ぎない（最判平11・2・25民集53巻2号235頁参照），という対立する見解が考えられる。差額説は①，損害事実説は②と結びつきやすいといえる（かつての裁判例は①の立場をとってきたが，上記判例は②の立場をとった）。

◆**規範的損害論**　差額説も損害事実説も，損害発生の要件を基本的に事実認定のレベルで捉える点では共通する。これに対し近時は，損害要件を規範的評価の伴うものと捉える新たな議論が提起されている（たとえば，医師の説明義務違反による重度障害児Aの出生に関し，東京地判平15・4・25判時1832号141頁は，障害児の出生を両親の損害と捉えるべきでないとした。なお，控訴審の東京高判平17・1・27判時1953号132頁は，介護費用等の賠償を認めても，両親の負担を損害とするものであって，Aの出生・生存自体を損害とするものでないとした）。

| 損害と損害項目 |

ここまで主に不法行為の要件としての損害について述べてきたが，不法行為の効果にもかかわる点について，便宜上ここで触れておく。

不法行為の効果としての損害賠償は，損害を適切な形で金銭化することで，不利益（権利法益侵害）を金銭的に回復することが目指される。そのため，差額説が損害を不利益の金銭的な差額として捉えるときも，また，損害事実説が不利益な事実を最終的に金銭的に評価するときも，損害を個別具体的な損害項目ごとに金銭化し，それを積み上げた総額を損害額とする手法が用いられている。

損害の種類が，①財産的損害と②非財産的損害（710条）に大別さ

れることや，財産的損害が，さらに，⑦負傷した場合の治療費のように現実に生じた積極的損害と⑦負傷しなければ得られたはずの収入のような消極的損害（逸失利益）などに分けられているのは，主に損害項目のレベルの話になる。

◆非財産的損害と無形の損害　710条の非財産的損害は，精神的損害（慰謝料）と言い換えられることもある。しかし，判例は，同条のいう「財産以外の損害」には精神的苦痛以外の「無形の損害」が含まれるとして，法人の名誉毀損に対する損害賠償請求を認めている（最判昭39・1・28民集18巻1号136頁）。「無形の損害」には，実質的には財産的損害に相当するものが含まれているが，精神的損害と同様，損害額の算定（金銭的評価）の具体的根拠を主張立証することができないために同条の損害に位置づけられたと理解すべきである。同条の損害については，（財産的損害の主張立証には必要とされる）損害額算定の具体的根拠を示す必要がない，という点に法技術的な意味が認められる。

### ③ 事実的因果関係

事実的因果関係の意義

不法行為責任が認められるためには，故意・過失ある行為と損害との間に因果関係がなければならない。

伝統的通説・判例は，因果関係を相当因果関係（⇒④）と解してきた。これに対し，近時の学説は，相当因果関係概念には，①で述べた①〜③の三つのレベルの問題が混在していると批判し，①事実のレベルの事実的因果関係と，②規範的判断（法解釈）のレベルの賠償範囲の問題（さらには③の損害の金銭的評価の問題）を区別すべきだとする。すなわち，不法行為責任が認められるためには，まず事実のレベルでの因果関係である「あれなければこれなし」の関係（条件関係）を必要とする。比較的明快なこの①に関するテストをま

ずクリアして，②③の順に判断することが，相当因果関係という①
〜③を混在させた形で判断するよりも適切であるからである。

◆「あれなければこれなし」のテストの注意点　　このテストの注
意点として，Aの車にひかれて瀕死の重傷を負った被害者Cがさ
らにBの車にひかれて死亡した場合がある（東京地判平元・11・21判
時1332号96頁参照）。Aにひかれたことで死亡を免れない状況にあ
って，Bにひかれなくてもすぐに死んだはずであるという点に着目
すると，Bの加害行為については「あれなければこれなし」の関係
にないようにもみえる。しかし，Bにひかれたその時点での死亡を
問題とすることで，「あれなければこれなし」の関係を認めること
ができる。

◆「あれなければこれなし」のテストの限界　　このテストは多く
の場面で有用であるが限界もある。たとえば，AとBがそれぞれ
Cに対し致死量の毒を同時に飲ませた場合，Aの加害行為がなくて
もCは死んだ，Bの加害行為がなくてもCは死んだということか
ら，ABの加害行為ともCの死亡との間の事実的因果関係が否定さ
れてしまう。そこで，このような重畳的競合の場合については，
「あれなければこれなし」のテスト結果を例外的に規範的判断によ
って修正する，あるいは，テストの仕方を修正する（因果関係の不
存在の立証のために他の不法行為を援用することを禁止する）のが多数説
である。「あれなければこれなし」という単純な判断を原則としつ
つ，修正を要する例外的な場合には，「あれなければこれなし」の
背後にある自然法則・経験則・蓋然性等による法則性（一定量の毒
を飲めば死に至る）に立ち戻っての判断になるという整理もできよう。
逆にいえば，法則性が確立していない問題については，「あれなけ
ればこれなし」による純粋に事実のレベルでの因果関係の判断は難
しいことになろう（④で述べる交通事故の被害者の自殺のように事実的
因果関係と賠償範囲の問題を峻別することが難しい例外的な類型が残ること
になろう）。

（1）　序　　後述のように現在の判例は，（事実的）因果関係について，経験則に照らし高度の蓋然性をもって立証すれば足りるとする（最判昭50・10・24民集29巻9号1417頁〔東大ルンバール事件〕）。それに先立って，公害に関する下級審裁判例で，民事裁判における因果関係の立証は，厳密な自然科学的なメカニズムの解明を要求するものではなく，経験則に基づく因果関係の推認が認められることが示された。

（2）　新潟水俣病事件　　新潟県阿賀野川流域で発生したメチル水銀による中毒症について，被告企業の廃液によるものか否かの因果関係が争われたものである。同判決（新潟地判昭46・9・29下民集22巻9＝10号別冊1頁）は，本件のような「化学公害事件」において，被害者に因果関係の「科学的解明を要求することは，民事裁判による被害者救済の途を全く閉ざす結果になりかねない」として，以下の判示をした（門前理論ないし門前到達理論と呼ばれる）。

すなわち，因果関係の立証を，①「被害疾患の特性とその原因（病因）物質」，②「原因物質が被害者に到達する経路（汚染経路）」，③「加害企業における原因物質の排出（生成・排出に至るまでのメカニズム）」の3段階に分けた上で，原告側が①②の立証をして「汚染源の追求がいわば企業の門前にまで到達した場合」には，被告企業側が③のないことを立証しない限り因果関係が「事実上推認され」るとした（被害者の症状がメチル水銀によるものだという①の立証，メチル水銀はこの川でとれた魚から人体に入ったものであり，メチル水銀が被告企業の排出口から出たという②の立証が原告側からされたが，〔工場プラントを廃棄した〕被告企業の側は③のないことを立証できず，因果関係が認められた）。

（3）　イタイイタイ病事件　　富山県の神通川流域で発生したイタ

イイタイ病と呼ばれる症状（骨が脆くなり体が痛む）について，被告企業の排出していたカドミウムが原因か否かが争われたものである。同判決（名古屋高金沢支判昭47・8・9判時674号25頁）は，「臨床医学や病理学の側面からの検討のみによっては因果関係の解明が十分達せられない場合においても，疫学を活用していわゆる疫学的因果関係が証明された場合」には，（民事裁判上）因果関係も存在するものと解するのが相当であり，「臨床および病理学による解明によって，右証明がくつがえされないかぎり」，（民事裁判上）因果関係の存在が肯認されるべきであるとした（カドミウムを原因と認めた）。これも経験則に基づく推認といえる。

◆疫学と疫学的因果関係　　疫学とは，ある集団中に発生する疾病等の発生原因を生活環境との関係から考察して予防対策をする学問である。疫学的因果関係とは，生活環境の因子と疾病の発生の関連性を「統計的」に検証することによって，ある因子と疾病との間の集団的因果関係を記述するものである（個別の因果関係や厳密な科学的メカニズムを記述するものではない）。判例（最判昭44・2・6民集23巻2号195頁）が，レントゲン放射と皮膚がん発生の「統計上の因果関係」などで因果関係の存在を認めていることも，経験則に基づく集団的因果関係から個別的因果関係を推認する点で共通の発想といえる。大気汚染地域とそうでない地域での喘息の発生率の違いなどによる疫学的因果関係は大気汚染訴訟でも活用されてきたが，後の最高裁で示された「高度の蓋然性」との関係で立証の仕方に関する議論が続いている。

◆確率的心証論と疫学的因果関係　　確率的心証論とは，たとえば6割程度の確率で因果関係があるという心証を裁判官が得るだけの立証がされれば，6割の限度で賠償を認めようとする議論であるが，被害者救済というだけで原則を修正緩和することに批判が強かった。近時は，①因果関係の立証が十分にできないやむをえない事情がある，②集団的な被害について集団レベルでは一定の確率・割合（た

とえば6割）で因果関係があることが，信頼できる疫学的な統計デー
タ等から，通常の証明度（高度の蓋然性）に達している等の要件
の下，その確率・割合（たとえば6割）の限度で賠償を認める形で
確率的心証論を再評価する議論が有力になっている。

Case 8-18 ───────────────────────────────

　Xは，化膿性髄膜炎のため入院治療を受け，快方に向かっていたが，
炎症が残っていたので，ルンバール（腰椎穿刺による髄液採取・ペニシリン
の髄腔内注入）の治療を続けていた。ルンバールは食事の前後を避けて行
うのが通例であるが，この日，平常とは異なるXの昼食直後にルンバー
ル治療が実施され，嫌がって暴れるXを看護師らが押さえつけて数回穿
刺をやり直した後に治療を終了した。その15分〜20分後，Xは激し
く嘔吐し，その後のけいれん発作により運動障害や知能障害が残った
（裁判では，原因がルンバールのショックによる脳出血か，化膿性髄膜炎に伴うも
のかが主要な争点となった）。

───────────────────────────────

事実的因果関係の立証
（その2）東大ルンバー
ル事件

　上記の下級審裁判例の流れを受け，最高裁
（前掲最判昭50・10・24）は，「訴訟上の因果
関係の立証は，一点の疑義も許されない自
然科学的証明ではなく，経験則に照らして全証拠を総合検討し，特
定の事実が特定の結果発生を招来した関係を是認しうる高度の蓋然
性を証明することであ」るとした。

　Case 8-18のような医療過誤の事件であるが，因果関係の立証一
般に関する判示であり，その後の公害事件の裁判例でも引用されて
判断枠組みに用いられている。

　◆事案の当てはめ　　同判決は，以下の判断をしてルンバールとの
因果関係を認めた。すなわち，①臨床症状によると発作の原因とし
て脳出血が一番可能性がある，②脳波所見によれば異常部位は脳実

質の左部にあると判断される，という①②の間接事実から脳出血が原因であることをまず認めた。さらに，③Xの病状が一貫して軽快しつつある段階において，ルンバール実施後15分〜20分を経て突然発生したものであり，④化膿性髄膜炎の再燃する蓋然性は通常低く，再燃するような特別の事情も認められない，という③④の間接事実から，脳出血がルンバールに起因することを認定し，かつ，化膿性髄膜炎の再燃の可能性を否定して，ルンバールとの因果関係を認定した。

---

事実的因果関係の立証
（その3）その後の展開

患者のがんを見落とした点に医師の過失が認められるが，もしがんを発見したとしても，患者がどの程度延命できたかが明確でない事案において，原審は死亡との因果関係を否定したが，最高裁（最判平11・2・25民集53巻2号235頁）は，死亡との因果関係を認めた。すなわち，①「医師が注意義務を尽くして診療行為を行っていたならば患者がその死亡の時点においてなお生存していたであろうことを是認し得る高度の蓋然性が証明されれば，医師の右不作為と患者の死亡との間の因果関係は肯定される」，②患者がどの程度延命できたかは「得べかりし利益その他の損害の額の算定」で考慮される問題に過ぎない，とした。

　この判決は，東大ルンバール事件判決の判示が不作為の医療過誤にも妥当することを前提に，死亡という損害について（その時点で生存しえた患者の）その時点での死亡を問題とする（因果関係の終点とする）ことで，医師の過失と患者の死亡との因果関係を認めたものである。

　それまでは，医師の過失がなければ相当長期間延命できたことが立証されない限りは，患者の死亡との間の因果関係が認められなかった（一部の下級審裁判例が「延命利益」侵害ないし「適切な治療を受け

る期待利益」侵害を理由とする慰謝料を認めるにとどまっていた）。本判決が出たことで，どの程度延命できたかの立証ができなくても，《その時点では死亡しなかった高度の蓋然性》が立証できれば死亡との因果関係が認められることになり，死亡との因果関係の立証の負担が緩和されることになった。

◆**関連する権利法益上の問題**　では，患者がその死亡の時点においてなお生存していた高度の蓋然性までは立証できず，20％の生存可能性しか立証できなかった場合はどうか。死亡との因果関係は認められないが，判例は，**相当程度の生存可能性**という新たな法益の侵害との間の因果関係を認める（慰謝料を認める）ことで，一定の救済をしている（最判平12・9・22民集54巻7号2574頁⇒*4* ⑦）。重大な後遺症との因果関係が立証できなくても，重大な後遺症が残らなかった相当程度の可能性が立証された場合も同様の救済をしている（最判平15・11・11民集57巻10号1466頁）。因果関係の立証を被侵害利益の解釈操作で実質上緩和している点が興味深い。

◆**不作為不法行為の因果関係**　不作為不法行為（⇒*2* ②◆不作為による不法行為）は，作為義務を積極的に確定する必要があり，作為義務に関する法的判断をしてから，これを起点とする因果関係の判断をする点に特色があるとされてきた。もっとも，作為不法行為も，因果関係の判断の起点とする行為の選択に際し，故意過失に関する法的判断が無意識にせよ先行するので，違いは相対的といえる。他方，作為不法行為は，外界に積極的な作用を及ぼすので，その現実的な波及を経験則に照らしながら検証して因果関係を認定しうるのに対し，不作為不法行為は，このような形で認定することが困難であるが，近時の学説はこの点も決定的な相違とはいえないとする。

## ④　損害賠償の範囲

Case 8-19

**❶** Ａは，歩道を高速走行してきたＢの自転車と衝突・転倒し，頭部を

負傷して搬送された C 病院の医療過誤も原因となって死亡した。

**2** D は E を加害者とする交通事故で重傷を負い，ウィーン留学に向かう途上の D の娘をいったん帰国させて看病にあたらせ，その往復旅費を支出することを余儀なくされた。

**3** F 会社は，数人いる社員の 1 人 G が H を加害者とする交通事故で負傷したため，G が営業を担当していた地域での営業ができず，営業損害を被った。

---

「損害賠償の範囲」の問題

　加害行為と事実的因果関係がある損害は，Case 8-19 **1**〜**3** で負傷から連鎖していったように，無限定に拡大しうる（事故で腕を骨折して入院中に火災で死亡するという偶発的な場合もある）。① で述べたように，事実的因果関係のある損害が拡がる中で，どの範囲までを加害者の責任として賠償の対象とすべきかという規範的判断をするのが「損害賠償の範囲」（賠償範囲）の問題である。

　何を「損害賠償の範囲」の問題として位置づけるかについては，709 条の一般不法行為の理論構成に関連して，さまざまに見解が分かれている（後述）。判例は Case 8-19 の **1**〜**3** すべてを相当因果関係が認められる損害かどうかという規範的判断の問題として同じ位置づけをしている。本書も，事実的因果関係のある損害の中から賠償対象とすべき範囲を規範的に判断する問題として，**1**〜**3** をすべて「損害賠償の範囲」の問題として位置づけることにする（ただし，**3** のように別主体に損害が拡大した場合の間接被害者の問題は，損害賠償請求権の主体の問題に位置づける学説が多いことや分かりやすさから，便宜上，*9* ① で説明する）。

民法制定に際し，起草者は，債務不履行については416条という賠償範囲の基準を規定したが，不法行為については（債務不履行と違って「千態万状」の有様で生じることを理由に）そのような基準を規定しなかった。

そこで，明治期の学説は，ドイツ法を参考に「相当因果関係」（条件関係＋同一の条件の下で同種の結果を生ずることが一般的ないし通常である関係）で判断するようになった。さらに，416条を相当因果関係が規定されたものとしてこれと同視し，不法行為の賠償範囲を「相当因果関係＝416条」で判断する説が（伝統的）通説を形成していった。

大審院も，従前の判例（416条の類推適用によらない）を変更し，416条は相当因果関係を明らかにしたもので，独り債務不履行のみに限定されるべきではなく，不法行為にも同条を類推すべきものとした（大連判大15・5・22民集5巻386頁〔富喜丸事件判決〕）。この立場は，戦後も今日まで判例において基本的に維持されている。

◆相当因果関係と416条　　相当因果関係＝416条説は，加害行為から通常発生する損害（通常損害。同条1項参照），または，加害者に予見可能な特別事情による損害（特別損害。2017〔平成29〕年債権法改正前の同条2項参照）を賠償範囲とする。同条2項は，債権法改正前の「予見し，又は予見することができた」から，「予見すべきであった」という規範的な文言に修正されたが，不法行為の賠償範囲に関する従前の議論は基本的に維持されると解されている。なお，伝統的通説は，416条2項の「予見」の主体を「債務者」と解することから「加害者」に類推適用するものである。これに対し，後述する批判説は，416条の沿革から「予見」の主体を「両当事者」と解することからも，不法行為への適用を問題視する。

この相当因果関係＝416条説に対し，[1]で述べたような，①事実的因果関係，②保護範囲（賠償範囲），③金銭的評価の三つの問題について明確に区別せずに相当因果関係の問題として扱っている点を批判し，この三つの問題を理論的に区別すること（3分法）を提唱する説が主張された（たとえば，前記の富喜丸事件判決では，滅失した中古船の市場価格が高騰後に下落した場合の損害額算定も相当因果関係の問題としたが，損害額の算定基準時という③の金銭的評価の問題〔⇒[5]〕として，②の賠償範囲の問題と明確に区別すべきことになる）。上記①②の区別については一部相対化する見解もみられる（⇒◆事実的因果関係と賠償範囲の区別の相対化）が，この主張は現在の学説で広く支持されている。

上記の批判説の提唱者は，損害賠償の基本として責任原因と賠償範囲とをリンクさせた制限賠償主義の考え方に立って，過失不法行為については，過失の判断基準としての行為義務（予見可能性を前提とした損害回避義務）が及ぶ範囲（義務射程）内の損害を賠償すべきものとした（故意不法行為については，異常な事態の介入による損害以外の全部の損害を賠償）。上記の批判説の3分法とは対照的に，批判説の提唱者が主張した**義務射程説**については必ずしも多くの支持を集めず，賠償範囲に関する議論が分かれている。

◆**義務射程説への疑問**　義務射程説に対しては，㋐制限賠償主義に立つからといって，必ずしも責任原因（過失の判断基準）と賠償範囲とを結合させる必要はなく，別の基準を求めうること，㋑かえって，過失要件の負担過重を来すこと，㋒事前の視点からの行為規範を踏まえた過失判断と事後的な視点に立った賠償範囲の判断は本来性質を異にするもので，Case 8-19 **1**などの後続侵害について問題

が顕在化することなどの疑問が指摘できる。

　近時の学説では，第1次侵害と後続侵害とを分け（Case 8-19 **1**では事故による「負傷」と入院先の医療過誤による「死亡」），第1次侵害については義務射程説のような行為義務規範の保護範囲内かどうかで判断し，後続侵害については㋐第1次侵害による「特別に高められた危険の実現」か（賠償範囲内），㋑「一般生活上の危険の実現」か（賠償範囲外）を基準に判断する危険性関連説を基本とする学説がやや増えている。Case 8-19 **1**では，医療過誤が通常の過失によるものであれば㋐となる（重過失の場合は責任が中断される）が，腕の骨折で入院中に火災で死亡した場合は㋑となる。

　もっとも，相当因果関係＝416条説に立って，医療過誤という特別事情が予見すべきもの（通常の過失）か否（重過失）かで判断しても結論は変わらず，賠償範囲に関する議論が分かれる中，判断基準としての有用性を再評価する学説も有力である。

◆「損害賠償の範囲」の問題の位置づけと学説　　本書は前述のようにCase 8-19 **1**～**3**のいずれも「損害賠償の範囲」の問題に位置づけているが，一般不法行為の理論構成によってこの点の立場を異にする学説も有力である。たとえば，Case 8-19 **1**の「負傷」や「死亡」のような権利利益と表裏一体の最上位の「損害」のみを「損害賠償の範囲」の問題対象とし（義務射程や危険性関連で判断），Case 8-19 **2**のような，より具体的な「損害項目」が賠償の対象となるかを金銭的評価の問題に位置づける立場もある。一方，Case 8-19 **1**の「負傷」の後の「死亡」のような最上位の「損害」が賠償の対象となるかについては「責任範囲」の問題とし（危険性関連で判断），Case 8-19 **2**のような「損害項目」が賠償の対象となるかを「損害賠償の範囲」の問題として区別する学説も有力である（後者については別の基準として，積極損害の損害項目〔たとえばCase 8-19 **2**の支出〕は「必要性（不可避性）」，消極損害の損害項目〔逸失利益〕は「確実性」で判断する）。

Case 8-20

**❶** Aは，東京への事業進出のための資金融資の担保に予定していた不動産に対し，Bが不当な仮処分をしたことで，事業進出が遅れ，逸失利益等の損害を被った。

**❷** 自転車走行中Cは，約20 m暴走してきた自動車に衝突され負傷したが，自動車の暴走は，急に右折したD運転のバイクを避けきれず接触して誘発されたものであった。

**❸** Eは，Fの一方的な過失による交通事故であまり重くない後遺症を負ったが，補償交渉が進まないことから災害神経症となり，うつ病に発展して自殺に至った。

---

判例の具体例

判例は，相当因果関係＝416条説を基本としつつも，（特別事情という文言を用いずに）結果を予見の対象とするものや，416条の枠組みを用いずに単に相当因果関係だけで判断するものもみられる。

（1） **416条の枠組みに忠実なもの** 特別事情の予見可能性（416条2項）を否定した最高裁判決として，Case 8-20 **❶** と同様の事例について，「Aの主張する財産および精神上の損害は，すべて，Bの本件仮処分の執行によつて通常生ずべき損害にあたらず，特別の事情によつて生じたものと解すべきであり，そして，Bにおいて，本件仮処分の申請およびその執行の当時，右事情の存在を予見しまたは予見することを得べかりし状況にあつたものとは認められない」とした原審判断を是認したものがある（最判昭48・6・7民集27巻6号681頁）。

一方，通常損害（416条1項）を肯定した最高裁判決として，Case 8-19 **❷** と同様の事例について，「被害者の傷害の程度，当該近親者が看護に当たることの必要性等の諸般の事情からみて社会通

念上相当であり」，被害者が近親者に対し旅費を返還ないし償還すべきものと認められるときは，往復に通常利用される交通機関の普通運賃の限度内においては，「当該不法行為により通常生ずべき損害に該当」し，「国際交流が発達した今日」，近親者が外国にいる場合にも妥当するとしたものがある（最判昭49・4・25民集28巻3号447頁）。また，不動産に対する不当な仮差押えを受けたために仮差押解放金の供託を余儀なくされた事例で，借入金に対する通常予測しうる範囲内の利息および自己資金に対する法定利率の割合に相当する金員についても，不法行為により「通常生ずべき損害に当たる」とする（最判平8・5・28民集50巻6号1301頁）。

　(2)　結果の予見可能性を問題とするもの　　結果の予見可能性を肯定した最高裁判決として，Case 8-20 **2**と同様の事例で，自動車が他車との接触等で暴走を誘発され，第三者に損害を与えることがしばしばあることは，バイク等を運転する者にとって容易に認識しうるものであって，自動車とCの自転車との本件衝突は，バイクを運転する者の「予見可能の範囲内にある」として，Dの急な右折行為と本件衝突との間に「相当因果関係がある」としたものがある（最判昭48・4・20判時707号49頁）。

　これに対し，結果の予見可能性を否定した最高裁判決として，高校教師から体罰を受けた生徒の自殺について，「懲戒行為によつて自殺を決意することを予見することは困難な状況にあつた」として懲戒行為と自殺との間に「相当因果関係がない」とした原審判断を是認したものがある（最判昭52・10・25判タ355号260頁）。ただし，近時の下級審裁判例では，体罰と自殺との相当因果関係が肯定される事例が増えている（東京地判平28・2・24判時2320号71頁など）。

　(3)　単に相当因果関係の有無を問題とするもの　　「通常」性や「予見」可能性を問題とせずに相当因果関係を肯定した最高裁判決とし

て，Case 8-20 **3** と同様の事例について，「自らに責任のない事故で傷害を受けた場合には災害神経症状態を経てうつ病に発展しやすく，うつ病にり患した者の自殺率は全人口の自殺率と比較してはるかに高い」ことなどから，事故と自殺との間に「相当因果関係がある」とした原審判断を是認したものがある（最判平 5・9・9 判時 1477 号 42 頁。ただし，自殺について心因的要因も寄与しているとして 8 割減額）。

　◆事実的因果関係と賠償範囲の区別の相対化　　上記判決は，交通事故と自殺との《関連性》を《事後的・回顧的に評価》して自殺を交通事故に《帰責》したものといえる。近時の学説には，このような判断事例を念頭に，事実のレベルの因果関係と規範的判断の賠償範囲を必ずしも峻別できない類型もあるとして，この区別を一部相対化する動きもある。「あれなければこれなし」のテストの限界（⇒③）で触れたように，因果法則性が明確に確立していない事案類型もあり，そこでは因果関係の問題を純粋に事実の問題として切り離して判断することは難しく，規範的判断としての賠償範囲の帰責判断と一体的に判断することになる。

## ⑤　損害の金銭的評価

Case 8-21 ─────────────────────────────

**1**　Aは，交通事故で後遺症が残ったが，研究所勤務であるので，さしあたり収入には影響がなかった。

**2**　Bは，交通事故で労働能力の一部を喪失し，損害賠償請求訴訟の途中，リハビリのために海岸で貝採りをしていて事故死した。

**3**　CはD病院の過失でがんの発見が遅れて死亡したが，適切に発見されたとしても，どの程度延命できたかが不明である。

**4**　不法残留外国人であるEは，不法行為で後遺症が残ったため，日本

での就労を前提とした逸失利益の請求をした。

---

| はじめに |

「損害の金銭的評価」（損害額の算定）の問題は，損害賠償の範囲とされた損害や損害項目を金銭賠償の原則（722条1項）に則り金銭に評価するものであり，賠償範囲とされた損害を金銭賠償による損害塡補を通じて「不法行為がなかったときの状態に回復させる」（最判平9・7・11民集51巻6号2573頁参照）ことをめざすものである。

| 差額説・損害事実説と判例 |

②③でも簡単に触れたように，差額説や損害事実説といった損害の捉え方の違いによって，損害の発生の有無や，損害発生との因果関係の立証の仕方（因果関係の終点）とともに，「損害の金銭的評価」の仕方も変わりうる。判例は差額説を基本としてきたが，損害事実説が学説で広く支持されるに伴って，判例にも損害事実説寄りの判断がみられるようになった。

（1）労働能力喪失と判例　判例は，収入減という金銭的な差額ではなく，労働能力喪失を損害として損害事実説寄りの判断をしている。

Case 8-21 ❶と同様の事例について，仮に「後遺症のために身体的機能の一部を喪失したこと自体を損害と観念することができるとしても」，その後遺症が比較的軽微であって，現在または将来における収入の減少が認められない場合には，労働能力を一部喪失したことによる財産上の損害は，原則として認められないが，①収入の減少がないことが特別の努力に基づく場合，②昇給・昇任・転職等に際して不利益な取扱いを受けるおそれがある場合など，「特段の事情」があるときは，財産上の損害を認める余地があるとした（最判昭56・12・22民集35巻9号1350頁）。結論的には差額説に立って請

求を否定したが，上記「特段の事情」があれば，現に収入の減少がなくても労働能力喪失による財産上の損害を認める余地を認めたものである。

　さらに，Case 8-21 **2** と同様の事例について，「労働能力の一部喪失による損害は，交通事故の時に一定の内容のものとして発生しているのであるから，交通事故の後に生じた事由によってその内容に消長を来すものではな」いとして，「特段の事情」（交通事故時に，その死亡原因となる具体的事由が存在し，近い将来の死亡が客観的に予測されていた等）がない限り，事故後に死亡した事実は就労可能期間の認定上考慮されないとした（最判平 8・4・25 民集 50 巻 5 号 1221 頁。最判平 8・5・31 民集 50 巻 6 号 1323 頁も，別の不法行為で死亡した事例について同様の判断をしている）。差額説の発想に立つと，後遺症による収入減による損害は，月日の経過で徐々に金銭的差額として現実化していくので，別原因で死亡した時点までの分だけに逸失利益が限定される（切断説）という原審判断に結びつきやすい。これに対し，上記判決は，《事故時に損害が一定の内容のものとして発生している》という（損害事実説寄りの）考え方に立つことで，事故後の死亡を原則として考慮しない帰結（継続説）を導いた。ただし，死亡後の介護費用については，上記の考え方は「法的な擬制」であって，「衡平性の裏付けが欠ける場合」まで妥当するものではないとして，この場面では切断説をとっている（最判平 11・12・20 民集 53 巻 9 号 2038 頁）。

　(2)　因果関係の終点としての損害と判例　　**2** **3** でも触れた判例（最判平 11・2・25 民集 53 巻 2 号 235 頁）は，Case 8-21 **3** と同様の事例で，Ｄの医療過誤がなければその時点ではＣが死亡しなかった高度の蓋然性を立証すれば足り，どの程度の期間Ｃが延命できたかは損害額の算定（損害の金銭的評価）の問題に過ぎないとした。差

額説をとると，具体的な金銭的差額との因果関係が問題とされて，このような事例では，医療過誤と死亡との因果関係は立証できないことになる。これに対し，因果関係の終点としての損害について，生存しえたのにその時点で死亡したことという損害事実説寄りの判断をすることで，死亡との因果関係を認めたものであり，延命期間が不明であっても，少なくとも死亡による慰謝料が算定されることになる。

（3）　損害額算定の規範的判断と判例　　差額説に立つと，金銭的差額が損害であり，その金額が損害額となる。富喜丸事件判決のような価格変動に伴って相当因果関係が問題とされる場面は別として，損害額の算定は，損害の確定と同様に，基本的に事実認定の問題であって，裁判官による創造的規範的な判断が排除されることになる。これに対し，損害事実説では，金額の算定は「不利益を構成する事実」を金銭化する「評価」の問題であり，裁判官による創造的規範的な判断が求められることになる。

Case 8-21 **4** と同様の事例について，判例は，「来日目的，事故の時点における本人の意思，在留資格の有無，在留資格の内容，在留期間，在留期間更新の実績及び蓋然性，就労資格の有無，就労の態様等の事実的及び規範的な諸要素」を考慮して認定するのが相当であるとし，不法就労であるという規範的要素を考慮して，収入の多い日本における就労可能期間を通常の蓋然性判断で導かれる期間よりも短く認定している（最判平9・1・28民集51巻1号78頁）。損害額の算定は，必ずしも事実問題としてもっぱら客観的な蓋然性に基づく判断がなされているわけではなく，一部に規範的な見地からの修正もなされている点で，損害事実説寄りの判断といえる。

人身の侵害

（1）　人身損害と個別損害項目積上げ方式
**2** の<u>損害と損害項目</u>）で述べたように，損

害を適切に金銭的に評価して回復するために，損害を個別具体的な損害項目ごとに金銭化し，それを積み上げた総額を損害額とする個別損害項目積上げ方式がとられている（差額説を基本とする裁判実務で定着し，損害事実説の論者の多くも金銭的評価のプロセスではこれを支持している）。

　人身損害は，①財産的損害と②非財産的損害（精神的損害）に大別されるが，①はかなり細分化された損害項目で算定される。たとえば，負傷による財産的損害については，⑦積極的損害（医療費・通院交通費等）と⑦消極的損害（逸失利益〔休業損害・労働能力喪失等の逸失利益〕）を構成する損害項目ごとの金額を計算して積み上げていくことになる。

　一方，②については，死亡慰謝料，負傷の場合の⑦入通院慰謝料・⑦後遺障害慰謝料とも，裁判官の広い裁量の下，諸般の事情を考慮して算定されるのが原則である。そこから，財産的損害が立証困難などの事情で十分な賠償ができないときに，慰謝料で調整することが行われてきた（慰謝料の補完的機能ないし調整機能）。近時は，損害額の認定が困難な場合に対応した民事訴訟法 248 条が規定される一方，慰謝料について，交通事故に限らず，類型ごとにある程度定型的な算定がされる傾向にある。

　◆将来の治療費の確率的算定　　負傷のように比較的早期に症状が固定する場合に対し，C型肝炎感染のように相当期間経過後でないと症状が確定しない場合の治療費等の算定は困難である。そこで，一定の確率で慢性肝炎，さらには肝硬変や肝細胞がんに進展することが統計上明らかなことに着目して，「損害を基礎付ける事実関係をもとに，将来予測される転帰ごとに抽象的に損害額を算出し，その発生確率を掛け合わせたものの総和を計算するという期待値計算的思考方法に立って」，治療検査費や一定の慰謝料を算定した裁判例（東京地判平 19・3・23 判時 1975 号 2 頁）もみられ，注目される。

(2) 死亡・労働能力の喪失による逸失利益　　死亡や労働能力喪失による逸失利益は，統計等による蓋然性に基づいて，将来得たであろう利益を算定したものである。

就労者の死亡による逸失利益については，被害者の死亡当時の収入を基準に，就労可能年数（通常は 67 歳まで。年長者については平均余命の 2 分の 1 程度）を乗じて総収入を算出し，被害者が生活費として消費した割合（男性なら 40%〜50% 程度，女性なら 30%〜40% 程度）を控除（生活費控除）した上で，さらに，一時金で前払いすることによって生ずる運用利益を中間利息として控除して算出している。これに対し，負傷等で後遺障害が残った場合の逸失利益については，上記の総収入に労働能力喪失割合が乗じられる一方，生活費の控除はされない。

未就労の男子年少者については男性の平均賃金が算定の基礎になるが，女子年少者については，後述のように女性の平均賃金によるか男女を併せたものにするかの議論がある。

◆中間利息の控除　　2017（平成 29）年の債権法改正で，722 条 1 項は，債務不履行による損害賠償に関する 417 条の 2 を不法行為に準用し，将来の逸失利益（同条 1 項参照）や将来の介護費用（同条 2 項参照）などを一時金で賠償する場合に，中間利息を民事法定利率で控除することを明文化した。また，民事法定利率の変動制採用（404 条）に連動して，中間利息控除の利率も変動することになった。404 条 2 項・3 項により，改正法施行時の法定利率は年 3% とされ，その後 3 年ごとに変動し，「その損害賠償の請求権が生じた時点」（417 条の 2 第 1 項）の利率による。低金利の時代になお高い利率での控除には妥当性の問題が残るが，年 5% からの改正に際して法的安定性の要請もあって年 3% からの変動制になった。債権法改正の前後を通じて複利計算（ライプニッツ方式という）による控除がされるのが一般的である。

◆女子年少者の逸失利益　　男女の賃金格差は逸失利益の男女間格差ももたらす。この格差を縮小する意味からも，女性の生活費控除の割合は少なくされているが，それでもかなりの額の男女間格差が残る。とりわけ，将来の多様な就労可能性を有する女子年少者が死亡した場合に女性の平均賃金を用いることが問題とされてきた。一部の高裁判決には，「他の属性をすべて無視して，統計的数値の得られやすい性別という属性のみを採り上げること」は，「性別による合理的な理由のない差別であ」り，「性別以外の属性は無視せざるを得ないというのであれば，性別という属性も無視すべき筋合いである」として，男女を併せた全労働者の平均賃金による算定をしたものもあった（東京高判平 13・8・20 判時 1757 号 38 頁。算定における規範的判断がみてとれる）。最高裁は，高裁レベルで判断が分かれた状態を統一しなかった（最決平 14・7・9 交民 35 巻 4 号 917 頁，最決平 14・7・9 交民 35 巻 4 号 921 頁）が，近時，東京・大阪・名古屋の各地裁は，男女を併せた全労働者の平均賃金による算定をすることで見解の統一を図った。最近の裁判実務はこの見解でほぼ固まったとされるが，弥縫策を重ねているともいえ，男子年少者との整合性など理論的な課題が残されている。

(3)　西原理論（死傷損害説）　　西原理論（死傷損害説）は，死亡や負傷という本質的には金銭に換算できないものをあえて金銭評価する以上，人間の平等や個人の尊厳という憲法的価値に照らし，収入の多寡にかかわらず一定額を平等に与えるべきだとする考え方である（死亡や負傷それ自体を損害と捉える点では損害事実説に分類できるが，収入を基礎としない算定の点で損害事実説の提唱者を含めた多くの論者と決定的に異なる）。この問題提起は大きな反響を呼んだが，その後の論者も含めて損害額算定の説得的な基準が示されないなどの問題点から，これを全面的に支持する学説は少なく，裁判実務でも採用されていない。しかし，障害者の逸失利益を不当に低く計算する裁判実務の行き過ぎを咎める理論としては一定の意義を有している。

◆**障害者の逸失利益**　　養護学校高等部の生徒の死亡事故に関する裁判例（東京高判平6・11・29判時1516号78頁）は，地域作業所で働く蓋然性が高いとして，そこの平均年収約7万円を基礎に逸失利益約120万円（本人・両親の慰謝料は合計2500万円）と算定した原審に対し，①余りにも生命の価値をはかる基礎としては低く，②将来の発展可能性も考慮し，③人間の尊厳を尊重する精神の下，④ある程度抽象化・平均化された生命の価値を算出するなかで，県下の最低賃金を基礎に約1800万円の逸失利益を認めた（最低賃金を基礎とした青森地判平21・12・25判時2074号113頁も参照）。損害の金銭的評価について，年収約7万円という客観的な蓋然性に基づく具体的損害計算によることで不当に低い算定となる問題を，規範的な見地から修正した①③の点に西原理論の影響がみられる。

◆**抽象的損害計算による権利保障**　　損害額は基本的には被害者の個別具体的な事情に基づいて算定されるが，当該事情によっては不当に低い損害額となって不法行為制度による権利保障が十分に図れないことがある。そこで有力説や一部の裁判例は，そのような場合により抽象化された形で損害額の算定をすることで権利保障を図ろうとしている（上記の障害者の逸失利益に関する裁判例の④のほか，後述する使用していない土地の不法占有の問題を参照）。

(4)　**一律請求・包括請求**　　公害等の集団訴訟では，原告団の結束や，算定の手間を省くために，原告ごとの個別損害項目積上げ方式をとらないことが一般的である。①類型別一律請求は，財産的損害と精神的損害とを一括して症状等のランクに応じて請求するものである。新潟水俣病訴訟（新潟地判昭46・9・29下民集22巻9＝10号別冊1頁）は，原告の請求を慰謝料のみの請求であると捉えつつ，慰謝料の算定要素の中で逸失利益に関する要素を考慮した。②包括請求は，被害者やその家族に生じた社会的・経済的・精神的な損害を包括する「総体としての損害」を請求するものである。西淀川大気汚染第1次訴訟（大阪地判平3・3・29判時1383号22頁）は，⑦精

神的損害と財産的損害を含めたものを「包括慰謝料」として一律請求することは一応認めつつも，①裁判所はこれに拘束されず個別事情を考慮して算定しうるとした（①②とも慰謝料の補完的機能に基づくものといえる）。

　学説では，②に対し，「包括的損害把握」という面では支持しつつ，「包括請求方式」という面では疑問視する見解が有力である。近時の福島原発事故の損害論に関しては，被害者の「包括的な生活利益」に着目した議論が展開されている。

╭─────────────╮
│ その他の人格的利益の │
│ 侵害 │
╰─────────────╯
名誉・プライバシーの侵害は，人身侵害とは対照的に，非財産的損害（精神的損害）のみについて賠償の算定がされるのが原則である。名誉・プライバシーの侵害による慰謝料は，以前はかなり低額で，売上げ増になった週刊誌等が賠償しても儲かる「侵害し得」の状態にあった。そこで2000年頃から裁判官を中心に算定基準の高額化・定型化の議論がされ，近時は数百万円の慰謝料が認められることもある。

　信用毀損については，財産的損害（逸失利益）が問題となりうるが，因果関係ある損害や損害額の立証が難しいことから，非財産的損害（710条）としての無形損害の賠償がされることが多い。前述（⇒②◆非財産的損害と無形の損害）のように，非財産的損害は，原告側が算定の根拠を具体的に立証する必要はなく，裁判官の広い裁量の下で算定がなされるからである。

╭─────────────╮
│ 財産的利益の侵害 │
│ （その1）物の滅失 │
╰─────────────╯
物の滅失で所有権が侵害された場合，㋐交換価格（市場価格）のほか，例外的に，㋑使用利益，㋒転売利益，㋓慰謝料なども問題となる。

　(1)　交換価格・転売利益　　富喜丸事件判決（大連判大15・5・22

民集 5 巻 386 頁）に始まる判例の立場は，①原則として滅失時の交換価格（⑦）による（最判昭 32・1・31 民集 11 巻 1 号 170 頁も参照）が，例外として②その後の高騰した市場価格で被害者が転売等による利益（⑦）を確実に取得できたという特別事情があること，および，それを加害者が不法行為時に予見できたことを，被害者が立証できた場合は，高騰時の価格によるものとする（最判昭 39・6・23 民集 18 巻 5 号 842 頁も参照）。

◆学説の立場　　市場価格が（高騰後に下落するなど）変動した場合の損害額の算定の基準時の問題（中間最高価格の問題）も相当因果関係＝416 条の問題として扱うことには，前述のように学説上批判が強い（⇒④）。しかし，口頭弁論終結時を原則とする説，原状回復に近い形で金銭賠償がされるように基準時を定める説，好機に転売できた蓋然性を問題とする説など，基準に関する学説は分かれて混迷している。

◆帰還困難区域の土地家屋の損害（全損）　　原子力損害賠償紛争審査会による福島原発事故賠償の中間指針第 4 次追補（2013〔平成 25〕年 12 月）では，上記の賠償について，市場価格にとどまらず，再取得価格をも考慮した算定基準が示された。損害賠償制度は，金銭賠償による原状回復を目的とするものであり（最判平 9・7・11 民集 51 巻 6 号 2573 頁），中古車など《市場が確立して代替性の高い性質》を有する場合には，市場価格（交換価値）による賠償で上記目的が達成できるのに対し，帰還困難区域の居住用不動産など上記の性質を有しない場合には，再取得価格を考慮した賠償でなければ達成できないからである（店舗備え付けの中古品の陳列ケース等の破損について再取得費用を考慮した東京高判昭 29・7・10 下民集 5 巻 7 号 1060 頁参照）。

(2)　使用利益　　富喜丸事件判決は，①物の交換価格（⑦）が使用利益（④）を包含し④の賠償を認めないのが原則であるが，例外として，②被害者が特別の使用収益をなしえたことを，加害者が不

法行為当時予見できた場合は，④の賠償を認めるものとする。

(3) 慰謝料　伝統的通説は，富喜丸事件判決の延長で，物の滅失により精神的損害が発生する特別事情につき加害者に予見可能性がある場合にのみ慰謝料（㊀）を認める。しかし，最高裁判決には，家屋が修理不能な損傷を被った事例で（予見可能性を特に問題とせず）「財産以外に別途に賠償に値する精神上の損害を受けた事実がある以上」，慰謝料支払の義務を負うことは710条によって明らかであるとしたものがある（最判昭35・3・10民集14巻3号389頁）。

上記の事例は，家屋の「所有権の侵害」に必然的に伴う形で，「平穏生活利益」という別の法益も侵害されたものとして慰謝料が認められたとみることもできよう。これに対し，ペットの死亡については，「交換価格」の喪失だけでなく，ペットに対する「愛着の喪失」についても，金銭賠償による原状回復の対象として慰謝料が認められると考えられる。

財産的利益の侵害
（その2）物の損傷

修理不能な損傷は滅失に準ずる。判例（最判昭49・4・15民集28巻3号385頁）は，自動車につき，①「物理的又は経済的に修理不能」な場合のほか，②フレーム等車体の本質的構造部分の重大な損傷により「買替えをすることが社会通念上相当」な場合にも，事故時の取引価格と（スクラップなど残存価値の）売却価格の差額を相当因果関係ある損害として請求できるとする。

一方，修理可能な損傷については，㋐修理代のほか，㋑代替物を借りる費用や，㋒休業損害が認められる場合もある（最判昭33・7・17民集12巻12号1751頁は，貨物自動車の使用不能による休業損害を通常損害とする）。ただし，修理代が高額で価値の低下以上に費用がかかるときは交換価値の差額による賠償がされる。

　土地などの物の不法占有については，その物の使用料相当額による。賃貸借契約終了後の不法占有について，従前の賃料による損害賠償を認めるのが判例であり（大連判大7・5・18民録24輯976頁），裁判例では取り壊し予定の建物でも同様に認められている（東京高判昭62・6・29判タ658号135頁）。賃貸や自己使用などの形で利用されていなかった土地の不法占有についても使用料相当額の賠償が認められよう（損害事実説の考え方のほか，抽象的損害計算による権利保障の考え方〔⇒人身の侵害〕(3)〕からも認められよう）。

その他の経済的損害　有価証券報告書等に虚偽記載がされた株式を取得した株主が株価下落による損害を被った事件で，西武鉄道事件判決（最判平23・9・13民集65巻6号2511頁）は，上記の株式を取得したこと自体を《損害の発生》の問題とするかのような判示をして，損害事実説寄りの立場をみせる一方，《損害額の算定》の場面では，「虚偽記載と相当因果関係のある損害の額」について虚偽記載に起因する差額の計算をして，富喜丸事件判決（前掲大連判大15・5・22）と同じく，相当因果関係のある金銭的な差額によって損害額の算定をしている。

　すなわち，①⑦当該株を処分した場合には，取得価額と処分価額との「差額」を，④当該株を保有している場合には，取得価額と事実審口頭弁論終結時の市場価額または非上場株式としての評価額との「差額」を，それぞれ算定の基礎とした上で，②虚偽記載と無関係な要因による価額下落については，「相当因果関係」がないものとして上記差額から控除する一方，③狼狽売りの集中による過剰な下落については，通常予想される事態であって，「相当因果関係」がない損害として控除することはできないとした。

| 弁護士費用 | 不法行為の被害者が加害者に対する権利行使のために訴え提起を余儀なくされた場合 |

には，弁護士費用も損害として請求することができる。「事案の難易，請求額，認容された額その他諸般の事情を斟酌して相当と認められる額の範囲内のもの」が賠償され（最判昭44・2・27民集23巻2号441頁），認容額の10％程度とされる裁判例が多い。

債務不履行についても，労働契約上の安全配慮義務違反の場合に弁護士費用を認めた最高裁判決がある（最判平24・2・24判時2144号89頁）。主張立証すべき事実が不法行為の場合と同じであることを理由としており，医療過誤の債務不履行構成についても同様に解されよう。

# *7* 損害額の減額・調整

## ① 序

賠償範囲とされた損害が金銭的に評価されたその額がそのまま賠償額になることもある。しかし，①被害者の過失も原因となって損害が発生した場合や，②不法行為で被害者が損害を被ると同時に一定の利益を得た場合には，賠償額を終局的に減額するのが公平に合致しうる。以下，この点で共通性を有する法理として，①の過失相殺（722条2項），②の損益相殺（的調整）について説明する（①は割合を減じ，②は額を減じる点が異なる）。

## ② 過失相殺

| 意　義 | （1）序　722条2項は，「被害者に過失があったときは，裁判所は，これを考慮し |

て，損害賠償の額を定めることができる」とする。被害者の過失を考慮して賠償額を減額することを「相殺」としたもので，対立する債権の消滅（505条以下参照）という意味ではない。被害者の「過失」は必ずしも709条にいう加害者の「過失」と同一ではない点にも注意を要する（⇒要件（その2）過失相殺能力）。

（2）趣旨・理論的位置づけ　判例（大判明41・4・13民録14輯436頁，最大判昭39・6・24民集18巻5号854頁など）・伝統的通説とも，過失相殺の趣旨を「公平」に求めてきた（「損害の公平な分担」という用語もみられる）。

　しかし，公平というだけでは漠然として解釈論の指針には不十分である。過失相殺の「過失」について，判例が責任能力（責任弁識能力）を不要として事理弁識能力（5歳～6歳程度が基準とされる）があれば足りるとする一方，事理弁識能力すら不要としてより広く適用する学説や，判例の立場を再評価する学説などが主張される中，過失相殺の理論的位置づけに関する議論が深化してきた。

　大きな方向性として，①加害行為以外の被害者側に属する一定の原因も競合して損害が発生した場合にその原因を考慮して減額する法理（《原因競合としての過失相殺》）として捉えるならば，過失相殺の適用範囲は広く解されるのに対し，②損害を回避・抑止するための法理（《損害回避のための過失相殺》）として捉える（自己危険回避義務違反という概念による説明もみられる）ならば，被害者に回避を期待できる場合などに限定されることになる。

要件（その1）序　　過失「相殺」は，被害者の過失をもって減額することを表現したもので，加害者にも過失があることは前提とされていない。無過失責任や中間責任にも過失相殺の適用を認めるのが判例（大判大7・5・29民録24輯935頁，最判昭41・6・21民集20巻5号1078頁）・通説であり，無過失責任の

立法にも過失相殺の規定がみられる（鉱業 113 条）。

◆**故意不法行為と過失相殺**　　過失責任と故意責任の違いを強調して加害者に故意がある場合に過失相殺の適用を否定する学説も有力であるが，類型に応じた検討を要する。下級審裁判例は，①被害者の挑発で加害行為が行われた場合には過失相殺の適用を肯定する（大阪地判昭 63・6・30 交民 21 巻 3 号 687 頁など）一方，②詐欺的取引には適用を否定する（東京地判昭 62・1・22 判時 1261 号 95 頁など）傾向にある。①のように被害者にも損害回避を期待できる場合には適用を肯定すべきである一方，②のように，加害者の故意によって被害者の過失が誘導されている点で被害者に損害回避を期待できない（あるいは加害者に利得を保持させることになる）場合には，適用を否定ないし制限すべきものと解される。

722 条 2 項は「被害者」の「過失」を過失相殺の要件とするが，以下のように，いずれの文言も，拡張して解釈される傾向にある。また，被害者の過失も原因となって損害が（「発生」した場合のみならず）「拡大」した場合にも適用を認めるのが多数説である。

## Case 8-22

**1**　自動車の運転手Ａの前方不注意による交通事故で 8 歳の子Ｂが負傷したが，横断歩道のないところで左右を確認せずに道路に飛び出したＢについて過失相殺はされるか。

**2**　被害者Ｂが 3 歳で近所に一人で遊びに行く途中だった場合はどうか。

要件（その2）
過失相殺能力

722 条 2 項の過失相殺の「過失」の前提となる能力（過失相殺能力）に責任能力を要するか。かつての判例は，709 条の加害者の過失と性質を異にするものではなく，709 条に 712 条が適用されることとの均衡から，責任能力を要するとしていた（大判大 4・6・15

民録21輯939頁，最判昭31・7・20民集10巻8号1079頁）。しかし，不注意によって損害の発生を助長したに過ぎない被害者の過失については，不法行為の成立要件としての加害者の過失との相違に照らし，責任能力まで要求すべきでないとする学説の批判が強まり，判例変更がされた。

最高裁は，過失相殺の問題は，不法行為者に積極的に損害賠償責任を負わせる問題とは異なり，損害賠償額を定めるにつき「公平の見地から，損害発生についての被害者の不注意をいかにしんしゃくするかの問題に過ぎない」ので，「未成年者に事理を弁識するに足る知能が具わつていれば足り」る（責任能力を要しない）として，Case 8-22 **1**と同様の8歳（小学2年生）の被害者について，日頃の学校・家庭での交通教育で交通の危険につき弁識があったとして過失相殺を認めた（前掲最大判昭39・6・24）。その後の下級審裁判例では5歳〜6歳を目安に上記判例のいう**事理弁識能力**を認める傾向にあり，Case 8-22 **2**の3歳の場合には被害者本人については過失相殺が否定されることになる。

◆**学説の展開** ⑦学説では，前述した過失相殺の理論的位置づけ（⇒**意義**(2)）に関する①《原因競合としての過失相殺》の議論として，事理弁識能力すら要しないとする説も主張された。すなわち，被害者側の原因が競合した場合に，加害者・被害者間の「公平」の見地から，被害者側の原因の寄与度を賠償額の算定において考慮する制度として過失相殺を捉えることで，過失相殺能力を不要とするものである。Case 8-22 **12**は，同じような加害行為の態様であっても，**2**については（後述する「被害者側の過失」によるものも含めて）過失相殺が認められないのは「公平」に反するというのである。②これに対し，過失相殺の理論的位置づけに関する②《損害回避のための過失相殺》の議論として，事理弁識能力を要する判例を再評価する学説が増えている。所有者危険負担の原理を基礎として，損害

が被害者側にも回避・縮減可能で，被害者に期待されうる場合について，いったん加害者が負担すべきとされた損害を再び被害者側に負担させる制度として過失相殺を捉え，被害者に回避等を期待する前提として事理弁識能力を要求するものである。⑦の「公平」論はもっぱら加害者側の視点に立つ点に疑問があるだけでなく，責任能力制度が政策的に責任無能力者を賠償責任から保護しているように，危険を回避する十分な能力のない幼児への過失相殺の適用も政策的に制限すべき点からも，①が妥当である。

---

## Case 8-23

**1** 自動車の運転手の前方不注意による人身事故で，被害者の3歳の子どもの側にも横断歩道のないところで親が手を離したすきに道路に飛び出した事情があった。過失相殺はされるか。

**2** 手を離したのが保育園の保育士の場合はどうか。

---

要件（その3）被害者

（1）　幼児監督者型　　Case 8-23 **1** のように，被害者が事理弁識能力を有しない場合，手を離した監督者たる親のような被害者側の過失を過失相殺の対象としうるか。これを認めるのが伝統的通説（公平の理念に合致する）であり，判例も「被害者本人の過失のみでなく，ひろく被害者側の過失をも包含する」と解する（最判昭34・11・26民集13巻12号1573頁，最判昭42・6・27民集21巻6号1507頁）。

Case 8-23 **1** と類似の事案では，親の過失を考慮すべきだとする（前掲昭34・11・26）一方，Case 8-23 **2** と類似の事案では，保育士の過失の考慮を否定した。すなわち，「被害者側の過失」とは，被害者の「監督者である父母」や「その被用者である家事使用人」など，「被害者と身分上ないしは生活関係上一体をなすとみられるような関係にある者の過失をい」い，「幼児の監護を委託された者の被

用者」のように「被害者と一体をなすとみられない者の過失」を考慮することは「公平の理念」に反する結果となるとした（前掲最判昭42・6・27）。

　（2）　同乗運転者型　　上記は本人に落ち度があったが過失相殺能力がないとして「被害者側の過失」が問題とされたが，被害者本人にそのような行為態様がない（単に配偶者の車に同乗していた）場合にも「被害者側の過失」の法理を用いる最高裁判決が現れた。

◆同乗運転者型の被害者側の過失（最判昭51・3・25民集30巻2号160頁）　　運転していた夫Bの過失と対向車の運転手Cの過失が競合して（5：5），Bの車に同乗していた妻Aが負傷した事件。原審は，A（原告）の負傷は，C（被告）とBの共同不法行為（719条）によるものである以上CとBは全損害額を連帯して賠償する義務があるとして，AのCに対する全損害額の請求を認めた。これに対し最高裁は，前掲昭42・6・27と同様「身分上，生活関係上，一体をなす」関係にある者の「被害者側の過失」として，「夫婦の婚姻関係が既に破綻にひんしているなど特段の事情のない限り，夫の過失」を考慮しうるとした上で，「加害者が，いったん被害者である妻に対して全損害を賠償した後，夫にその過失に応じた負担部分を求償する」という求償関係を一挙解決し，紛争を一回で処理する合理性もあるとして，夫Bの過失割合に応じた損害賠償額の減額を認めた。

◆本判決の評価　　本判決は，「被害者側の過失」の法理に，《求償関係の一挙解決》という新たな視点を付加した。本件の場合，相手方Cは妻Aに全損害額を賠償しても，Cは共同不法行為者である夫Bに対しBの負担部分を求償しうるのだから，あらかじめ夫Bの負担部分を減額して妻Aに賠償しておけば，夫Bに求償する手間が省けるとするものである。その前提には，「身分上，生活関係上，一体をなす」夫と妻の《財布は一つ》という考え方がみられ，だからこそ夫婦関係が破綻に瀕していない限りという留保がつくこ

とになる。これに対しては，夫婦別産制の原則（762条1項）に反するとの批判や，そもそも加害者の無資力のリスクを共同不法行為者に負わせた719条の連帯責任の趣旨に反するとの批判も有力である。幼児監督者型は手足としての一体性で正当化できるが，同乗運転者型には理論的な問題点が多い。

　その後の判例は，職場の同僚（最判昭56・2・17判時996号65頁）や，3年間つきあって近く正式に婚約して将来結婚する予定であった者（最判平9・9・9判時1618号63頁）の運転上の過失については，身分上生活関係上の一体性がないとして「被害者側の過失」としての考慮を否定しているが，運転者が内縁の夫の場合には肯定している（最判平19・4・24判時1970号54頁。ただし，内縁配偶者の一方が死亡した場合には，内縁関係が解消され相続関係もない以上，否定すべきだろう〔事故時は夫婦であったが訴訟時には離婚して共同被告とされた元夫の過失の考慮を否定した東京地判平18・3・29交民39巻2号472頁も参照〕）。

　◆共同暴走行為と過失相殺（最判平20・7・4判時2018号16頁）
「被害者側の過失」を明示するものではないが，前掲最判昭51・3・25と同様，共同不法行為の求償関係が基底にある。ABが交代で共同してバイクの暴走行為をして，Bの運転中に取締中のC（県警）とBの過失によりAが死亡したため，Aの相続人がCに賠償請求した事案で，最高裁は，Bの運転行為をABの「共同暴走行為の一環を成すもの」として「公平の見地」に照らし「Bの過失もAの過失として考慮」しうるとした。Bの過失割合をCがA側に支払う賠償額から減額し，CB間の求償関係を解消することで，Bの無資力のリスクをC（共同不法行為者）よりも一体性の強いA（共同暴走行為者）の側に負わせるのが公平と判断されたとみることができる。

　(3)　被用者型　　古くから判例は，被害者の被用者の過失を722条2項の「被害者」の過失として考慮してきた（大判大9・6・15民

録26輯884頁〔Aの所有車がCを加害者とする衝突事故で破損した損害額について Aの被用者Bの運転上の過失を考慮〕など）。被用者の行為について使用者が責任を負う715条の趣旨に基づくものといえる。

◆死亡被害者の過失の考慮　①被害者の死亡による損害を遺族が相続人として賠償請求する場合はもちろん，②死亡被害者の遺族が固有の損害賠償請求権として慰謝料（711条）や逸失扶養料を請求する場合にも，死亡被害者の過失が考慮される（多数説。前掲最判昭31・7・20も参照）。①は，被害者の損害賠償請求権の承継であるから当然である。②は，固有の損害賠償請求権といっても，《被害者に対する故意過失》と《被害者の過失》によって被害者が死亡したことで反射的・波及的に発生した（間接被害者の）損害に関するものに過ぎず，別個の不法行為が成立するものではない。722条2項の「被害者の過失」は，その被害者の損害賠償はもちろん，同じ不法行為の間接被害者の損害賠償でも考慮されることになる。

効　果　　被害者の過失の考慮は，金銭的評価がされた損害額から何割（何%）を減額するという形で示される（交通事故については事故類型ごとの過失相殺割合の類型化が進んでいる）。事実審裁判所がその自由裁量で判断する（最判昭34・11・26民集13巻12号1562頁。過失相殺を基礎づける事実が認められれば賠償義務者の主張がなくても職権で行える〔最判昭41・6・21民集20巻5号1078頁〕）が，裁量権を逸脱した場合には上告審による破棄の理由になりうる（最判平2・3・6判時1354号96頁）。

### ③　素因と過失相殺類推適用

Case 8-24

**1**　交通事故でむち打ち症を被った被害者の心因的要因が寄与して損害が拡大した場合に，これを賠償額の算定で考慮しうるか。

**2**　交通事故の被害者が有していた疾患が寄与して損害が発生・拡大し

た場合はどうか。

**3**　交通事故の被害者の通常よりも首が長いという身体的特徴が寄与して損害が発生・拡大した場合はどうか。

---

| 素　　因 |

被害者が不法行為前から有していた心身の状態で，不法行為とともに損害の発生・拡大の原因となったものを素因といい，特異体質・疾患などの身体的素因と精神的素因（心因的要因）がある。被害者の過失ではないが，被害者側に属するこの事情も原因となって損害が発生・拡大しているので，賠償責任の判断でこれを考慮しうるかが問題となる。

初期の下級審裁判例には，①被害者の素因が寄与した限度で相当因果関係を割合的に認定したり，②過失相殺（722条2項）を類推適用するものがみられた。①に対しては，相当因果関係のレベルでは「ある」か「ない」かの判断をすべきであり，割合的な判断は金銭的評価のレベルで過失相殺の類推適用によるべきだとの批判がされた。②については，そもそも「素因」を被害者の「過失」に準じるものとして扱えるかが問題とされた。

| 心因的要因・疾患 |

以下のように，最高裁判決は，心因的要因・疾患など一定類型の素因について，過失相殺の類推適用により賠償額を減額することを認めるに至った。

◆心因的要因・疾患に関する最高裁判例　　最高裁が素因について初めて判示したのは，心因的要因に関する最判昭63・4・21民集42巻4号43頁である。Case 8-24 **1**のように，交通事故でむち打ち症になった被害者が，治療費・休業損害・慰謝料を請求した事案で，加害行為との間に相当因果関係がある場合，「その損害がその加害行為のみによつて通常発生する程度，範囲を超えるものであつて，かつ，その損害の拡大について被害者の心因的要因が寄与しているときは，損害を公平に分担させるという損害賠償法の理念に照

らし」，722条2項を類推適用しうるとの一般論を示した。その上で，事故後3年以内の損害は相当因果関係があるが，被害者の心因的要因も寄与しているとして過失相殺の類推により4割の限度に減額した原審判断を是認した。身体的素因についても減額を認めたのが，Case 8-24 **2**のような「疾患」の事案に関する最判平4・6・25民集46巻4号400頁である。被害者が，一酸化炭素中毒の後遺症と追突事故が共に原因となって，精神障害を来し，3年後に呼吸麻痺を直接の原因として死亡した事件で，「加害行為と被害者のり患していた疾患とがともに原因となって損害が発生した場合において，当該疾患の態様，程度などに照らし，加害者に損害の全部を賠償させるのが公平を失するときは」722条2項を類推適用しうるとの一般論の下，精神障害・死亡との相当因果関係を認めつつも被害者の素因の寄与を理由に722条2項を類推適用して5割を減額した原審判断を是認した（本件では素因減額された残額についてさらに過失相殺による減額がされた）。

　このように被害者に意思的要素（という過失との親近性）のある「心因的要因」のみならず，意思的要素のない身体的素因である「疾患」が寄与した場合にも（「公平を失するとき」という限定はあるものの）減額が判例上認められた。

---

> 身体的特徴

これに対し，同じ身体的素因であるが，疾患ではない身体的素因としての「身体的特徴」に関しては，慎重な判断が示された。

◆**身体的特徴**（最判平8・10・29民集50巻9号2474頁）　Case 8-24 **3**のように，交通事故の被害者の身体的特徴（平均よりも首が長い）が損害の拡大に寄与したことを，損害額の算定にあたり考慮しうるかが争点となったものである。最高裁は以下の理由により722条2項の類推適用を否定した。「被害者が平均的な体格ないし通常の体質と異なる身体的特徴を有していたとしても，それが疾患に当たらない場合には，特段の事情の存しない限り，被害者の右身体的特徴を損害賠償の額を定めるに当たり勘酌することはできない

……。けだし，①人の体格ないし体質は，すべての人が均一同質なものということはできないものであり，②極端な肥満など通常人の平均値から著しくかけ離れた身体的特徴を有する者が，転倒などにより重大な傷害を被りかねないことから日常生活において通常人に比べてより慎重な行動をとることが求められるような場合は格別，③その程度に至らない身体的特徴は，個々人の個体差の範囲として当然にその存在が予定されているものというべきだからである」（①〜③の番号は筆者）。

「疾患」は（全額賠償が「公平」を失する限り）すべて減額の対象となるのに対し，「疾患」ではない「身体的特徴」については，⑦「個体差の範囲」を超えるもので慎重な行動が求められる場合には減額の対象となるものの，④「個体差の範囲」内にあるものは（想定内のものとして）減額の対象にならないことになる。疾患にあたらないものであれば，加齢的要因（変性）についても，減額の対象とならないことになろう（同旨，大阪地判平7・7・5判時1538号17頁）。

─────────
過労自殺と心因的要因
─────────

　その後，社員が過労から自殺した事件で，最高裁（最判平12・3・24民集54巻3号1155頁）は，企業等に雇用される労働者の性格は多様であり，「同種の業務に従事する労働者の個性の多様さとして通常想定される範囲を外れるものでない限り，その性格及びこれに基づく業務遂行の態様等が業務の過重負担に起因して当該労働者に生じた損害の発生又は拡大に寄与したとしても」，性格等を心因的要因として考慮することはできない旨を判示して，原判決（心因的要因を考慮して減額）を破棄した。

　交通事故は無関係な者同士の関係であるのに対し，労働関係はそうではない点に着目して，「労働者の個性の多様さとして通常想定される範囲」という形で，素因減額の当否の基準となる「個体差の範囲」を広めに取ったものとみることができる。医療過誤と素因減

額が問題となった最高裁判決は出ていないが，患者として通常想定される「個体差の範囲」は医療過誤についてはさらに広く捉えられることになろう。

素因減額と学説 素因減額に対し，学説は，不法行為に接しないよう行動の自由が不当に制約されることになるとして，否定的な見解が多い。この立場からは，素因の認識可能性がありながら被害者が適切な対応を怠るなど回避可能性ないし帰責性がある（過失相殺の適用が可能な）場合にのみ減額が可能になる（過失相殺の理論的位置づけ〔⇒②意義(2)〕の②《損害回避のための過失相殺》に属する議論）。素因の発見・統制義務という新たな概念による説明もみられる。

　一方，最判平 8・10・29 の「個体差の範囲」論と軌を一にするものとして，被害者が甘受すべき「権利領域の特別の危険」の実現によって損害が発生・拡大した場合には，被害者が過失相殺類推により負担すべきであるとする見解も有力である（過失相殺の理論的位置づけの①《原因競合としての過失相殺》に属する議論）。

　確かに，素因は被害者側にのみ内在する通常人を超えたリスクではあるが，その発現を不法行為によって強いられた点では，前者の方向が説得的である。

## ④　その他の割合的減額

好意無償関係 必ずしも過失相殺の類推適用という形をとるものではないが，下級審裁判例では，被害者の素因以外についても，賠償額の減額の対象とされる場合がある。

　好意で車に同乗させてもらった際の事故（ただし近時は，好意同乗者に危険な運転に対する認識・容認・関与などの事情がなければ，減額が

否定される傾向にある。東京地判平 12・10・18 交民 33 巻 5 号 1680 頁，東京地判平 16・7・12 交民 37 巻 4 号 943 頁）のほか，外出中に近所の人に幼児をみていてもらった際の事故（津地判昭 58・2・25 判時 1083 号 125 頁〔隣人訴訟〕）やボランティアの引率による子ども会の野外活動中の事故（津地判昭 58・4・21 判時 1083 号 134 頁）について，賠償額の減額をした事例がみられる（いずれも過失相殺の類推適用。なお，好意無償を理由とする注意義務の軽減には否定的である）。

> 自然力の競合

素因と同様に自然力も原因競合として損害額算定で考慮すべきか問題となる。不法行為と自然力が必要条件的に競合して損害が全部発生した場合に不可抗力の寄与を考慮して減額した裁判例がある（名古屋地判昭 48・3・30 判時 700 号 3 頁）が，控訴審は全額の賠償を認めた（名古屋高判昭 49・11・20 高民 27 巻 6 号 395 頁）。

学説の議論も分かれているが，自然力との関係で不法行為の成立が認められた後で自然力という必ずしも被害者側にのみ属していたとはいえないリスクを考慮することは，過失相殺の理論的位置づけ（⇒ ② 意義 (2)）の① 《原因競合としての過失相殺》の議論に立ったとしても困難であろう。これに対し，不法行為と自然力が累積的に競合して損害が発生し，不法行為がなければ損害が少なくすんだであろう場合には，自然力単独の寄与部分を考慮することを肯定する学説が多い。本来は（相当）因果関係のレベルの問題として扱われるべきであるが，そこでの判断が難しいときは金銭的評価の際に考慮する余地はあろう（神戸地判平 11・9・20 判時 1716 号 105 頁参照）。

## ⑤ 損益相殺・損益相殺的調整

> 意 義

損益相殺（ないし損益相殺的調整）は，不法行為によって損害を被るとともに，同一の

原因によってその損害と同質性（ないし相互補完性）を有する利益を被害者やその相続人が得た場合に，その利益の額（割合ではない）を控除する法理である（最大判平5・3・24民集47巻4号3039頁，最判平22・9・13民集64巻6号1626頁参照）。明文の規定はないが，不法行為がなかったときの状態を回復する金銭賠償の目的に照らして，公平の見地から認められている（前掲最大判平5・3・24参照）。

　①死亡による逸失利益の算定における生活費控除のように，免れた支出（消極的利益）が損失と表裏一体ないし厳密な同一原因の関係にある類型（これが本来の損益相殺であって，次の②は損益相殺的調整と呼ばれる），②生命保険金や社会保険給付のように，不法行為によって生じた事態を原因とする第三者からの給付が控除対象となるかが問題となる類型，③708条の趣旨などの新たな規範的観点から控除が否定される類型などがある。

　◆損益相殺と過失相殺　　一定「額」を控除する損益相殺と，一定「割合」を控除する過失相殺は，先後によって賠償額が変わりうる。①生活費や②健康保険法による給付の損益相殺は過失相殺の前にされている（控除後相殺説）が，③第三者行為災害の労災保険金（最判平元・4・11民集43巻4号209頁）や④確定した遺族年金（前掲最大判平5・3・24）の損益相殺は過失相殺の後にされている（相殺後控除説）。特に③については反対論も有力である。

| 免れた支出と損益相殺 |
|---|

　**（1）　生活費**　　死亡によって支出を免れた生活費は，死亡による逸失利益の算定プロセスの中で控除されている（なお，交通事故による労働能力一部喪失後，損害賠償訴訟の口頭弁論終結前に事故と相当因果関係なく死亡した場合は，「同一原因」の要件を欠くので生活費控除はされない〔最判平8・5・31民集50巻6号1323頁⇒6⑤差額説・損害事実説と判例(1)の継続説〕）。

　**（2）　養育費**　　判例は，「損失と利得との同質性」がないとして，

死亡した子の逸失利益から（相続人たる親が支出を免れた）養育費を控除することを否定する（最判昭53・10・20民集32巻7号1500頁。子が支出を免れた生活費については控除される）。

(3) **所得税**　判例は，小売店主の負傷による得べかりし営業利益について，営業収入に課されるべき所得税等の控除を否定する（最判昭45・7・24民集24巻7号1177頁）。

> 第三者からの給付
> （その1）保険金等

(1) **生命保険等**　判例は，生命保険金について，「すでに払い込んだ保険料の対価の性質を有し，もともと不法行為の原因と関係なく支払わるべきものである」として，死亡による逸失利益からの控除を否定する（最判昭39・9・25民集18巻7号1528頁）。学説は，損害の填補の性質を有しないことや，「重複填補」になるような「相互補完性」を有しないことで説明する立場が有力である。

自動車搭乗者傷害保険の死亡保険金についても，判例は，死亡による逸失利益からの控除を否定する（最判平7・1・30民集49巻1号211頁）。「損害をてん補する性質」を有しないことを理由にするが，ここでも「重複填補」になる「相互補完性」を有しないことで説明するのがより適切であろう。

(2) **損害保険**　判例は，損害保険金についても，「既に払い込んだ保険料の対価たる性質」を有するとして，損益相殺を否定する（最判昭50・1・31民集29巻1号68頁）。ただし，保険代位によって賠償額が減少するので，実質的には損益相殺がされたのと変わらない結果になる（損害保険金は，損害填補の性質〔相互補完性〕を有し，被保険者は損害賠償の請求により「重複填補」を受ける。保険会社は保険金の支払の限度で保険代位により損害賠償請求権を取得し〔保険25条〕，被保険者はその限度で損害賠償請求権を失って賠償額が減少する）。

(3) **香典・見舞金**　判例は，香典や見舞金について損益相殺を

否定する（最判昭43・10・3判時540号38頁〔「損害を補填すべき性質」を有しない〕，大判昭5・5・12新聞3127号9頁）。

第三者からの給付
（その2）社会保険給付

最高裁（前掲最大判平5・3・24）は，死亡被害者の地方公務員等共済組合法に基づく《退職年金受給権喪失による逸失利益》から，この損害賠償請求権を相続行使した遺族の「支給を受けることが確定した遺族年金」を控除することを認めた。これは，①退職年金（損失）と遺族年金（利得）との同質性を認めるとともに，②現実に支払を受けていなくても「支給を受けることが確定」していれば控除対象になりうるとした点で，将来支給される労災保険給付の控除を否定した判決（最判昭52・5・27民集31巻3号427頁，最判昭52・10・25民集31巻6号836頁）を事実上変更したものである。

その後，最高裁（最判平16・12・20判時1886号46頁）は，死亡被害者が年金受給権者でない場合について《給与収入等の逸失利益全般》との関係で遺族厚生年金を損益相殺の対象としており，上記の①で示された遺族年金との同質性を認める範囲を大きく拡大した点が注目される。

◆控除される損害項目　判例は，労災保険給付（休業補償給付・傷病補償年金）や障害年金・遺族年金について，同質性が認められる損害は，財産的損害のうちの消極損害（いわゆる逸失利益）のみであるとして，労災保険給付等が消極損害の額を上回ったとしても，積極損害（入院雑費・付添看護費など）や精神的損害（慰謝料）から控除することは許されないとする（最判昭62・7・10民集41巻5号1202頁〔労災保険給付・障害年金〕，最判平11・10・22民集53巻7号1211頁〔遺族基礎年金・遺族厚生年金〕）。このように労災保険給付・障害年金・遺族年金には，控除の対象となる費目（損害項目）の拘束・制限があるのに対し，自賠責保険金には，人身損害との関係で上記のような拘束がないため，人身損害全体から保険金を控除することが認め

られている（最判平 10・9・10 判時 1654 号 49 頁。ただし損益相殺ではなく保険代位による減額）。

◆**塡補されたと評価される時期**（元本に塡補されるか）　前掲最判平 16・12・20 は，被害者たる労働者の交通事故による《死亡事案》において，支払われた「自賠責保険金等」について，「損害金の元本及び遅延損害金の全部を消滅させるに足りないときは，遅延損害金の支払債務にまず充当される……（民法 491 条 1 項〔現 489 条 1 項〕参照）」とした。前述のように自賠責保険金には費目の拘束がないので妥当といえるが，「等」に含まれていた《遺族補償年金》や《遺族厚生年金》については費目の拘束があることから問題となった。そこで，前掲最判平 22・9・13 は，被害者たる労働者の《負傷事案》において支払われた《社会保険給付》について，塡補の対象となる損害費目の「元本」との間で，「不法行為の時」に損益相殺的な調整をすべきだとした。さらに，最大判平 27・3・4 民集 69 巻 2 号 178 頁は，《死亡事案》の《遺族補償年金》について，損害の「元本」に対し「不法行為の時」に塡補されたとする立場をとった（前掲最判平 16・12・20 は抵触する限度において変更すべきものとした）。これは，判例が，《不法行為時において》，その後に具体化する逸失利益・治療費・弁護士費用などの損害費目を含めて，《一体として損害や損害賠償債務が発生》した扱いをすることで，中間利息の控除等による公平を図りながら，遅延損害金について統一的で簡明な処理をしていることに沿った判断といえる。

──────
新たな規範的観点から
の控除否定
──────
**(1)　708 条の趣旨**　原因の同一性や相互補完性という従来の要件ではなく，新たな規範的観点から控除を否定する判例が現れた。

①ヤミ金融から著しく高利で金銭を借りた被害者が元本と利息の返済の後に不法行為に基づく損害賠償の請求をした事案では，不法行為の手段として交付された元本について（最判平 20・6・10 民集 62

巻6号1488頁)，②架空の投資話で出資金を騙取された被害者が不法行為に基づく損害賠償の請求をした事案では，詐欺の手段として交付された仮装配当金について（最判平20・6・24判時2014号68頁），いずれも「708条の趣旨」により損益相殺の控除を否定した。

契約無効・不当利得構成をとった場合には，反倫理的行為にかかる給付として返還請求が許されない（708条）ように，不法行為構成をとった場合にも，反倫理的行為者たる加害者を法律上保護すべきでない。かかる「制度間調整」の観点から，同条を類推適用して損益相殺を否定したものといえる。

(2)　その他　　判例は，建物の構造上の瑕疵による建替え費用の損害と，居住利益・建替え後の耐久年数延長の利益との「損益相殺ないし損益相殺的な調整」を否定する（最判平22・6・17民集64巻4号1197頁）。理由は述べていないが，建替えが遅延するほど損益相殺の額が増大するという不当な結果を避ける点で規範的な意味が認められる。

## *8* 損害賠償の方法

### 1 金銭賠償の原則

金銭賠償の原則

不法行為に基づく損害賠償の方法としては，金銭賠償の方法と原状回復の方法とが考えられるが，722条1項は，債務不履行の場合（417条）と同様に，原則として金銭賠償の方法によることとしている。

本来，損害賠償は，被害者にとって原状回復が望ましいが，民法起草者は，原状回復の方法は事態を混乱させかえって不便であり，損害を算定するのに最も便利な金銭によって賠償することが，現在

の商品社会では合理的であるとしたのであり，立法論的にも支持するものが多い。なお，ある法益が侵害された場合の救済方法として差止があるが，本条の原型である旧民法財産篇386条1項に関しては，不法行為については差止を含む効果を認めると解されており，また，*Column*④にあるように，現行民法の起草者が722条1項について「不便」であるとして排斥したのは，原状回復賠償であり，差止は含まれていなかった。差止は，過去の損害の回復である原状回復と異なり，（工場排水の停止・予防のような）現在の侵害ないし将来の侵害のおそれの除去であるが，両者の関係については議論がある（⇒③ 損害賠償と差止）。

　損害賠償の方法については，当事者に特約があれば，それによる。722条1項による417条の準用により，別段の意思表示を認めるのが通説である。

　*Column*④　旧民法財産篇386条1項と民法722条1項　◆─◆─◆─◆
　　民法722条1項の原型である旧民法財産篇386条1項に関して，これを起草したボワソナードは，フランス民法におけるのと同様に，不法行為については（差止と原状回復の双方を含む）現実賠償（réparation en nature）の効果を認めることを説いていた。そして，現行民法の起草者が722条1項について「不便」であるとして排斥したのは，原状回復賠償であった。
◆─◆─◆─◆─◆─◆─◆─◆─◆─◆─◆─◆─◆─◆─◆─◆─◆─◆─◆─◆─◆─◆─◆

　(1)　金銭賠償と原状回復　　加害者と被害者の立場を比較すると，金銭賠償主義は加害者の便宜に傾いていることは否定できない。もっとも，学説の多数は，不法行為に基づく損害賠償としての原状回復を解釈上認めることには否定的である。判例も，この金銭賠償の原則から，自己の鉱区に他人が侵掘してきた場合に，不法行為による損害賠償として坑路の填塞を求めることは許されないとする（大判明37・12・19民録10輯1641頁）。否定説の理由としては，①立法

者の政策決定は重大な根拠なしには無視すべきでない．②原状回復の要求に対しては，原状回復を認める法律の規定や差止によってほぼ対処できる，③原状回復を広く認めると，差止との限界づけや役割分担について困難な問題を生ずることを挙げる見解が注目される。もっとも，この見解においても，結果的に原状回復を生ずるような差止は認められうることに留意すべきである（⇒③ 損害賠償と差止）。

(2) 金銭賠償と差止　　損害賠償は本来過去に生じた損害の賠償であるから，不法行為の効果としては，少なくとも条文上差止は予定されてはいないが，同時にそれを否定する趣旨を含んでいるわけでもない。上述したように，民法の沿革からは，差止を不法行為の効果として認める余地があるとみることもできる。他方，裁判上の救済手段として不法行為に基づく差止請求権が否定されるとすれば，不法行為が反復されまたは継続されるおそれがある場合において，物権的妨害排除請求権またはこれに準ずる妨害排除請求権でカバーできないときに，被害者を救済できなくなるおそれがある。不法行為に基づく差止請求権を認める見解は，このような事情を背景としており，物権ないしそれに準ずる妨害排除請求権が認められない場合にこの請求権を認めようとする見解が有力である（反対説もある。不法行為に基づく差止請求権については，裁判例もいくつか存在する⇒③ 損害賠償と差止）。さらに，最近では，眺望利益侵害や景観利益侵害のように権利侵害とは言い難い利益に基づく差止を認める必要が高まってきたことも指摘されている。

一時金賠償と
定期金賠償

(1) 金銭賠償の方法は，賠償金額を一括して支払う方法（一時金賠償）と，一定期間ごとに支払う方法（定期金賠償）とに分かれる。一般的には，原則として一時金賠償が用いられてきたが，その理由としては，①加害者側の資力の変化から履行確保が困難に

なる可能性，②紛争の長期化の防止（当事者が紛争から解放されない不安定な状態から賠償ノイローゼになることの防止），③取立ての便宜，（特に保険会社の）管理費用の負担の軽減などが挙げられた。他方，一時金賠償の欠点（定期金賠償の長所）としては，(i)後遺障害者の将来の介護費用などについては，適正な損害額の算定の点で定期金賠償のほうが優れている，(ii)インフレ等の事情変更の場合に一時金賠償では被害者は対応できない，(iii)定期金賠償のほうが被害者における浪費や財産管理の失敗を回避でき，持続的な生活保障の点で優れているなどの点が挙げられるが，(i)は定期金賠償がぜひとも必要な場面と考えられてきた。定期金賠償については長らく法律上根拠規定がなかったが，平成8年の民事訴訟法改正により，同法117条が，定期金賠償を命じた確定判決の変更を求める訴えを認めた。もっとも，今日でも定期金賠償が命じられるケースはきわめて少ないとされてきた。

　実際に一時金賠償か定期金賠償かが問題となる損害は，後遺障害の場合の介護費用・治療費等，逸失利益と，死者の逸失利益である。

Case 8-25 ───────────────────────────────

　Xは，Yが運転する車両が起こした交通事故によって後遺障害を負ったため，逸失利益についての損害賠償を求める訴えを提起した。Xは事故当時4歳であった。この訴訟において，Xは，その就労可能期間の始期（18歳）になる月の翌月からその終期である67歳になる月までの間に取得すべき収入額を，その間の各月に定期金により支払うことを求めている。Xの請求は認められるか。

────────────────────────────────────────

　最高裁は，被害者が一時金賠償を申し立てている場合には，定期金賠償を命じることができないとする（最判昭62・2・6判時1232号100頁）。

一方，後遺障害の逸失利益に関して被害者が定期金賠償を求めた Case 8-25 の事案について，最高裁は，被害者の不利益の補塡および不法行為がなかったときの状態への回復という損害賠償制度の目的，および損害の公平な分担の理念「に照らして相当と認められるとき」は，同逸失利益は，定期金賠償の対象となるとした（最判令2・7・9民集74巻4号1204頁）。

　従来学説上は，介護費用等についてのみ定期金賠償の（一時金賠償に対する）優位性を認める見解が多く，この点は上記(i)から明らかであったが，最高裁は後遺障害の逸失利益についても定期金賠償を認めた点が重要である。同判決を契機として，定期金賠償を命じる判決が増加することが予想される。

　一方，死者の逸失利益については，定期金賠償を認めることについて否定的な学説が多い。損害の発生もその具体化も死亡時であると考えられるからである。

　なお，Case 8-25 に関する上記最高裁判決は，さらに，後遺障害による逸失利益につき定期金賠償を命じるにあたっては，「交通事故の時点で，被害者が死亡する原因となる具体的事由が存在し，近い将来における死亡が客観的に予測されていたなどの特段の事情がない限り，就労可能期間の終期より前の被害者の死亡時を定期金による賠償の終期とすることを要しない」とした。この判決は，事故により後遺障害を受けた後，別の原因で死亡した場合の逸失利益の賠償に関する継続説（⇒ 6 ⑤ 差額説・損害事実説と判例 (1)）を採用する判例（最判平8・4・25民集50巻5号1221頁，最判平8・5・31民集50巻6号1323頁）を，定期金賠償に推及したものである。

　(2)　一時金賠償による請求と，定期金賠償による請求は，訴訟物は同一か別か。この点は，民事訴訟法246条における処分権主義の観点から問題となる。前掲最判令2・7・9は，定期金賠償の請求

の事案において，一定の場合にはその請求を認めず，一時金賠償の請求として扱うことを判示しており，この点からは，両請求を一つの訴訟物であると解したことになる。

### ② 原 状 回 復

　民法および関連法において原状回復が認められる規定としては，名誉毀損（民 723 条）のほか，鉱業法（111 条 2 項ただし書），著作権法（115 条），不正競争防止法（14 条），特許法等（特許 106 条，新案 30 条，意匠 41 条，商標 39 条）が挙げられる。

　名誉毀損の場合には，裁判所は損害賠償に代え，または損害賠償とともに「名誉を回復するのに適当な処分」を命じることができる（723 条）。たとえば，新聞や雑誌の記事によって名誉を毀損された場合に，その記事の謝罪広告を掲載させるなどの場合である。取消広告は原状回復にあたるか，後述する差止にあたるかについて争いがある。学説上は，両者が重なるケースであり，差止と理解するものが有力である。民法が名誉毀損の場合に限って原状回復の規定を置いたのは，名誉毀損の場合，侵害の発生源となった行為が放置されている限り，金銭賠償をしても被害者に対する救済とならない場合が多いためであることが指摘されている。謝罪広告については，憲法 19 条の良心の自由の保障に反するのではないかとの議論もあるが，最高裁はこれを否定した（最大判昭 31・7・4 民集 10 巻 7 号 785 頁⇒ *4* ⑩◆死者の名誉毀損等と謝罪広告）。

　なお，名誉の回復のための手段として，反論権が挙げられる。これは，新聞の記事等によって名誉を毀損された者が，同一のメディアに同一の態様でその記事等に対する反論を掲載するよう請求する権利である。最高裁は，反論権が認められるためには，少なくとも，名誉毀損による不法行為の成立が前提として必要であるとしている

（最判昭 62・4・24 民集 41 巻 3 号 490 頁）。ちなみに，プライバシー侵害に対して原状回復が認められるかについては学説上争いがあるが，その性質上否定的に解するのが一般である。

### ③ 差　　止

はじめに

民法における差止に関連する規定は，物権的請求権に関する 202 条 1 項（本権の訴え）および占有訴権に関する 198 条，199 条のみであるが，関連法に差止の明文規定を置くものとしては，不正競争防止法，特許法，独占禁止法，著作権法，実用新案法，意匠法，商標法などがある。このうち，独禁法 24 条は不法行為に基づく差止を想定して立法がなされている（以下では民法に限った検討をするにとどめる）。

損害賠償と差止

（1）　不法行為法と差止　　不法行為法の制度は，すでに発生した損害の塡補を目的とするものであって，現になされている不法行為の排除・停止，ないし将来の不法行為の予防の請求権は，不法行為から直接には生じないといわれる。このようなドイツ法的な不法行為法の理解から，不法行為制度を過去の損害の塡補に限定しようとする見解は少なくない。しかし，①損害賠償は広い意味での原状回復であり，原状回復に差止が含まれるとの立場から，また，②沿革的には原状回復は 722 条 1 項の賠償としては否定されたが，差止については否定されていないとの立場（⇒①）から，差止は，不法行為制度の枠内で問題としうるとする見解も有力に主張されている。

◆差止および原状回復に関する日本民法とドイツ民法の考え方
　この点については，（物権的請求権等の権利に基づく差止が確立している）ドイツ法とともに，差止の根拠としては一般的には不法行為責任が用いられ，（原状回復と差止を含む）現実賠償が不法行為の第一

義的効果とされている，現行のフランス法を参照する必要がある。また，わが国の民法では，物権的請求権が判例・学説上確立している一方，ドイツのような不法行為の効果としての原状回復は，722条1項にあるように，原則として認められていないことを考慮して議論する必要があると考えられる。

(2) 差止と原状回復の関係　　その際に問題となるのが，差止と原状回復との関係である。

差止には，侵害がなされる前にそれを予防する妨害予防と，侵害がなされそれが継続している場合に侵害を停止する妨害排除が含まれるが，一般に，差止と原状回復に関しては，(ⅰ)差止のみが問題となる場合（たとえば，これから建築する日照妨害建物の建築予防，建築中であるが被害未発生の場合の日照妨害建物の建築停止，公害発生施設に対する防除装置の設置），(ⅱ)原状回復のみが問題となる場合（たとえば，侵入した物質がさらに引き起こした被妨害物の変化を回復すること，生活妨害による疾病を回復すること），(ⅲ)両者が競合するようにみえる場合（たとえば，すでに建築され現在も侵害を続けている日照妨害建物の収去，地下水において土壌・水質を汚染し続けている残留有害物質の除去）があると考えられる。

わが国の民法では，ドイツ民法と異なり，不法行為に基づく原状回復が原則としては認められておらず，いたずらにドイツ法の一部の学説を重視するときは，原状回復はどの請求権を用いても基本的に認められなくなってしまう（そのため，ドイツ法とは大きく異なる結果となる）ことを，解釈論上重視すべきである。この点は，わが国の民法とドイツ民法との「基本的な構造」の相違といえよう。このように考えると，上記の(ⅰ)のみでなく(ⅲ)も差止（妨害排除）と解し，妨害状態が完了した場合である(ⅱ)のみを原状回復の問題と解するのが，わが国の民法の解釈としては適切であろう。

◆原告の土地に含まれる原発事故由来放射性物質の除去（妨害排除）

**請求**　福島原発事故の後，原告の土地に含まれる事故由来放射性物質の除去（妨害排除）請求に対し，これを棄却することを目的として，差止訴訟によって原状回復を認めさせることはできないとする，ドイツ民法学における一部の議論を積極的に取り入れようとする裁判例もみられる（仙台高判令2・9・15判例集未登載）。しかし，この解釈をわが国に取り入れるのは適当ではない。上記のように，日本民法では不法行為法において原状回復を原則として認めていないのであり，この点がドイツ民法と大いに異なる。ドイツ民法では原状回復（不法行為）には過失が要件とされ，差止（妨害排除）には過失が要件とされないため両者を区別する要請が強く，それでもドイツの判例は両者を峻別しないでいるのに対し，わが国の民法は不法行為の効果として原状回復を認めていないのであり，両者を峻別する要請は乏しい。むしろ，上記(ⅲ)のように差止と原状回復の効果が重なる場合については，わが国では，差止訴訟によって原状回復の効果を認めることを積極的に行う必要があると考えられる。

(3)　**不法行為に基づく差止に関する裁判**　不法行為による妨害に対して，妨害状態が継続する場合に，その排除を請求できるとする立場は，いくつかの最上級審判決で示されている（大判昭7・8・10新聞3453号15頁〔地下水利用権に関する〕，大判昭8・7・8新聞3586号11頁〔商号に関する〕，最判昭39・1・16民集18巻1号1頁〔通行自由権に関する〕）。他方，未だ発生していない損害を予防するために，717条の損害賠償請求権に基づき，溜池の修復工事および工事完了までの溜池の使用停止を求めることはできないとする判決もみられる（最判昭43・7・4裁判集民91号567頁）。

下級審裁判例では，眺望侵害や日照妨害に関して不法行為構成をとるものがみられるほか，国立景観訴訟第1審判決（東京地判平14・12・18判時1829号36頁）が景観利益侵害に基づく差止について

不法行為構成を採用したことが重要である。

差止請求権の法的構成 差止請求権の一般の法的構成を検討すると，

1）物権，人格権等の絶対権についてのみ，
その排他性等を理由として差止が認められるとする立場（権利説）
と，2）権利の枠にとらわれず，権利に至らない利益侵害を含めて，
行為の違法性の評価から差止が認められるとする立場（利益説。そ
の根拠を不法行為に求めるときは不法行為説となる），さらに3）1）と
2）を併存させ，被害が物権等の権利侵害とみられる場合には原則
として差止を認め，権利に至らない利益侵害の場合には，侵害行為
の態様を考慮して違法であれば（ないしは，不法行為となれば）差止
を認めるという複合構造説に大別される。——物権的請求権が差止
の根拠となりうることは当然として——今日の判例・学説において
は，（権利説の一つである）人格権説および複合構造説が有力である。

（1）権利説　差止の根拠として物権的請求権を挙げることにつ
いては異論はみられない。もっとも，これだけで十分であるとする
見解は今日では少ない。権利構成を採用する場合においても，被害
の実態が人格権侵害である場合には，物権に対する侵害のみでなく，
直截に人格権に対する侵害をとりあげるべきであるとするのが，判
例，学説上一般である（名誉毀損について最大判昭61・6・11民集40巻
4号872頁。道路公害について最判平7・7・7民集49巻7号2599頁参照）。

なお，公害，生活妨害の分野に特有の差止の根拠として環境権説
も主張されたが，この立場を正面から認める裁判例は存在しない。

◆平穏生活権侵害　人格権の一種ではあるが，やや異なるものと
して平穏生活権がある。平穏生活権には種々のものが含まれるが
（⇒4⑧，⑪），差止との関係では，生命・身体に対する侵害の危険
が一般通常人を基準として不安感・恐怖感により平穏な生活を侵害
していると評価される場合に，差止請求権が生ずるとするものであ

る。廃棄物処分場からの汚水の漏出により生活用水の水源が汚染される可能性がある場合について下級審裁判例が出されている（仙台地決平4・2・28判時1429号109頁など）。この概念は，実質的には因果関係の帰着点を前倒しにする機能を果たしている。

(2) 利益説（不法行為説）　前述したとおりであるが，この構成は，損害賠償と差止の効果の関連性に着目して，不法行為を差止の根拠とするものであり，「権利」以外の法益にも差止請求権による保護を与えうる点を重視するものである。もっとも，「権利」に対する侵害の場合には，あえてこの構成をとる必要はないし，権利侵害特有の判断構造が採用されるべきであるため，今日では，（不法行為構成を内包する）複合構造説（⇒(3)参照）に吸収して理解する見解が少なくない。

(3) 複合構造説　権利説と利益説を併存させ，被害が物権等の権利侵害とみられる場合には原則として差止を認め，権利に至らない利益侵害の場合には，侵害行為の態様を考慮して違法であれば（ないしは不法行為となれば）差止を認める立場である。複合構造説の理論的な根拠は，わが国では従来《他人の権利と区別された固有の領域を有する》明確性（＝社会的認識可能性）を備えた権利について差止が認められてきたこと，しかし，今日それに限られない利益（景観利益はその例である）についても差止の必要性が存在することにあり，（その中でも利益侵害の場合に不法行為構成を採用する見解は）日本民法の解釈論としては権利とは言い難い利益に対する差止を認めるためには不法行為法を用いるほかないと解することにある。この背景としては，上述したように，法益にはさまざまなものがあり——人格的利益については，生命，身体の侵害から軽微な精神的侵害，不快感に至るまで広がりがあり，外延が相当漠然としており——，そのすべてについて権利侵害を理由として差し止めることは

解釈論としては困難であるとの認識，明確性のない利益について，（原則として差止を認める効果をもつ）物権的請求権や人格権侵害の場合と同様の判断構造で差止の可否を判断することは適当でないとの認識がある。複合構造説における「権利」侵害と差止の関係についての理解は，国立景観訴訟第1審判決（前掲東京地判平14・12・18）や（仮に差止を認めるとした場合の）同訴訟上告審判決（最判平18・3・30民集60巻3号948頁）に適合的である。

　具体的には，ここにいう権利侵害にあたるものとして，公害等の積極的侵害，名誉毀損が挙げられる。また，権利に至らない利益侵害にあたるものとして，景観侵害や消極的侵害（眺望侵害，日照妨害等），名誉感情の侵害が挙げられる。

　(4)　環境権説を修正・発展させた見解──秩序説　　環境権説（⇒(1)）を修正・発展させ，国立景観訴訟第1審判決（前掲東京地判平14・12・18）を契機として，地域的ルールとしての「環境秩序」に対する違反を差止の根拠とする見解（秩序説）も主張されるに至った。

　これに対しては，(i)地域的ルールは差止の根拠となる法源たりうるか，(ii)地域的ルールを実際に適用する上で──住民の意見が分かれ，場合によっては開発派が多数を占める中で，また，住民の意見が時間とともに変化する中で──地域的ルールを確定できるのか，そうした中でなぜ，原告となった住民だけが当該地域の秩序を主張できるのか，(iii)地域的ルールや共同体の利益が存在するとしても，それが真に公共的な性格を有しているか，さらに，(iv)そもそも秩序を根拠として差止を認めるという考え方は適当か，裁判所法に定める《事件性》（法律上の争訟。同3条）の必要や（環境訴訟のように個人と集団の利益が対立する場面では）少数者の声を軽視すべきではないとする議論からは，個人の権利・利益を根拠として訴訟を提起でき

る場合にはまずそれを用いるべきではないか，などの問題点が指摘
されている。

<u>差止請求権の要件</u>　最も有力な見解である複合構造説に従って
考察するときは，差止請求権の要件として
は，(a)権利侵害（複合構造説では，権利に至らない法益侵害も問題とな
る），(b)違法性（ないし違法性阻却事由などの正当化事由），(c)実質的被
害の発生に対する蓋然性が挙げられる。(b)について，違法性と考え
るか，正当化事由と考えるかは，違法性を請求原因と考えるか，抗
弁と考えるかによる。

　差止請求の要件である(b)違法性ないし正当化事由に関して，判例
はどのような立場をとっているだろうか。名誉毀損，プライバシー
侵害と，公害の例をとりあげる。

　◆複合構造説における，「実質的被害」の解釈　　上記<u>差止請求権
の法的構成</u>に関し，複合構造説を採用する場合においては，不法
行為構成（利益構成）を用いるケースについても，差止の性質上，
「損害」が現実に発生することは必要でなく，その発生する高度の
蓋然性があれば足りると解する立場が有力である。不法行為による
危険が差し迫っている際に，手をこまねいて損害という結果が発生
するのを待つべきではない。このような解釈は，差止に関する不法
行為構成の要請が民法制定後に生じたことに由来するものであり，
現行のフランス法においても同様に解されてきたことを理由とする。
ただ，この解釈は「損害のおそれ」を要件とすることになり，厳密
には 709 条の類推適用を行うことになろう。

(1)　名誉毀損・プライバシー侵害

Case 8-26 ――――――――――――――――――――――――――――

❶　Xは県知事選挙に立候補を予定していたところ，Yが発行予定の雑
　誌にXの名誉権を侵害する記事を掲載することとし，その準備を進め

ていることが判明した。Ⅹは名誉権の侵害を予防するため，裁判所にどのような請求ができるか。

**2** Ⅹは，インターネットの検索エンジンで自分の住所および氏名を入力して検索すると3年余り前の児童買春の罪での逮捕歴が検索結果として表示されるため，さまざまな不利益を被っており，自らの更生を妨げられない利益が侵害されているとして，検索エンジンの管理者Ⅴに対し，検索結果の削除を請求した。Ⅹの請求は認められるか。

---

Case 8-26 **1** のような，公共の利害に関する事実についての名誉毀損の事前差止の事案で，北方ジャーナル事件大法廷判決（前掲最大判昭61・6・11）は，「公務員又は公職選挙の候補者に対する評価，批判等に関する」出版物の頒布等の事前差止につき，それが①「公共の利害に関する事項である」から，憲法21条1項の趣旨により，事前差止は原則として許されないとしつつ，ただ「②その表現内容が真実でなく，又は③それが専ら公益を図る目的のものでないことが明白であつて，かつ，④被害者が重大にして著しく回復困難な損害を被る虞があるときは」（①～④の番号は筆者）「例外的に事前差止めが許される」とした。

Case 8-26 **2** のような，インターネットの検索事業者（グーグル）に対する検索結果の削除（差止）請求に関して，最高裁は，「検索事業者が，ある者に関する条件による検索の求めに応じ，その者のプライバシーに属する事実を含む記事等が掲載されたウェブサイトのURL等情報を検索結果の一部として提供する行為が違法となるか否かは……当該事実を公表されない法的利益と当該URL等情報を検索結果として提供する理由に関する諸事情を比較衡量して判断すべきもので，その結果，当該事実を公表されない法的利益が優越することが明らかな場合には，検索事業者に対し，当該URL等情

報を検索結果から削除することを求めることができる」とした（最決平29・1・31民集71巻1号63頁）。もっとも，その後，ツイッターの検索結果の削除請求について，最高裁は，上記決定の比較衡量に関して優越が「明らか」であることまでは要求しない立場を示した（最判令4・6・24民集76巻5号1170頁）。

　(2)　公害　　Case 8-9 **1** に関する差止請求について，最高裁は，道路公害に関して，受忍限度についての枠組みを提示した。そこでは，被害の種類・蓋然性と，その事業活動の公共性を特に重視する立場が示されている。すなわち，国道43号線訴訟上告審判決（最判平7・7・7民集49巻7号1870頁〔損害賠償〕，2599頁〔差止〕）によれば，前述したように，損害賠償に関する違法性の判断としては，①侵害行為の態様と侵害の程度，②被侵害利益の性質と内容，③侵害行為のもつ公共性の内容と程度，④被害の防止に関する措置の内容等の4点を考慮し，③の考慮にあたっては⑤受益と被害の彼此相補性を検討することとしているが（⇒4 **8** ），差止については①，②および③のみを取り上げて比較衡量をしている。③に関する判断の仕方は，損害賠償の判断においては当該道路が地域住民の日常生活の維持・存続に不可欠とまではいえないとしているのに対して，差止の判断においては当該道路が沿道の住民や企業に対してだけではなく，地域間の交通や産業経済活動に対してかけがえのない多大な便益を提供しているとしており，両者で判断の仕方が異なっている。

賠償違法と差止違法　　賠償違法と差止違法を同次元のものとみるべきかについては，判例は必ずしも明らかではない。学説上は，差止違法については賠償違法よりも高度の違法性を要求する立場が有力に唱えられる（違法性段階説）一方，両者の違法は同次元であるとする立場も主張された。

　これらの見解に対し，差止と損害賠償とでは違法性について判断

ファクターが異なり，判断ファクターの重みづけも異なるのであり，違法性に段階があるか同次元かという議論には収斂しないし，収斂すべきではないとの見解も存在する（ファクターの重みづけ相違説）。差止請求の中に，防止装置の設置など，高額な費用のかからないものがあることは，このような見解の理由となろう。

# *9* 損害賠償請求権

## 1 請求権者とその範囲

権利主体

（1）自然人・胎児 自然人は，被害者本人のほか，後述する間接被害者や相続人として，損害賠償請求権の主体となりうる。

胎児には権利能力（3条1項で出生に始まる）がないが，損害賠償請求権については，すでに生まれたものとみなされる（721条）。したがって，①胎児である間に，父が不法行為により死亡した場合には，固有の損害賠償請求権を取得しうる（遺族固有の慰謝料請求権〔711条〕のほか，逸失利益の相続構成〔⇒相続人(1)〕をとらない場合には，扶養利益侵害による損害賠償請求権も取得）。また，②胎児自身が不法行為による侵害を受けた場合（たとえば胎児性水俣病患者〔熊本地判昭48・3・20判時696号15頁参照〕）にも，721条が適用され，固有の損害賠償請求権を取得しうる（通説）。さらに，胎児は，相続についてもすでに生まれたものとみなされ（886条1項），③胎児である間に死亡した父の損害賠償請求権を相続によって承継取得することもできる。

Case 8-27

Aは血縁上の父Bが不法行為により死亡した時に未認知の胎児であっ

た。出生前に A の近親者 C が代理して不法行為の加害者 D とした和解は有効か。

---

　721 条（および 886 条 1 項）の《生まれたものとみなす》の意義については，争いがある。判例は出生した段階で遡って胎児に損害賠償請求権を認める立場（停止条件説ないし人格遡及説。民法起草者の見解でもある）をとる。Case 8-27 と同様の事例では，出生前の和解の効力を否定して，出生後にした A の D に対する損害賠償請求を認めた（大判昭 7・10・6 民集 11 巻 2023 頁〔阪神電鉄事件〕。扶養利益侵害による不法行為）。

　これに対し，学説では，死産の場合に遡って権利能力を失うとする立場（解除条件説ないし制限能力説）が有力で，Case 8-27 では和解は有効となる。死産よりも出生する確率が高いことや，胎児の間に代理人による権利保全が可能になることを理由とするが，民法上存在しない胎児の代理制度を解釈で認めることに慎重な学説も有力である。

　いずれの説でも，死産の場合には，胎児は（固有の資格でも相続人としても）損害賠償請求権を取得できない（なお，胎児に対する侵害で死産した場合に父親の慰謝料請求権を認めた裁判例がみられる〔大阪地判昭 50・3・28 判時 800 号 80 頁，東京地判昭 51・12・23 判時 857 号 90 頁〕）。

　(2)　法人　　法人も権利能力を有するので，損害賠償請求権の主体となりうる。権利能力なき社団も法人に準じて損害賠償を請求しうると解されている（民訴 29 条参照）。

相続人
　(1)　財産的損害　　相続人（自然人・胎児）は，被害者が死亡した場合に，被害者の損害賠償請求権を相続によって承継する。ただし，被害者が即死した場合の逸失利益の損害賠償請求権については議論がある。

大審院は，被害者が重傷後死亡した事例で，被害者が将来生存して取得すべき利益の喪失による損害賠償請求権を死亡前に取得し，それを死亡時に遺族が相続する旨の判決（大判大 9・4・20 民録 26 輯 553 頁）を経て，被害者が即死した事例で，被害者の死亡による逸失利益の賠償請求権の相続を正面から認めた（大判大 15・2・16 民集 5 巻 150 頁）。①即死の場合に主体が消滅しているとして損害賠償請求権が発生しないとすることは，即死でない場合との不均衡を生ずること，②即死の場合も傷害と死亡との間に観念上時間の間隔があるので，被害者が受傷の瞬間に損害賠償請求権を取得して，それが死亡により相続されると考えられることがその理由である。

　これに対し，多数説は，㋐上記②の説明が技巧的で不自然である，㋑子が就労可能年数（一般に 67 歳まで）働いたら得たであろう利益を余命の短い親が相続する（逆相続）という不合理な結果を生じうる，㋒被害者の死亡によって生活上影響を受ける関係にあっても相続人でないために保護の対象から外れる者が生じうる，㋓その反面，上記の関係になくても多額の損害賠償請求権を相続する「笑う相続人」が生じうるなどと批判する。近親者が死亡被害者の相続人として損害賠償請求する相続構成ではなく，扶養利益が侵害されたことによる自己固有の損害を賠償請求する扶養構成をとるべきだとする。

　他方で，判例の相続構成を支持する学説も有力であり，上記の批判は必ずしも致命的ではないとする。むしろ，扶養構成をとった場合の問題点として，相続構成よりも賠償額が低くなること，不均衡が生じうること（即死の場合と労働能力を 100％ 喪失する重傷を負って損害賠償に関する合意や債務名義が成立した後に死亡した場合の不均衡や，負傷よりも死亡のほうが賠償額が低くなりうる不均衡），相続構成よりも計算基準や請求権者の範囲が不明確になることなどが主張されている。相続構成をとる立場を支持したい。

相続構成をとる判例においても，相続放棄をした妻・未成熟子や相続権のない内縁の妻などについては，扶養構成による請求を認めている（⇒間接被害者（その1）近親者）(2)）。

　(2)　精神的損害　　判例は，当初は，慰謝料請求権の相続を否定していたが，被害者本人が請求の意思表示をすれば（相手に到達しなくても）相続を認める立場に転じた（大判大8・6・5民録25輯962頁）。しかし，被害者が「残念残念」と言った場合は請求の意思表示ありとして相続が認められる（大判昭2・5・30新聞2702号5頁）一方，他の裁判例では死に際の言葉によって請求の意思表示であるか（相続が肯定されるか）が左右されたことから（即死の場合との不均衡からも），批判を浴びた。

　そこで，最高裁は，判例を変更し，被害者が慰謝料「請求権を放棄したものと解しうる特段の事情がないかぎり」，「損害の賠償を請求する意思を表明するなど格別の行為」をしなくても，当然に相続の対象となるとした（最大判昭42・11・1民集21巻9号2249頁）。

　学説は，慰謝料請求権は一身専属権（896条ただし書）として相続の対象とならず，遺族は711条の固有の慰謝料請求権を行使すれば足りるとする立場が支配的である。

　しかし，①相続否定説には，重傷を負って慰謝料に関する合意や債務名義が成立した後に死亡した場合（相続を認めざるをえない）との不均衡が残ること，②同じ金銭債権たる損害賠償請求権として財産的損害との統一的処理による簡明性・便宜性から，ここでも相続を肯定する判例を支持したい。安全配慮義務違反や医療過誤などで債務不履行構成をとる場合，711条の適用を否定するのが判例であり（最判昭55・12・18民集34巻7号888頁），慰謝料請求権の相続が711条とは独立した意義を有する点からも，相続肯定説に立つ意義がある。

<table>
<tr><td>

間接被害者
（その1）近親者

</td><td>

（1）　**精神的損害**　　Ａの不法行為で被害者
Ｂが人身損害を被ったことで，被害者の近
親者Ｃが精神的損害を受けることがある。

</td></tr>
</table>

711条は，一定範囲の近親者（「父母，配偶者及び子」）が，被害者の
死亡（「生命」の侵害）で被った精神的損害について，固有の慰謝料
請求権を認めるが，709条・710条との関係が問題となる。

　学説では，①709条・710条の一般原則では導けない帰結を創
設・補充した規定と解する立場も有力である（起草者の見解でもあ
る）。

　しかし，法的保護に値する利益を広く709条の被侵害利益として
認める今日においては，②709条・710条の一般原則に対し，㋐一
定の「人的関係と被害」の双方から「制限」しつつ，㋑上記の要件
を満たす場合の精神的損害に関する「立証責任を軽減」した規定と
解すべきである（精神的損害は，財産的損害に比べて無定形で明確性を
欠くところ，間接被害者に関してはこの問題がより顕著になるため，立証
責任を緩和しつつ適切な範囲に賠償を制限することに意義が認められる）。
後述のように，判例は，②の立場と整合的であるが，711条の規定
する人的関係や被害に直接該当しない場合にも適用を認めているの
で，上記㋐については《例示的に》要保護性のある「人的関係と被
害を制限」したというべきだろう。

　㋑の「立証責任の軽減」に関して，大審院は，父親死亡時に1歳
4か月に満たない（まだ精神的苦痛を感じる能力のない）幼児の711条
に基づく慰謝料請求を認めている（大判昭11・5・13民集15巻861
頁）。また，㋐の709条・710条の「一般原則の制限」に関して，
最高裁は，711条は死亡以外の場合に近親者の慰謝料請求権をすべ
て否定したものではなく，母親が「子の死亡したときにも比肩しう
べき精神上の苦痛を受けた」と認められる本件においては，《709

条・710条に基づいて》, 自己の権利として慰謝料を請求できると
している（最判昭33・8・5民集12巻12号1901頁〔10歳の娘が容ぼうに
著しい影響を与える跡を残す負傷を顔面にした事例〕）。

　一方, 死亡被害者の夫の妹（身体障害者のため長年にわたり死亡した
被害者と同居して庇護をうけていた）が慰謝料請求した事例で, 711条
は限定的に解すべきではなく, 「同条所定の者と実質的に同視しう
べき身分関係が存し, 被害者の死亡により甚大な精神的苦痛を受け
た者」には, 《711条の類推適用》が認められるとした最高裁判決
がある（最判昭49・12・17民集28巻10号2040頁）。前記①の学説は
この判決からも711条を709条・710条の一般原則を補充したもの
と理解するが, 前記②の学説のように, 現実の精神的苦痛の立証を
軽減する規定として711条を捉えるべきである。711条を類推適用
することで, 同条が規定する父母・配偶者・子と実質的に同視しう
る特別に密接な身分的関係の立証をもって, 被害者の死亡により要
保護性のある甚大な苦痛を受けたものと推定して, 慰謝料請求を認
めたものと理解すべきである。

　◆本書の立場の整理　　711条は, 709条・710条の一般原則を制
限し, 加害者の不法行為によって被害者が死亡した場合に, 被害者
の近親者のうち父母・配偶者・子が受けるような甚大な精神的苦痛
のみを賠償対象に限定する（被害の密接関連性と重大性・要保護性）と
ともに, ㋐被害者の死亡, ㋑被害者の父母・配偶者・子という2要
件を満たせば, 甚大な精神的苦痛を具体的に立証しなくても慰謝料
請求を認める趣旨の規定とみるべきである。したがって, ㋐の要件
にあたらない場合でも, 被害者が死亡した場合に比肩しうる重大な
精神的苦痛を㋑の近親者が受けたことを立証した場合には, そこま
で711条の制限が及ぶものではなく, 709条・710条の一般原則に
よる慰謝料請求が認められる（ただし, この点に関する判例の判断はや
や緩いので被害者が植物状態になった場合などに限定すべきである）。また,

⑦の要件にあたらない場合でも，死亡被害者との間に⑦と実質的に同視しうる特別に密接な身分的関係が立証された場合には，711条が類推適用され，甚大な精神的苦痛を具体的に立証しなくても慰謝料請求が認められるべきである。

(2)　**財産的損害**　　扶養利益侵害による損害賠償請求は，前述した妻や未成熟子が相続を放棄した場合（最判平12・9・7判時1728号29頁〔死亡した被害者に多額の債務があったため妻と子らが相続放棄〕）のほか，内縁の妻（自動車損害賠償保障法72条1項の請求であるが，最判平5・4・6民集47巻6号4505頁）や，相続権のない老親（秋田地判昭60・9・3交民18巻5号1191頁）についても，認められる。

そのほか，近親者が支出した医療費や近親者の入院付添いについては，被害者の損害として被害者から請求する場合も多いが，不法行為によって近親者に発生した損害として近親者から請求することも認められる（大判昭12・2・12民集16巻46頁〔医療費〕）。さらに，近親者からの葬儀費用（大判大13・12・2民集3巻522頁）や仏壇の費用（最判昭44・2・28民集23巻2号525頁）の請求も認められてきた。学説では，扶養義務に基づく義務的な支出の場合には，賠償者の代位（422条の類推適用）による説も有力である。扶養義務者でない近親者の支出の場合には，事務管理または委任契約に基づく費用償還請求権（702条・650条）や，弁済者代位（499条）による構成も主張されている。

◆**相続構成と扶養構成の関係**　　死亡した被害者の収入から，①生活費，②奢侈（贅沢）的支出，③家族の扶養，④貯蓄が支出されると考えた場合，相続構成では，②③④の分を請求できるのに対し，扶養構成では③の分しか請求できないことが指摘されている。したがって，扶養構成のほうが一般に額が低くなる。また，死亡した被害者について相続構成による請求と扶養構成による請求が競合した場合（たとえば，唯一の血族である妹と内縁の妻が各構成により請求した

場合），後者の請求分が前者の請求分から控除されることになる（前掲最判平5・4・6参照）。これは，被害者が死亡しなければ得たであろう収入から扶養料（および本人の生活費）が支出されて，その残額が相続されるという論理関係にあるからである。

Case 8-28 ────────────────────────────────

　Aの過失による交通事故で，Bは視機能に障害を来し，薬剤師としての営業能力が低下した。Aに対し，Bからの治療費・慰謝料の賠償請求とともに，Bの個人経営する薬局のC有限会社（税金対策による法人形態で社員はBのほか名目上Bの妻のみ）からの営業損害の賠償請求ができるか。

────────────────────────────────────────

> 間接被害者
> （その2）企業損害

企業損害については，個人会社型の企業損害（形式的企業損害），真正企業損害，肩代わり型の企業損害の3類型がある。

　(1)　個人会社型の企業損害（形式的企業損害）　　最高裁は，Case 8-28と同様の事案で，C会社が法人とは名ばかりのBの⑦「個人会社」であり，Bには会社の機関としての⑦「代替性がなく」（非代替性），BとC会社は⑦「経済的に一体をなす」関係（経済的一体性）にあるとして，AのBに対する加害行為とBの受傷によるC会社の利益逸失との間に「相当因果関係」を認め，「形式上間接の被害者」たるC会社からの請求を認めた原審判断を正当とした（最判昭43・11・15民集22巻12号2614頁）。

　上記判決は，⑦⑦⑦の3要件を満たすことで，①B固有の逸失利益と②C固有の逸失利益とを基本的に同視して，Bから①の請求をする代わりに，Cからの②の請求を認めたものと理解できよう。

　これと表裏一体をなすものとして，以下のように，判例や裁判例

の大勢は，上記⑦や⑦の要件を満たさない真正企業損害については賠償を否定している。

(2) 真正企業損害　真正企業損害は，AのBに対する不法行為によって，Bに営業活動を依存する企業Cが，営業を阻害されて営業損害等を被った場合に（個人会社型の企業損害とは異なり）Bからの損害賠償請求とは独立した形でC固有の営業損害等を請求する類型である。① AがBの生命身体を侵害して，社員Bの休業等で営業損害等を被った企業Cが（Bとは独立した形で）Aに損害賠償請求する場合のほか，②BがCの取引先で，Bからの電力・製品などの供給にCが依存している場合もある。

上記①の場合を典型とする真正企業損害について，賠償を否定した原審判断を是認した最高裁判決がみられる。

*Column⑤*　真正企業損害（最判昭54・12・13交民12巻6号1463頁）

家庭用置き薬の販売会社Cの従業員数人中の1人であるBが，Aの不法行為で負傷し，担当地域での営業ができなくなったため，Cが，Aに対し営業損害の賠償を請求した事件。第1審（東京地八王子支判昭53・7・31交民12巻2号347頁）は，前掲最判昭43・11・15を意識した非代替性と経済的一体性の要件の下，相当因果関係を肯定して請求を認めたが，控訴審（東京高判昭54・4・17判時929号77頁）は相当因果関係を否定し，最高裁もこれを是認した。

控訴審は，「事業はその従業員が余人をもつて代え難い者であればある程その者の事故に伴ない……困難となる危険が大き」く，「その危険の除去」は継続的事業をする「経営者の責任」であるので，従業員としての「代替性がないこと」を相当因果関係の判断基準とすべきではなく，また，「経済的一体性」も認められないとして，第1審の判断を斥けている。

上記のように，経済的一体性の要件を欠くことを理由に真正企業

損害の賠償を否定する裁判例が支配的である。少数ではあるが，①′従業員の業務に代替性がないとされた事例や，②′従業員の15人中10人が死傷した事例において，逸失利益の賠償が認められた裁判例もあるが，いずれも上級審で覆されている（①′につき，名古屋地判昭55・9・26交民13巻5号1203頁，名古屋高判昭56・12・23交民14巻6号1320頁〔経済的一体性を否定〕，②′につき，大津地判昭54・10・1下民集30巻9〜12号459頁，大阪高判昭56・2・18判タ446号136頁〔個人会社でない場合は会社に対する故意を要する〕）。

　上記②′の事例まで否定されているように，真正企業損害の賠償についてきわめて制限的・否定的な傾向には，学説からの批判も強い。社員等の死傷による真正企業損害に関しては，⑦′企業の規模や当該従業員の地位を踏まえた「非代替性」の要素と，④′損害の内容および程度を踏まえた被害の「重大性・要保護性」の要素による，賠償範囲と保護法益性の判断によるべきであろう。

　◆真正企業損害の法律構成　①ドイツ民法（823条）は，故意または過失により他人の権利を違法に侵害した者は「その他人に対し」これによって生じた損害の賠償義務を負う旨を規定しており，不法行為の損害賠償請求権者を直接の被害者に限定している。そのため，企業損害などの間接被害者の問題は，別の主体との間で別の不法行為が成立するかどうかの問題（これまでの設例ではAB間ではなくAC間の問題）とされている。日本でもそのように解する学説が有力である。②しかし，709条にはドイツ民法のような条文上の制限がないことや，同様の条文構造をもつフランス民法（1240条〔旧1382条〕）において相当因果関係の問題とされている（肯定例もみられる）ことから，別の主体に損害が拡大した場合も，判例のように賠償範囲の問題（⇒*6*④）として法律構成すべきである。

　上記①の立場からは，企業Cとの関係で別個の不法行為の成立が必要となるので，企業Cとの関係で故意・過失があることが要

件となる。これに対し，②の立場からは，社員Ｂとの関係で故意・過失があれば不法行為が成立し，企業損害はその不法行為の賠償範囲の問題となるので，企業Ｃとの関係では故意・過失は必要がない，という違いがある（ただし，過失不法行為の賠償範囲について義務射程説〔⇒ **6** ④〕をとる平井説では，過失の義務射程が企業に及ばなければ賠償範囲に入らない）。なお，711条の近親者固有の慰謝料請求権については，加害者Ａに被害者Ｂとの関係で故意・過失があれば，ＡＢ間で成立した不法行為の賠償範囲として近親者Ｃの慰謝料請求が認められることに異論はない。

◆**取引先に対する物的侵害による企業損害**　　前述のように企業損害は，従業員の人身侵害以外でも問題となる。東京地判平22・9・29判時2095号55頁は，Ａの従業員らの過失によるＢ電力会社の送電線切断事故で送電が停止し，Ｃ鉄道会社が列車の運行停止による運賃払戻し等の損害を請求した事件で，予見可能性のない特別事情による損害であるとして相当因果関係を否定した。これに対し，大阪地判平27・9・16判時2294号89頁は，Ａ（東京電力）の原発事故で操業停止したＢ社と独占販売契約をしていたＣ社が，製品の特性上代替品を入手できず営業損害を被った事件で，一定期間の逸失利益につき相当因果関係を認めた。判決が理由とする，両社の「非常に緊密かつ特殊な関係」に加えて，原発事故の避難指示区域にされたＢ社の長期の操業停止というＣのリスク計算の想定外の事態も重要といえよう。

(3)　**肩代わり型の企業損害**　　Ａの不法行為によって身体に傷害を受けた被害者Ｂの使用者Ｃが，休業手当や治療費を支出した場合（「肩代わり損害」）について，学説は，近親者の場合と同じく，支出が義務的かどうかで区別する。

　義務的な支出の場合は，①賠償者の代位（422条類推適用）による説が多い。義務的でない場合は，②弁済者代位（499条），③代償請求権，④事務管理または委任契約に基づく費用償還請求権（702

条・650条）などの構成が主張されている。

　判例は，使用者が第三者の不法行為による労働者の死亡について労働基準法79条に基づく義務として遺族補償を履行した場合について，賠償者の代位（422条類推適用）を認めている（最判昭36・1・24民集15巻1号35頁）。

## ② 譲渡と債権者代位

はじめに）財産権侵害による財産的損害の賠償請求権の相続性は問題なく認められている。一方，人身侵害による財産的損害・精神的損害の賠償請求権の相続性（特に即死の場合）については議論が分かれているが，重傷後死亡の場合には学説も一定の要件（支払の合意や債務名義の成立など）の下，相続性を認める傾向にある。本書がいずれの場合にも当然に相続を認める立場であることは前述した（⇒①相続人）。では譲渡性はどうか。

譲　渡）財産権侵害による財産的損害とともに，人身侵害による財産的損害（逸失利益）についても，賠償請求権の譲渡性が認められているのに対し，人身侵害による精神的損害（慰謝料）の賠償請求権については議論が分かれている。原則として譲渡性を否定しつつ，支払の合意や債務名義が成立した場合に例外的に譲渡性を認めるのが近時の有力説である。相続性と譲渡性で別個の扱いをすることになるが，これを支持したい（相続性と譲渡性の問題を「帰属上の一身専属性」の問題として一括して扱うのが従来の議論の傾向であるが，相続と譲渡は別個の制度であり，それぞれの趣旨に照らして別個の扱いを認めるべきである。フランスでは損害賠償請求権について譲渡性よりも相続性のほうが広く認められている）。

　　　　　　　　　　　学説では，財産権侵害・人身侵害を問わず，
| 債権者代位 |　①財産的損害の賠償請求権については債権
者による代位行使（423条）を認めるが，②精神的損害（慰謝料）の
賠償請求権については行使上の一身専属権（423条1項ただし書）と
して，債権者による代位行使を否定する説が多い。ただし，②につ
いては，具体的に請求された場合や合意または債務名義が成立した
場合には，例外的に「行使上の一身専属性」が失われ，代位行使の
対象となると解する説が有力である。

　判例は，名誉毀損に関してであるが，被害者本人が慰謝料請求権
の「請求意思を貫くかどうかをその自律的意思に委ねるのが相当で
ある」（承継取得者にはそのような理由はない）として，①合意または
債務名義が成立するなど「具体的な金額の慰藉料請求権が当事者間
において客観的に確定した」場合，または，②「被害者がそれ以前
の段階において死亡した」場合でない限り，一身専属性を有するも
のとして債権者は代位行使することはできないとしている（最判昭
58・10・6民集37巻8号1041頁）。

　　◆判例に対する疑問　　債権者代位の可否について（債務者の権利
　　行使の自律性よりも）債権者の共同担保となる権利であるか否かに着
　　目する立場からは，判例が上記①のみならず②の場合にも一身専属
　　性が失われるとする点は疑問となる。さらに，損害賠償請求権の代
　　位行使については，もともと共同担保性をもった権利が侵害された
　　ものか否かに着目することもできよう。生命・身体・名誉などの人
　　格権については，その侵害による損害賠償請求権も（財産的・精神
　　的を問わず）共同担保性のないものとして債権者による代位行使の
　　対象とならない（上記判例がいう相続によって承継取得された場合であっ
　　ても）と解することもできよう（フランスにはそのような考え方がみら
　　れる）。

（1）　**不法行為と 422 条の類推適用**　　債務
不履行については，損害賠償による代位の
規定（422 条）があるので，受寄者は，受
寄物を詐取されたために寄託者に目的物の価額の全部の賠償をした
ときは，目的物の所有権または損害賠償請求権を取得する。不法行
為で他人の物を損傷した加害者が物の価額の全部を賠償した場合に
も，422 条の類推適用により，加害者が目的物の所有権を取得する
（異論のない通説）。

賠償者の代位
（損害賠償による代位）

（2）　**「肩代わり損害」との関係**　　第三者の不法行為によって身体
に傷害を受けた被害者の扶養義務者や使用者が，治療費や休業手当
を支出した場合（「肩代わり損害」）にも，422 条の類推適用による損
害賠償請求権の代位が認められるかが問題となる。義務的な支出に
ついては，422 条を類推適用して，扶養義務者や企業が損害賠償請
求権を取得すると解する学説が有力である（義務的でない場合は前述
のように弁済者代位などの構成による）。判例も，労働基準法 79 条に
基づく遺族補償義務の履行について 422 条を類推適用している（前
掲最判昭 36・1・24）。しかし，より端的に，扶養義務者ではない近
親者が支出した場合も含めて，支出自体を賠償範囲にある（判例で
いう相当因果関係ある）損害と解することで足りよう（下級審裁判例に
多くみられ，フランスでも同様に解されている）。

## ③　消　滅　時　効

不法行為による損害賠償請求権も債権の一
種として消滅時効が規定されている（短期
と長期に大別される）。①短期は，⑦原則として 3 年間（724 条 1 号），
④生命・身体の侵害によるものは 5 年間（724 条の 2）とされる。②
長期は，一律に 20 年間（724 条 2 号）とされる。2017（平成 29）年

概　　　　観

の債権法改正で，①の④の例外が設けられるとともに，②も消滅時効であることが定められた。

| 短期の消滅時効と趣旨 |

(1) 原則　724条1号は，不法行為による損害賠償請求権について，被害者（または法定代理人）が「損害及び加害者を知った時」から「3年間」の消滅時効を原則とする。これは，債権者が権利を行使することができることを知った時から5年間の消滅時効を規定する166条1項1号の特則である。時効期間が相対的に短い（債権法改正の前後を通じて変わらない）趣旨については，改正前の判例が指摘する加害者保護（法的地位の安定）が妥当しよう（最判昭49・12・17民集28巻10号2059頁・最判平14・1・29民集56巻1号218頁は，損害賠償の請求を受けるか，いかなる範囲まで賠償義務を負うか等が不明で不安定な立場にある加害者の法的地位の安定をいう）。一方，《損害および加害者を知った時》という主観的起算点（債権法改正の前後を通じて文言は変わらない）については，予期しない事情に基づく未知の相手に対する請求権行使の機会の確保という被害者保護の要請によるもので，その機会を放置して被害者保護の要請が尽きた先で加害者保護がされることになる（債権法改正前の前掲最判平14・1・29はこのような趣旨を述べる）。

(2) 生命・身体侵害の例外　724条の2は，「人の生命又は身体を害する不法行為」に関する例外として，724条1号の3年間を「5年間」に読み替える形で消滅時効を規定する（そのため主観的起算点については共通である）。生命・身体という法益の重要性から原則の3年間より長くしたものである。

なお，生命・身体の侵害による損害賠償請求権については，不法行為と債務不履行（安全配慮義務違反など）との間で消滅時効期間が統一されている。すなわち，債務不履行についても（不法行為のよ

うな生命・身体の侵害か否かの区別なく）短期の消滅時効期間は主観的起算点から「5年間」である（166条1項1号）。また，後述のように不法行為の長期の消滅時効期間は（生命・身体の侵害か否かを問わず）客観的起算点から「20年間」であり，債務不履行についても，生命・身体の侵害によるものについては，客観的起算点から「20年間」である（167条）。

Case 8-29 ─────────────────────────────

**1** 太平洋戦争中にスパイ容疑で警察官から拷問を受けたＡは，加害者Ｂの姓しか知らなかったが，戦後になって調査を続け，住所と氏名を確認して慰謝料請求の訴えを提起した。

**2** Ｃは，Ｃの名誉を毀損するＤ新聞社の記事が通信社から配信されたことを知った。他にも同内容の記事が配信された可能性が高いことを認識したが，拘置所にいたため，Ｅ地方新聞社に配信・掲載されたことを知るまで年月が経過し，Ｅに対する訴えが遅れた。

─────────────────────────────

| 短期の消滅時効の起算点 |

前述のように，724条1号および724条の2が規定する3年間および5年間の短期の消滅時効期間は，「被害者又はその法定代理人が損害及び加害者を知った時」という主観的起算点を同じくする。この文言は債権法改正前から共通であり，上述のように被害者保護の趣旨は変わらないと考えられる。したがって，起算点に関する改正前の判例等の解釈論は改正後も基本的に維持されよう。

（1）加害者を知った時　「加害者を知った時」とは，「加害者に対する賠償請求が事実上可能な状況のもとに，その可能な程度にこれを知つた時」を意味するとした債権法改正前の判例がある（最判昭48・11・16民集27巻10号1374頁）。この判決は，Case 8-29 **1** と

同様の事案で，上記判示に続けて「被害者が不法行為の当時加害者の住所氏名を的確に知らず，当時の状況においてこれに対する賠償請求権を行使することが事実上不可能な場合においては，その状況が止み，被害者が加害者の住所氏名を確認したとき」に初めて加害者を知ったことになるとした上で，AがBの住所と氏名を確認した時点から起算し，消滅時効の成立を否定した。この事案は特殊であり，一般的には，加害者の住所氏名を現実には知らなくても，調査すれば容易に知ることができた時を「加害者を知った時」と解すべきである。

なお，㋐直接の加害者と㋑賠償義務者とが異なる714条や715条の損害賠償請求権については，㋑を知った時と解するべきである。改正前の判例も715条の責任における「加害者を知った時」について，被害者において，「使用者ならびに使用者と不法行為者との間に使用関係がある事実に加えて，一般人が当該不法行為が使用者の事業の執行につきなされたものであると判断するに足りる事実をも認識すること」とする（最判昭44・11・27民集23巻11号2265頁）。

(2) **損害を知った時**　損害の認識が被害者の権利行使の出発点となる以上，《損害を知った時》については，損害の発生を現実に認識することを要するべきである。

債権法改正前の判例も，Case 8-29 **2** と同様の事案で，「被害者が損害を知った時とは，被害者が損害の発生を現実に認識した時をいう」と判示して，CがEによる記事掲載を現実に知った時から3年間の消滅時効を起算することで，Cの請求を認めた（前掲最判平14・1・29。上記判示の時点の前は被害者が損害賠償請求に及ぶことを期待できないことや，その前に消滅時効の進行を認めると被害者に損害発生の調査の負担が課される結果となることを理由とする）。

被害者の権利行使が期待できるには，不法行為責任が一応成立す

る損害であることの認識も必要であろう。715 条の使用者責任に関する前掲最判昭 44・11・27 が，一般人として事業執行性があると判断するに足りる事実の認識も要するとしたのは，この趣旨であろう。

　なお，同一の交通事故による損害賠償請求権でも身体障害と車両損傷によるものは被侵害利益を異にする別個のもので，起算点も各別に判断される（最判令 3・11・2 民集 75 巻 9 号 3643 頁。改正前 724 条前段に関するものだが 724 条 1 号にも妥当しよう）。

　(3)　**損害が継続的・累積的な場合**　　損害が継続的である場合はどうか。侵害が継続する限りその損害は日々新たに発生し，新たな損害を知った時から別個の消滅時効が進行すると解される（逐次進行説ないし個別進行説）。もし被害者が損害および加害者を最初に知った時から全部の損害について消滅時効が進行するならば，3 年経過後は，不法行為が現に継続していても損害賠償請求ができなくなるからである。不法占拠に関して，債権法改正前の判例法理も上記の立場をとる（大連判昭 15・12・14 民集 19 巻 2325 頁）。継続的な騒音被害についてこのような判断をした改正前の裁判例もある（福岡高判平 4・3・6 判時 1418 号 3 頁〔福岡空港事件〕参照）が，騒音被害が健康に影響を及ぼすならば，次の累積的な損害として捉えるべきであろう。

　継続的な不法行為によって累積的に発生・進行した損害については，これを一体として把握・評価する必要性から，不法行為が終了した時から起算すべきである。改正前の裁判例にも，継続的な騒音被害（大阪地判平元・8・7 判時 1326 号 18 頁，仙台高判平 23・2・10 判時 2106 号 41 頁）や，大気汚染公害による健康被害（大阪地判平 3・3・29 判時 1383 号 22 頁〔西淀川公害第 1 次訴訟〕。訴訟提起時まで起算点を遅らせた）について，このような考え方によるものがある。

（4）　後遺障害・後遺症　　後遺障害による逸失利益について損害賠償請求権を行使するには，後遺障害の固定を待つ必要がある。したがって，その時点が逸失利益について《損害を知った時》というべきである（最判平 16・12・24 判時 1887 号 52 頁参照）。

　一方，不法行為による受傷について，相当期間経過後に，受傷当時には医学的に通常予想できなかった後遺症が顕在化した場合はどうか。それまではその治療費等の損害賠償請求権の行使は期待できない以上，その損害賠償請求権についてはその時点を《損害を知った時》というべきである（最判昭 42・7・18 民集 21 巻 6 号 1559 頁参照）。

長期の消滅時効

（1）　意義　　724 条は，柱書で「不法行為による損害賠償の請求権」は「時効によって消滅する」旨を規定し，2 号に客観的起算点（「不法行為の時」）から「20 年間」の時効期間を定める。主観的起算点から 3 年間の短期の消滅時効とは別に，上記の客観的起算点からの長期の消滅時効が定められたのは，主観的起算点を要件とする限り，被害者の認識によっては，いつまでも消滅時効が起算されず，加害者が不安定な法的地位に置かれるからである。

　他方で，同条は，債権法改正前 724 条後段を 20 年の除斥期間と解した改正前の判例法理（最判平元・12・21 民集 43 巻 12 号 2209 頁など）を立法で否定し，学説で有力化していた消滅時効説を明文化したものである。

　除斥期間は，消滅時効のような更新・完成猶予（債権法改正前の中断・停止に相当）や援用の制度がなく，20 年の期間経過により，被害者による権利行使が画一的に遮断される。加害者の法定地位の安定には資するが，加害者に起因する事情を含めたさまざまな要因により権利行使が困難であった被害者には不当な結果となる。最高裁は，上記のような事情がある場合について，正義・公平等による一

定の例外的な被害者救済を図った（⇒◆債権法改正前の除斥期間の例外に関する判例）が，除斥期間を原則とする中できわめて限定されたものにとどまり，消滅時効を立法で定めることに至った。

◆債権法改正前の除斥期間の例外に関する判例　最判平 10・6・12 民集 52 巻 4 号 1087 頁は，集団予防接種の後遺症で心神喪失状態にある被害者から 22 年後に訴えが提起された事案で，「正義・公平の理念」や「条理」にも言及しつつ，「不法行為の被害者が不法行為の時から 20 年を経過する前 6 箇月内において右不法行為を原因として心神喪失の常況にあるのに法定代理人を有しなかった」などの「特段の事情」により，改正前 158 条（時効の停止。現行法の完成猶予に相当）の「法意」に照らし，改正前 724 条後段の除斥期間の効果を制限した。また，最判平 21・4・28 民集 63 巻 4 号 853 頁も，「正義・公平の理念」や「条理」に言及しつつ，「被害者を殺害した加害者が，被害者の相続人において被害者の死亡の事実を知り得ない状況を殊更に作出し，そのために相続人はその事実を知ることができず，相続人が確定しないまま上記殺害の時から 20 年が経過した」などの「特段の事情」により，改正前 160 条（相続財産に関する時効の停止。現行法の完成猶予に相当）の「法意」に照らし，改正前 724 条後段の除斥期間の効果を制限した。

◆旧法・改正法の適用関係　2017（平成 29）年改正法施行前にされた不法行為であっても，施行時に不法行為の時から 20 年が経過していなければ，改正法が適用され（同改正附則 35 条 1 項参照），除斥期間に関する改正前の 724 条後段とその判例法理は適用されない（20 年経過前については契約と違って当事者の予測よりも被害者保護が優先されるため。生命身体侵害を 5 年の消滅時効期間に改正した 724 条の 2 に関する同附則 35 条 2 項も参照）。改正前の判例の「特段の事情」や「法意」によることなく，160 条や 158 条が適用ないし類推適用されうる（前掲最判平 10・6・12 の事案は，158 条の①「期間満了前 6 箇月以内」において，②「未成年者又は成年被後見人」に，③「法定代理人がないとき」の要件のうち，②を満たしていないので，改正法の消滅時効が適用され

たとしても同条の類推適用によることになる）。

(2) 起算点　724条2号は，20年間の長期の消滅時効について，「不法行為の時」を客観的起算点とする（20年間について消滅時効を明文化する債権法改正の前から，20年間の起算点については変更がなく，旧来の解釈論は基本的に維持されよう）。

通常の不法行為は加害行為時に損害が発生し不法行為の要件を満たすので，加害行為時を「不法行為の時」と解することは，客観的起算点の基準として明確である。その一方で，土壌汚染など，加害行為終了後に相当期間が経過してから損害が顕在化する場合もある。その場合にも加害行為時を起算点とすることで，損害の発生を待たずに消滅時効の進行・完成を認めることは，権利行使を期待できない被害者にきわめて不当な結果となる。

そこで，①加害行為時に損害が発生する（通常の）不法行為については，加害行為時を「不法行為の時」と解しつつ，例外として，②不法行為によって発生する損害の性質上，加害行為が終了してから相当期間経過後に損害が発生する場合には，当該損害の全部または一部が発生した時を「不法行為の時」として起算すべきである。当該不法行為で発生する損害の性質上，20年間経過後も請求されることを加害者は予期し甘受すべきである。改正前の20年の除斥期間の起算点に関する判例は，同様の趣旨に立つものである（最判平16・10・15民集58巻7号1802頁〔水俣病関西訴訟〕）。

# 第**9**章 特殊不法行為

複数の主体による不法行為責任，他人の行為による不法行為責任，自己の管理する物による不法行為責任については，714条以下の特殊の不法行為の規定が適用される。本章ではこれについて説明する。

## *1* 序

一般不法行為は，709条を中心とする不法行為の原則的要件に関する規定であり（709条のほか，712条・713条・720条），これに対し，特殊不法行為は，適用範囲を特別な場合に限定しつつ，一般不法行為を修正した要件を定めている（719条・714条・715条・717条・718条）。

特殊不法行為は次の三つに分類することができる。

第1は，複数の主体による不法行為に関する規定であり，民法典はこれについて719条（共同不法行為）を置いている。本条が，さまざまな態様の複数主体の不法行為のうちどの部分を対象とするかについては争いがあるが，一般不法行為とは異なる要件を定めており，709条との相違をどう捉えるかが論じられている。関連して，709条の一般不法行為が単に競合した場合（競合的不法行為）についても言及する。

第2は，他人の行為による責任を規定するものであり，714条（責任無能力者の監督者責任）と715条（使用者責任）がこれにあたる。いずれも他人を監督する者の責任に関する規定であり，過失の立証責任が転換されている（中間責任）。

第3は，自己の管理する物に関する責任を規定するものであり，717条（土地工作物責任）と，718条（動物占有者責任）がこれにあたる。物の管理者の責任を定めており，土地工作物の占有者と動物の占有者については中間責任，土地工作物の所有者については無過失責任が課されている。

特殊不法行為の効果には，一般不法行為の規定が共通して適用される（721条〜724条の2。なお，710条・711条）。このほか，複数主体間の責任の関係については，各所で説明する。

# 2 共同不法行為と競合的不法行為

## 1 序

数人が共同の不法行為によって他人に損害を加えた場合には，各自が連帯して，生じた損害全体について賠償責任を負う（719条1項前段）。また，共同行為者のうち誰が損害を加えたかわからない場合（同項後段），教唆者および幇助者（同条2項）も同様である。民法は，このように，719条の共同不法行為について，①狭義の共同不法行為（1項前段），②加害者不明の共同不法行為（同項後段），③教唆および幇助（2項）の三つの態様を規定している。

もっとも，民法が，709条と比較した719条の存在理由をどこに求めるかについては，必ずしも明らかではない。従来は，709条の下では分割責任が原則であるにもかかわらず，719条の下では，共

同行為者に連帯責任を課することにより，被害者の救済を厚くしていると考えられてきた（判例は今もこの立場をとるようである。Case 9-1 の事案に関する最判平 13・3・13 民集 55 巻 2 号 328 頁参照）。

　しかし，今日の多数説は，709 条によって同一の損害について責任を負う数人の者もまた，連帯債務を負うのであり，効果の点では，719 条に 709 条と異なる独自の意味はないと考える。そして，むしろ，要件の点で，複数関与者の間に「共同」（「関連共同性」と呼ばれる）があれば，各自の行為と損害との間に 709 条におけると同様の因果関係がなくても，共同不法行為が成立することに，719 条の存在理由があるとするのである。

## Case 9-1

　自転車に乗っていた A（6 歳）は，B の運転する自動車と接触，転倒し，頭部などを負傷した。事故後，A は直ちに救急車で C 法人が経営する病院に搬送されたが，D（C の代表）は，A のレントゲン写真で頭蓋骨骨折を発見しなかったことから，頭部の CT 検査をしたり，病院内で経過観察することなく，一般的指示のみで A を帰宅させた。A は，帰宅後の夜，体調が急変し，A の両親である E らの要請により病院に搬送されたが，間もなく死亡した。A の死因は，頭部打撲による硬膜外血腫であったが，これは早期に除去すれば予後は良く，高い確率で救命の可能性があるものであった。A の両親は誰に対して損害賠償請求ができるか。

　Case 9-1 のように，複数の者が不法行為によって同一の損害について責任を負う場合としては，719 条の共同不法行為のほかに，複数関与者の間に「関連共同性」がなく，各人が単に 709 条によってそれぞれ同一の損害について責任を負う場合（「競合的不法行為」）があり，この両者を区別すべきことが，今日の多数説によって強調されている。

以下では，719条の共同不法行為の要件，効果，さらに，競合的不法行為について扱う。

## ②　共同不法行為の態様と要件

狭義の共同不法行為
（719条1項前段）

狭義の共同不法行為が成立するためには，「数人が共同の不法行為によって」他人に損害を加えたことが必要である。その要件は，①複数関与者の各人に要求されるものと，②相互の関係において要求されるものに分かれる。

　(1)　各人が備えるべき要件　　伝統的多数説および判例によれば，各人の行為がそれぞれ独立に不法行為の要件を満たさなければならないとされる（最判昭43・4・23民集22巻4号964頁〔山王川事件判決〕。ただし，本判決は厳密には単独不法行為の事案を扱ったものである。前掲最判平13・3・13は，基本的にこの立場を維持している）。しかし，近時の多数説は，各人が不法行為の要件を満たすときは，709条によってそれぞれ責任を負うはずであり，伝統的多数説の下では，行為の関連共同性（⇒(2)参照）という要件を加重している719条の規定は無意味なものになると批判する。

　特に問題となる要件は，因果関係（事実的因果関係）である（従来，相当因果関係として扱われてきた問題については，賠償範囲の箇所で触れる）。判例は，基本的には，加害者各人の行為と損害の発生との間には因果関係が必要とするが（大判大8・11・22民録25輯2068頁，前掲最判昭43・4・23など），騒擾行為での殺傷行為と，現場に出動せず，単に騒擾の決議に参加したにとどまる者との間の因果関係を認めたもの（大判昭9・10・15民集13巻1874頁）のように，因果関係をきわめて緩やかに解した判決も存在した。伝統的な多数説も，「各人の行為と直接の加害行為との間に因果関係がありそこに共同性が

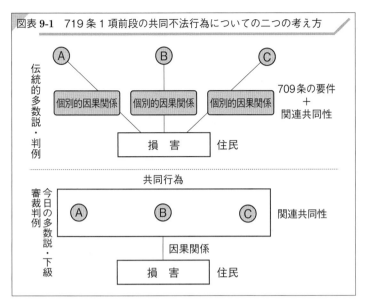

図表9-1 719条1項前段の共同不法行為についての二つの考え方

伝統的多数説・判例

Ⓐ Ⓑ Ⓒ

個別的因果関係 個別的因果関係 個別的因果関係

損害 住民

709条の要件
＋
関連共同性

今日の多数説・下級審裁判例

共同行為

Ⓐ Ⓑ Ⓒ

関連共同性

因果関係

損害 住民

認められれば」，共同の行為という中間項を通すことによって，損害の発生との間に因果関係があるといえるとしており，因果関係の厳格な認定を要求していなかった。

このような従来の判例・伝統的多数説に対し，近時の多数説は，これでは各人について709条の不法行為責任が成立することになり，行為の関連共同性という要件を付け加える719条の規定は，成立要件として意味がなくなると批判する。また，被害者が共同不法行為における各人の行為と損害の発生との間の因果関係を立証するのは困難な場合も少なくない点についても，批判を加えている。

そして，近時の多数説の立場においては，次述(2)で扱う関連共同性が存在し，共同行為と損害との間に因果関係があれば，各人の行為と損害との間の因果関係はなくてもよいとされる。下級審判決にも，このような見解に従うものが多い（大阪地判平3・3・29判時

1383号22頁〔西淀川公害第1次訴訟判決〕，大阪地判昭51・2・19判時805号18頁〔ただし，上告審（最判昭59・1・26民集38巻2号53頁）では不法行為の成立自体を否定した〕）。

　（2）　行為者間の関連共同　　共同不法行為が成立するためには，複数関与者の間に「共同の」関係，すなわち「関連共同」がなければならない。関連共同性については，主観的な認識を必要とする説（主観的共同説）と客観的な関連共同があれば足りるとする説（客観的共同説）がある。判例は，基本的には，客観的共同説を採用しており（大判大2・4・26民録19輯281頁，前掲最判昭43・4・23など），伝統的な多数説もこの立場に立ってきた。客観的共同説をとると共同不法行為の成立が容易になり，被害者の救済には厚くなる点に特質がある。しかし，一方，近時の多数説からは，自己の行為と因果関係のない結果についても賠償責任を負う根拠として果たして客観的共同で足りるのかという批判があり，このような見地から，新主観的共同説や主観・客観併用説が唱えられている（⇒(3)参照。なお，4も参照）。

　（3）　共同不法行為の類型化

Case 9-2

　A市B区および隣接地域に事業所を有する企業10社の操業等によって排出された大気汚染物質のため，同区に居住していた者が健康被害を受けた。10社のうち3社には，資本的な結びつきがあり，役員の相互交流，製品の相互供給が行われている。また，大気汚染防止法の制定（1968〔昭和43〕年）からB区大気汚染緊急対策策定（1970〔昭和45〕年）に至る経過の中で，公害問題が世間を賑わせていたという事情がある。この場合において，企業10社ないし3社はどのような責任を負うか。各人の個別的な因果関係の要件は関連共同の程度によりどのような影響を受けるか。

近時の多数説は，上記のように，719条1項前段の存在意義を，各人の個別的な行為と損害発生との間の因果関係の証明を必要としない点に求めているが，このように共同不法行為について責任を加重する反面として，関連共同の範囲に絞りをかけようとする傾向がみられる。そこでは，共同関係の態様に応じて，共同不法行為の類型化が行われている。その主要なものを挙げておく（なお，この類型化は，同条1項前段のみでなく，同項後段とも関連して行われているため，便宜，ここで後段についても若干触れておく）。

　(a)　新主観的共同説　　これは，719条1項前段の制度趣旨を各人の行為と結果との間の因果関係を擬制する点にあるとし，その根拠として「主観的共同」が必要であるとする立場である。ここにいう「主観的共同」は，各人が他人の行為を利用し，他方，自己の行為が他人に利用されるのを認容する意思があれば足りるというように，比較的広く解されている。それでも被害者の救済の範囲が制限されるおそれはあるが，これについては，1項後段の適用範囲を「客観的共同」がある場合一般に拡げ，その場合には各人の行為と結果との間の因果関係を推定することによって補おうとする。その場合，被告が寄与度の証明をすれば減責が認められることになる。

　(b)　主観・客観併用説　　これは，719条の存在意義については(a)と同じ考えに立ちつつも，関連共同性を「主観的共同」に限定すると，共同不法行為の現代的意義が失われると考え，1項前段の中に「主観的共同」の場合と「客観的共同」の場合とを含ませる立場である。主要な見解を挙げておく。

　第1説は，(a)に比較的近いものとして，1項前段の関連共同性としては，「主観的共同」の場合のほかに，「強い客観的関連共同」の場合（共同原因となった数人の行為が社会観念上全体として一個の行為と評価するのが適切な一体性をもつだけでなく，各人に緊密な関係がある場

図表9-2　強い関連共同性と弱い関連共同性

| | 行為者間の一体性の程度 | 根拠規定 | 効果 |
|---|---|---|---|
| 強い関連共同性 | 緊密な一体性 | 719条1項前段 | 個別的因果関係擬制 |
| 弱い関連共同性 | 社会通念上の一体性 | 719条1項後段類推（＊） | 個別的因果関係推定 |

＊下級審判決（西淀川公害第1次訴訟判決）および第1説

合）を含むとする立場である。1項前段が適用されるためには，この両者を含む概念である「強い関連共同性」（緊密な一体性）が必要であるとする。一方，1項後段が適用（正確には，類推適用）されるためには，「弱い関連共同性」（社会通念上の一体性。数人の行為が社会全体として一個の行為とみられる加害行為の全過程の一部に参加している場合）で足りるとするのである。1項前段と後段類推の効果については(a)と同様である。これは，関連共同性の弱い場合には，寄与度の必ずしも大きくない者に全額連帯を課さない途を認めようとする考え方である。

　元来，四日市公害訴訟判決（津地四日市支判昭47・7・24判時672号30頁）が採用した立場を若干修正したものであり，下級審裁判例には，この見解に従うものが少なくない。Case 9-2にあたる事案について判断した前掲大阪地判平3・3・29〔西淀川公害第1次訴訟判決〕は，この見解を採用している（同様の立場をとるものとして，横浜地川崎支判平6・1・25判時1481号19頁〔川崎公害第1次訴訟判決〕）。

　第2説は，1項前段には，各行為者が積極的に意思をもって関与した場合である「意思的共同不法行為」と，意思的関与がなくても客観的にみて一体性のある加害行為が損害を惹起した場合である

「関連的共同不法行為」の両者が含まれるとする。そして，それぞれ，意思的関与のある者のうち少なくとも一人の行為と損害の間の因果関係，または，一体性をもつ行為を構成する事実と損害の間の因果関係が存在すれば，各人の行為と損害の間の因果関係は問題とされないとする。「関連的共同不法行為」に必要な「加害的行為の一体性」は，判例の客観的関連共同よりも狭い。たとえば，交通事故と医療過誤が重なって被害者により大きな損害を与えた場合にはこのような一体性は認められないとされる（この点，Case 9-1 の事案に関する前掲最判平 13・3・13 とは異なる立場である）。また，1 項後段はいわゆる択一的競合の場合にのみ適用されるとする（⇒<u>加害者不明の共同不法行為（719 条 1 項後段）</u>(2)参照）。

*Column⑥* 類型化に関する学説 •━◆━•━◆━•━◆━•━◆━•━◆━•━◆━•━◆

　このように，共同不法行為についてはさまざまな類型化が行われているが，(a)については，因果関係が擬制される 1 項前段の適用を「主観的共同」のある場合に限定することは，他人との接触が増大し，損害が複雑な因果の中で発生する可能性が高まっている現代社会において適切かという批判がある。

　(b)においても種々の見解があるが，第 1 に，①自己の行為と因果関係のない結果について損害賠償責任を負う（擬制する）場面は，自己責任原則の例外となるため，限定されるべきである。第 2 に，被害者救済の実をあげつつ加害者の自己責任の原則に配慮するため，①の場面と，②各自の因果関係が必要とされる場面との間に，③因果関係の推定される場面を認めることが適当である。このように考えると，(b)のうちでも第 1 説が適切であると考えられる。①と③は効果が異なるから，①については 1 項前段の適用とし，③について1 項後段の類推適用とすることが適切であると考えられる（⇒<u>加害者不明の共同不法行為（719 条 1 項後段）</u>(2)）。

•━◆━•━◆━•━◆━•━◆━•━◆━•━◆━•━◆━•━◆━•━◆━•━◆━•━◆━•

Case 9-3

　A，B，Cが一緒に狩猟に行き，獲物に対して同時に射撃したところ，近くを歩いていたDに当たり負傷させたが，A，B，Cのいずれの銃弾によるかが明らかでない場合，Dは誰に対してどのような請求ができるか。

加害者不明の共同不法行為（719条1項後段）

　719条1項後段の立法趣旨は，Case 9-3のように，複数者の行為のいずれも，①それだけで損害の全部を発生させる原因力（「全部惹起力」という）をもち，②そのうち誰か一人の行為によって損害を発生させたことは明らかであるが，どの者の行為によるものか不明の場合（①と②を満たす場合を「択一的競合」の場合という）に，全員に共同責任を認めることにある。このような場合に，因果関係不明のリスクを被害者に負わせ，すべての被告を免責させることは，公正を欠くと考えられるからである。

　この規定が適用されても，被告は，自己の行為と損害の間の因果関係の不存在を証明すれば免責されるとするのが多数説である。説明の仕方としては，1項後段は，因果関係の推定規定であり，被告はその不存在の立証により，推定を覆すとするのが一般的である。これに対し，むしろ1項後段は因果関係の擬制の規定であり，被告はその不存在の立証をすれば，後段の「共同行為者」にあたらないことになって免責されるとする説明も行われている。この二つの説の相違は，着目する点の相違に基づいている。擬制説が「共同行為者」にあたるか否かを重視するのに対し，推定説はその点を重視していない。「寄与度不明」の場合に1項後段を類推する解釈を採用する場合には，推定説のほうが説明はしやすいといえる（⇒狭義の共同不法行為（719条1項前段）(3)(a)および(b)第1説参照）。建設アスベスト訴訟に関する最近の最高裁判決は，推定説を採用した（最判令

3・5・17 民集 75 巻 5 号 1359 頁)。

　1 項後段については，その適用を条文の文言に忠実に「択一的競合」の場合に限定すべきか否かに関して争いがあるため，その要件については場合を分けて説明する（なお，1 項前段と後段の関係について諸説が分かれていることに関しては，⇒<u>狭義の共同不法行為（719 条 1 項前段）</u>(3)参照）。

　(1)　後段の適用——「択一的競合」行為　　「択一的競合」行為の場合の 719 条 1 項後段の適用の要件は，次のとおりである。

　(i)　共同行為者であること　　各被告は，「共同行為者」といえなければならない。伝統的多数説は，共同行為者とは，直接の加害行為について共同するものではなく，その前提となる集団行為について客観的共同がある場合をいうとしていた。しかし，加害行為自体の共同とその前提となる集団行為の共同との区別は，実際上困難なことが多いであろう。

　これに対し，近時の有力説は，関連共同性をまったく不要とし，同一の損害惹起に関与していれば，まったく偶然の関係にある者でもよいとする（なお，下級審裁判例にも，択一的競合の事案に関して，1 項後段について，共同行為者間の関連共同性を不要とするものがみられる〔福島地白河支判昭 58・3・30 判時 1075 号 28 頁〕）。択一的競合の場合に因果関係不明に伴う不利益を被害者に負わせるのは不公平であるとの観点からは，このような見解には理由がある。この点は，民法典の起草委員が 1 項後段の「共同行為」を「みなし共同行為」で足りるとしていたこととも関連しているといえよう。

　もっとも，各行為が一定以上の危険性をもたらす行為でなければ 1 項後段の「共同行為」とは言い難いところから，択一的競合の場合においても，各行為についてこのような性質は必要であると考えられる。すなわち，複数の行為者の行為のいずれについても損害と

の間での因果関係が推定されるという効果を付与するには，行為者の行為それぞれに一定以上の危険性が必要であると考えられるのである。これを「適格性」と呼ぶことができる。

このような「適格性」要件は，1項後段において問題となるが，後述する，1項後段類推の場合（⇒(2)）にも問題となる。近時，建設アスベスト訴訟に関して，最高裁は，1項後段類推の場合について，石綿含有建材の現場到達の事実が認められることを要求したとみられる（前掲最判令3・5・17）。

(ii) 「共同行為者」として被告とされた者以外の者によって損害が発生したのではないこと（「共同行為者」の特定。「十分性」）　近時の多数説は，被害者は「共同行為者」を特定し，その特定された者以外の者によって損害が発生したのではないことを証明しなければならないとする（これを「特定性」ないし「十分性」の要件という）。これが満たされないと，真の加害者が被告から漏れ，真の加害者以外の者だけを被告として全損害を賠償させることがありうるが，これはあまりにも不公平と考えられるからである。近時，建設アスベスト訴訟に関して，最高裁は，1項後段適用にあたり，これが要件となることを明言した（前掲最判令3・5・17）。この証明については，通常の要件事実と同様，高度の蓋然性が必要となろう。

(iii) 共同行為者のいずれかによって損害が加えられたこと　上記のように，起草者によれば，1項後段はこのような「択一的競合」の場合に限定して適用される。

(iv) 各共同行為者が因果関係以外の一般不法行為の要件を満たしていること　各人について，故意・過失，違法性などの要件を満たすことが必要である。

## （2）　後段の類推

**Case 9-4**

　Ａらは，大工等として石綿含有建材から生ずる粉じんにばく露したことにより，石綿関連疾患にり患した。石綿含有建材を製造販売した建材メーカー（Ｂら）は多数存在し，建設現場ではＢらによって製造された多くの種類と量の石綿建材が使われていたが，販売の際，ばく露によって同疾患にり患する危険があること等の表示はなかった。Ａらは，Ｂらに対して損害賠償請求ができるか。

　719条1項後段は，「択一的競合」の場合だけでなく，各行為者の行為が損害の一部について因果関係があることは確かであるが，その範囲が不明である場合（いわゆる「寄与度不明の場合」）についても類推適用すべきだろうか。これは，いわゆる累積的競合の場合（全部惹起力のない複数の原因が累積して一つの損害が被害者に発生する場合）に問題となる。

　①有力説はこれを肯定する。もっとも，これに対し，②条文の文言を尊重し，後段の適用を択一的競合の場合に限定する立場もある。

　「寄与度不明」の場合に関しても，因果関係についての被害者の立証の困難は，「択一的競合」（加害者不明）の場合と異ならない。また，寄与度不明の状況を生じたのは加害者側の事情に由来すると考えられる。したがって，①が基本的には適切であると考えられる。近時，Case 9-4の建設アスベスト訴訟に関して，最高裁は，寄与度不明・累積的競合の事案について，1項後段の類推適用を認めた（前掲最判令3・5・17）。その理由としては，後段適用との均衡，被害者保護などを挙げている。さらに，累積的競合の事案に関しては，民法制定以来，法の欠缺の状態にあり，解釈でそれを補充する必要があることを指摘できる。

| 719 条 1 項後段 | 加害者不明の場合 |
| --- | --- |
| 719 条 1 項後段類推 | 寄与度不明の場合 |

　「寄与度不明」の場合に 1 項後段を類推適用するときは，連帯債務となることが推定されるが，被告の反証による減免責が可能である。さらに，最高裁は，被告らの寄与度が損害全体に及ばないが，寄与度の総計（「集団的寄与度」）が明らかな場合には，「集団的寄与度」に応じた連帯債務となることが推定されるとしている（前掲最判令 3・5・17）。その際に，被告らに「強い関連共同性」の関係がある場合には，各被告に減免責の主張は認められないことになる（前掲大阪地判平 3・3・29）。

　1 項後段類推適用の場合の要件はどうか。後段適用の場合の（1）(i)〜(iv)の要件のうち，(iii)については，《共同行為者によって損害が発生したが（共同行為と損害との因果関係は認められるが），その寄与度が明らかでないこと》となる。後段類推は「寄与度不明」が問題となるからである。

　(i)に関しては，第 1 に，後段適用の場合と同様に，「共同行為者」といえるための「適格性」が必要となる。Case 9-4 の建設アスベスト訴訟の事案では，被告メーカーのそれぞれについて，原告の疾患の原因となった石綿建材の到達の可能性が明らかでない中で，到達事実（の高度の蓋然性）の立証が必要か，それとも，その相当程度の可能性があれば足りるかが問題とされた。最高裁は，建設現場の到達事実を要求しているとみることができる（前掲最判令 3・5・17）。

　第 2 に，後段の類推の際に，「共同行為者」間に弱い関連共同性が必要か。学説は分かれているが，被告らに連帯債務の推定の効果

を及ぼすためには，被告らに何らかのまとまりのある関係が必要であると考えられる。Case 9-2のような公害訴訟に関しては，共同行為者間に，社会的一体性が認められる程度の「弱い客観的共同」を要求する裁判例が多くみられた（前掲大阪地判平3・3・29など）。調査官解説によれば，最高裁は，Case 9-4の建設アスベスト訴訟に関して，この点の判断を留保した（「弱い関連共同性」の要件を不要とする場合には，後述する広義の競合的不法行為〔⇒④◆広義の競合的不法行為概念の必要〕につき，一部連帯を認める際に，後段を類推適用することになる）。

*Column*⑦ 「弱い関連共同性」と場所的・時間的近接性 •–•–•–•–•

1項後段類推適用の場合に「弱い関連共同性」を必要とする解釈を採用するときに，この要件を満たすために，被告らの行為が場所的・時間的に近接していることを必要とするか。1項後段が証明責任を転換しているという重大な効果を付与していることから，これを要件とする見解もあるが，累積的競合の場合の共同不法行為については，上記のように，法の欠缺が生じているのであり，後段類推の適用場面をあまり限定しないことが重要であると考えられる。建設アスベスト訴訟のような市場媒介型の事案ではこれを不要とする学説が有力である。

•–•–•–•–•–•–•–•–•–•–•–•–•–•–•–•–•–•–•–•–•–•–•–•–•–•–•–•–•–•–•–•

後段類推の場合に(ⅱ)「十分性」は要求されるか。最高裁は，Case 9-4の事案で1項後段を類推適用する際に「十分性」を要求していない。その理由は明示されていないが，累積的競合の事案であるから不要とする趣旨であろう。この点に関しては次のように説明できる。上記の集団的寄与度責任の集団的寄与度の証明をすれば，集団的寄与度の範囲では他の加害者の寄与が存在しない証明をしているといえる。したがって，これをもって1項後段適用の場合の「十分性」の証明に置き換えることができると考えられるのであ

る。

教唆および幇助
（719条2項）

他人をそそのかして不法行為をする意思を
決定させた者（教唆者），および，見張りの
ように直接の不法行為の実行を補助し容易
にした者（幇助者）は，加害行為に直接加わったとはいえないが，
共同行為者とみなされる。719条2項の制度趣旨については見解が
分かれているが，近時の多数説によれば，1項前段のうち「主観的
共同」の一場合を定めた注意規定（確認規定）と捉えることになる。
教唆者・幇助者に709条の責任を問う余地もあるが，個別的因果関
係の証明が難しい場合に，719条2項で共同行為者とみなして因果
関係の立証を緩和する点に本項の意義がある。

### ③ 共同不法行為の効果

連帯責任

共同不法行為者は「各自が連帯して」賠償
する責任を負う（719条1項）。かつては，
判例および学説の多くは，これを不真正連帯債務の意味に解してい
たが（最判昭57・3・4判時1042号87頁，最判平6・11・24判時1514号
82頁），2017（平成29）年改正民法は，連帯債務について，その絶
対的効力を大幅に制限し（更改・相殺・混同のみに制限した〔438条〜
440条〕），また，相対的効力を原則とした（441条）。かつての不真
正連帯債務に近い性質のものとしたのである。そして436条に「法
令の規定」という文言を入れたことから，改正民法では，719条の
効果は連帯債務となったと解するのが適当である。

賠償の範囲

従来の判例および多数説によれば，各共同
不法行為者が連帯して賠償すべき損害の範
囲は，各自の「違法な加害行為と相当因果関係にある損害」である
（前掲最判昭43・4・23）。これによれば，特別事情による損害につい

ては，予見可能性（今日では，改正民法 416 条により，予見義務）のあった者のみが賠償責任を負うことになる（大判昭 13・12・17 民集 17 巻 2465 頁）。これに対し，近時の多数説によれば，関連共同性が認められるならば，共同行為と相当因果関係のある（事実的因果関係があり，損害賠償の範囲に含まれる）損害はすべて賠償の範囲に含まれることになる（下級審判決として，前掲横浜地川崎支判平 6・1・25 など）。

**求償権**　共同不法行為者の一人が被害者に損害の全部または一部を弁済した場合には，他の共同不法行為者に対して求償権を行使しうる（最判昭 41・11・18 民集 20 巻 9 号 1886 頁）。負担部分の割合は各共同不法行為者の過失の割合によるとされているが（前掲最判昭 41・11・18），学説上は，原因力や違法性の程度も判断要素とするものがある。

　求償権を行使しうるのは自己の負担部分を超えて弁済したときに限るべきかについては争いがあり，原則としてこのように限定する立場が有力であったが（最判昭 63・7・1 民集 42 巻 6 号 451 頁），2017（平成 29）年改正民法では，436 条および 442 条により，このような限定をしないことになった。連帯債務について自己の負担部分を超える額の弁済をしなくても，一部求償を認めるほうが債務者の負担を公平にし，また，自己の負担部分を超えなくても求償を認めることで連帯債務の弁済が促進され，債権者にとって不都合はないと解されている。

　なお，被用者と第三者とによって共同不法行為がなされた場合，損害を賠償した使用者は，第三者に対し，その負担部分について求償することができる（前掲最判昭 41・11・18）。他方，第三者が先に賠償したときは，使用者は第三者からの求償に対して被用者の負担部分について責任を負わなければならない（前掲最判昭 63・7・1）。また，複数の加害者による共同不法行為の場合に，一方の加害者の

使用者が先に賠償したときは，他方の加害者の使用者に対し，当該加害者の負担部分について求償することができる（最判平3・10・25民集45巻7号1173頁）。

### ④ 競合的不法行為

> いわゆる競合的不法行為概念

近時の多数説によれば，①賠償の対象である「同一の損害を生じさせた行為者が複数人存在し」，②それらの者が行った「独立の不法行為」（709条または717条の不法行為）が「偶然に競合する」場合，そのような不法行為を「競合的不法行為」という。

競合的不法行為においては，関連共同性は要求されず，無関係な複数人の不法行為が偶然に同一の損害を引き起こしたことで足りるとされる。すなわち，競合的不法行為の成立要件は，1）709条または717条の不法行為の要件をすべて備えていること，および，2）発生した損害が同一であることである。具体例としては，i）Case 9-1のように，交通事故の結果治療を受けた者が医師の過失によりさらに拡大した損害を受けた場合，ii）医薬品による副作用事故において国が製薬会社の当該医薬品製造を承認していた場合，iii）自転車で走行中，停車中の自動車の急に開いた扉に接触して道路に倒れたところ，別の自動車に轢かれて死亡した場合などが挙げられる。これらは，裁判例上は，共同不法行為として扱われることが多いが，加害行為に一体性がなく，関連共同性があるとはいえず，理論的には，競合的不法行為として，共同不法行為とは別のものと解することが適切である。

判例は，i）（Case 9-1）の事案につき，関連共同性を認め，719条1項（明示しないが，前段と解される）を適用した（前掲最判平13・3・13）。この事案は，①交通事故による傷害と医療事故による障害

が同一部位に関するものであり，②交通事故と医療事故の間が短期間であるという点に特色があった。最高裁は，被害者の死亡という不可分一体の結果が発生していることを重視し，被害者保護（無資力の危険の回避）を図る719条の趣旨を強調している。本判決は，最高裁が今も719条の存在理由をその「効果」に求めていることを示すものである（⇒①参照）。これに対して，近時の多数説によれば，Case 9-1は競合的不法行為の事案であると解することになる。

競合的不法行為の効果としては，学説上は各不法行為者の不真正連帯債務とすることが考えられる（被告は，因果関係が損害の一部にしか及ばないことを立証すれば減責を受けうる）。一方，2017（平成29）年民法改正に基づく719条の効果の解釈の変更に沿って，この場合も連帯債務とする立場も有力である。

◆競合的不法行為と，719条1項後段の適用および類推適用
719条1項後段の類推適用について触れた②の見解（⇒2②加害者不明の共同不法行為（719条1項後段）(2)参照）の下では，後段を，競合的不法行為のうち「択一的競合」の場合に関する特則であると解することになる。一方，①の見解の下では，後段は，競合的不法行為のうち「択一的競合（加害者不明）」の場合に適用され，「寄与度不明」の場合には類推適用されると解することになる。

◆広義の競合的不法行為概念の必要　競合的不法行為概念の提唱者は，競合的不法行為とは，709条または717条の「不法行為の要件をすべて具備している」場合であるとし，「訴訟法上，損害（の一部）につき事実的因果関係の及ぶことが立証されればそれだけで十分であって，原告は立証負担を果たしたことになり賠償義務が成立する」とした。しかし，これに対しては，709条または717条の「不法行為の要件」を具備するのであれば，賠償を求める全損害に

ついて事実的因果関係があることを原告が立証すべきであり，「損害（の一部）につき事実的因果関係の及ぶことが立証されればそれだけで十分であ」るとの考え方は一種の「規範創造」であるとする批判がなされている。この批判は適切であると考えられるが，このような「規範創造」をしないときには，各自が同一の損害全体について因果関係要件を満たすことが必要となり，競合的不法行為のケースは，（加害者複数の）原因競合の中でもかなり限定されてしまうであろう。

　すなわち，──仮に相当因果関係という言葉を使うと──各行為の《相当因果関係が及ぶ範囲の損害が，全体の損害の一部にとどまるが，その部分が不分明な場合》を含め，より広い原因競合の場面を論じる必要があるのではないか。これを広義の競合的不法行為と呼ぶことができる。広義の競合的不法行為の効果は，各行為の相当因果関係が及ぶ範囲の責任となり，これは，全額連帯，一部連帯，限度責任のいずれかとなる。

---

Case 9-5 ───────────────

　Ａがその保有する車両を車道にはみ出して駐車していたところ，Ｂの車両がＡの車両の右側を通過しようとして中央線をはみ出して進行したため，対向車線を進行してきたＣの車両とＢの車両が衝突し，Ｃの車両が破損し，Ｃが負傷した。ＢはＣに対して損害賠償を支払った上，Ａに対して求償した。A, B, Cの過失割合が３：２：１の場合，BC間で過失相殺はどのように行われるべきか。

---

複数の不法行為が競合
する場合の過失相殺

　この場合の過失相殺の方法としては，①**絶対的過失相殺の方法**（複数の行為から生じた損害の単一性を重視し，複数の加害者の行為を一体的に捉えて被害者の過失と対比する方法）と，②**相対的過失相殺の方法**（各行為者の責任の独立性を重視し，各加害者と被害者の関係ごとに

過失割合を対比する方法）がある。また，両者とレベルが異なる方法
として，個別的過失相殺の方法（絶対的過失割合に基づく分割債務を負
担させる方法）がある。Case 9-5 のような過失割合で，C の損害が
60 万円の場合を考えてみよう。①では，A と B の過失の合計が加
害者側の過失割合となるので，C が A に賠償請求した場合には，
60 万円×5/6＝50 万円の賠償請求ができる。②では，各当事者ごと
に考えることになるので，C が A に賠償請求した場合，A：C の過
失の対比は 3：1 であり，C は 60 万円×3/4＝45 万円の賠償請求が
できることになる。

　最高裁は，Case 9-1 の交通事故と医療過誤の異時競合の事案に
ついて，相対的過失相殺の方法を採用した（前掲最判平 13・3・13）。
一方，最高裁は，複数の加害者と被害者の過失が競合して一つの交
通事故が生じた Case 9-5 の事案（ただし，過失割合は異なる）につ
いて，絶対的過失相殺の方法を採用した（最判平 15・7・11 民集 57 巻
7 号 815 頁）。後者の判決は，相対的過失相殺の方法は，「被害者が
共同不法行為者のいずれからも全額の損害賠償を受けられるとする
ことによって被害者保護を図ろうとする民法 719 条の趣旨に反す
る」とする。

　学説の立場は分かれるが，この問題を検討するにあたっては，二
つの点に留意する必要があると考えられる。第 1 は，相対的過失相
殺の方法を採用する際に，各主体が求償をする場合，総損害につい
ての損害惹起に関与した者全員の最終的な負担割合（寄与度に応じ
た負担割合）とはかけ離れた結果となり，公平な負担とは言い難い
点である。第 2 に，絶対的過失相殺の方法では（上述の例では）A
は B の過失部分についても責任を負うのに対し，相対的過失相殺
の方法では，B の過失部分は CA 間では無視されている点である。
第 1 点は，絶対的過失相殺割合が認定できる場合には，絶対的過失

相殺ないしは絶対的過失割合に基づく分割責任（個別的過失相殺）を用いることが適切であることを示している。そして，第2点も踏まえて検討するときは，絶対的過失相殺が用いられるためには，AがBの過失についても責任を負うような密接な関係がAB間にあること（強い関連共同性とすることが考えられる）が必要であると考えられる。さらに，それほどの密接な関連性がない場合においても，両者の加害行為に同質性がある場合には，絶対的過失相殺を前提としつつも，Aには絶対的過失割合に基づく寄与度減責を認めるべきであると考えられる。一方，両者の加害行為が異時的に行われたり，また，そもそも発生した損害が1個の損害とは観念できないなどの場合には，相対的過失相殺の方法を採用すべきであると考えられる。

*Column⑧* 二つの最高裁判決の事案の相違 •••••••••••••••••

本文のように理解した場合，最高裁判決はどのように説明できるか。

前掲最判平13・3・13が扱ったCase 9-1は，異時的に異質の不法行為が競合した事案であり，各不法行為における加害者と被害者の過失の割合は異なる性質をもつため，他の不法行為者と被害者との間での過失の割合を考慮することは難しいし，許されない。つまり，Case 9-1におけるAのような，先行する交通事故における被害者の過失は，医療過誤行為との関係では，被害者の過失として評価すべきではないと考えられる。したがって，相対的過失相殺の方法を用いる同判決の判断は正当化される。しかし，前掲最判平15・7・11が扱ったCase 9-5は，加害行為に同質性が認められる点で絶対的過失割合を認定できる場合であり，さらにAB間には強い関連共同性が認められる。絶対的過失相殺を行うべきであり，これについても同判決の判断が正当化されるといえる。

••••••••••••••••••••••••••••••••••••••••••••••••

# *3* 使用者責任

## ① 序

715条は，他人の行為についての責任を扱っている点，および（通説，判例によれば）使用者責任の要件として被用者の行為が不法行為の要件を満たしていることを要求し，使用者が免責されるためには，一定の事由（1項ただし書）を立証しなければならないとする点で709条と異なっている。他方，715条の使用者責任は，714条の監督義務者責任とは，行為者と並んで責任を負う点が異なっている。

> 使用者責任の根拠

使用者責任の根拠は，沿革的には，家長の家事使用人に対する責任を源とするが，現在では報償責任，さらに危険責任（⇒第7章 *1* ③ 過失責任・自己責任の原則に対する例外）の考え方を根拠とする見解が一般的である。もっとも，報償責任については，説明の仕方の域を出ないとも評されている。このほか，社会のリスクの分散や信頼責任を補完的根拠とする見解もみられる。

> 使用者責任の性質

(1) 民法起草者は，使用者責任は被用者の選任監督を怠った使用者自身の過失責任を定めたものだと考えており，初期の学説も同様に解していた。

(2) しかし，大正期以降，近代的な企業活動の展開に伴い事故被害者を救済すべきであるとの社会的要請が高まったため，使用者責任に使用者自身の過失とは別の根拠を求めるようになった。使用者責任は通常の過失責任とは異なる中間責任であり，他人の加害行為について責任を負う代位責任と捉え，その根拠として報償責任，

さらに危険責任を挙げる見解が現れ，通説化したのである。それによれば，使用者の選任監督上の無過失による免責は非常に認めにくくなり，他方，代位責任であるところから，被用者の故意過失は要求されることになる。

（3）もっとも，今日，このような通説的見解（代位責任説）に対しても，批判が展開されている。すなわち，上記の近代的な企業活動の展開を前提としつつ，第1に，加重された中間責任としての使用者責任の追及の際に，被用者個人に対しては通常の個人の注意義務よりも高い注意義務を求めることが必要となるが，使用者責任の前提となるからといって，被用者に通常の個人よりも高い注意義務を求めることは困難な場合が少なくない。第2に，第1点で仮に高度の注意義務を被用者個人に課して過失を判断すると，被用者への求償も容易になるが，これは通説のとる報償責任の考え方からすると説明が困難となる。第3に，そもそも企業が多数の被用者を有している場合において，被害者が使用者責任を追及するために特定の被用者の過失を証明しなければならないとすることは，企業の内部でどの被用者にどのような過失があったかの特定を要求することとなり，被害者の救済は困難になってしまい，使用者責任を（通常の過失責任と比べて）責任を加重する中間責任と捉えることと矛盾するのではないか，という点である。

このような批判に対応するため，学説上は二つの方向の見解が示された。第1は，使用者責任の要件として，被用者の故意過失を要求することをやめ，被用者の加害行為が客観的に違法であれば足りるとする見解である。第2は，企業自身が不法行為をしたものとして，709条による責任を企業に追及する考え方である。

もっとも，第1の見解に対しては，使用者責任を代位責任とする立場から，なぜ被用者の故意過失が必要とされないかについて説明

できないと批判されている。

　第2の見解に対しては，過失の前提となる行為義務違反の有無は，特定人の「行為」を問題としなければならないのであり，擬人化された企業自体の過失を問うことは一種の比喩であるとの批判がなされた。

　第2の見解に対する批判に対しては，不法行為責任を問う上で，「行為」は少なくとも明文の要件でないこと，また，不法行為責任と実質的に異ならない安全配慮義務違反については法人の責任が成立しうることが当然の前提とされていることから，「行為」要件によって法人の709条の責任を否定することは合理的でないとする反論が行われている。また，公害の場合について，組織としての仕組みや方針といった操業メカニズムそのものに問題があったケースが多く，そこでは企業自体の過失を問題にすることが自然であるとの指摘もなされている。

　法人（企業）自体の709条による責任を認めることの意義は二つある。第1は，原告が具体的な被用者の不法行為を特定する必要がなくなる点である。第2は，被用者自身への不法行為責任の追及を避けることができる点である。被用者が企業の全体の活動の中で行動している中でミスを冒した場合，むしろ企業組織全体の不法行為とすることが問題の実態に適合するのではないか，という点である。

　(4)　このように，企業活動に伴う使用者の責任は企業固有の責任であることを重視する学説の傾向は支持されるべきであるが，他方で，通説の代位責任としての使用者責任の把握にも，報償責任・危険責任に基づく加重された責任としての中間責任による被害者の保護という意義が存在した。そこで，715条の使用者責任は使用者の責任の一部を取り上げるにすぎないとし，①同条の使用者責任については代位責任とする考え方を維持しつつ，これとは別の類型と

して，②企業（使用者）自身の過失（組織過失を含む）を理由とする709条に基づく責任を展開させる議論が，現在の学説の状況である（さらに，これ以外に，③家事使用関係や個人事業の使用関係のように，使用者の報償責任や危険責任を強調することが不適当な類型も存在する）。

なお，後述する令和2年の最高裁判決（⇒④）により，判例上，代位責任の考え方は，被害者との関係では基本的には維持されたが（被用者に故意過失を要求する点，使用者の免責をきわめて限定する点），被用者との関係では維持されなくなったといえる。

### ② 使用者責任の要件

使用者責任の要件は，①ある事業のために他人を使用すること，②被用者の加害行為が「その事業の執行について」行われたこと，および，③被用者が第三者に損害を加えたことである。これに対して，使用者が④被用者の選任監督について相当の注意をしたこと，または，相当の注意をしても損害が生ずべきであったことを立証したときは免責される。もっとも，前述したように，使用者の免責は実際には認められにくい。

Case 9-6 ───────────────────────

**1** 兄弟の兄Aが帰宅にあたり弟Bに自動車を運転させ，自ら同乗していたところ，Bの過失により交通事故を起こし，Cに重傷を負わせた。CはAに対して損害賠償を請求できるか。

**2** 指定暴力団A組の三次組織B組の組員Cが，対立する暴力団D組事務所の前で警戒中の警察官Eを組員と誤認して射殺してしまった。Eの遺族は，A組の組長Fに対し，損害賠償請求ができるか。

**3** 医師Aは，自らの父親Bが雇用している女中Cに，患者Dに薬を渡させたところ，Cが誤って別の薬を渡したため，Dに損害が発生した。DはAに対して損害賠償を請求できるか。

**4** 自動車運送に関する営業免許を取得していた A が B に営業名義を
貸与したところ，B が自らの自動車で交通事故を起こし，C に重傷を
負わせた。C は A に対して損害賠償を請求できるか。

ある事業のために他人
を使用すること（「事
業」および「使用関係」）

（1）**事業** （a）**内容** 現行民法の起
草者は，「事業」とは仕事という程度の広
い概念としており，その後の判例，学説も，
営利的なものか否か，継続的なものか否かを問わないとしている。
Case 9-6 **1** のように自分の車を弟に運転させることも，「事業」に
あたる（最判昭 56・11・27 民集 35 巻 8 号 1271 頁）。報償責任を広く捉
えていることになる。

（b）**適法性** 違法な事業活動であっても本条にいう「事業」に
あたるか。Case 9-6 **2** において，最高裁は，暴力団の組長の使用
者責任を認めるに際して，組員の行う「組の威力を利用しての資金
獲得活動」も組長の「事業」であるとした（最判平 16・11・12 民集
58 巻 8 号 2078 頁⇒被用者が「事業の執行について」損害を発生させたこと）。
人を殺傷する不法行為を行うこと自体を直接目的とする活動につい
ては「事業」には含まれないとか（福岡高那覇支判平 14・12・5 判時
1814 号 104 頁），対立抗争はそのすべてが不法行為であって「事業」
には含まれない（福岡高那覇支判平 9・12・9 判時 1636 号 68 頁）などと
する下級審裁判例はあるが（その上で同判決は暴力団の会長らに共同不
法行為責任を認める），暴力団の資金獲得活動（いわゆるシノギ）はも
ちろん，抗争についても暴力団の活動と密接な関連をもつ場合には，
違法であっても本条の対象外とする必要はないとの見解を支持して
おきたい（なお，共同不法行為では，組長の具体的関与や共同の認識につ
いて被害者が証明する必要があるが，使用者責任は，組織の構造・活動か
ら判断して事業の執行にあたれば責任を追及できる点で，被害者の証明の

困難を回避できる)。

(2) 使用関係　(a) 内容　使用関係とは，指揮監督関係があることをいう。起草者はこれを「広く」解するとしている。最も一般的な場合は雇用契約がある場合であるが，その他の契約であっても，契約関係が存在しなくても認められる。報酬の有無も問わない。Case 9-6 ❸において，医者と，(自身ではなく) 父が雇用する女中との間にも使用関係が認められる (大判昭 2・6・15民集 6 巻 403 頁。ただし，傍論)。指揮監督すべき地位にある場合だけでなく，事実として実質的に指揮監督関係にある場合にも使用関係は認められるのである。

逆に，使用者の事業に従事していても，仕事の遂行にあたって独立性，裁量性を有する場合には使用関係は認められない。請負人は注文者から独立して仕事を行うことから，使用者責任にいう使用関係は認められない (716 条本文。同条ただし書は，注文者に過失がある場合について 709 条の責任を負うことに関する注意規定と解される)。弁護士や司法書士も，その職務の専門性からみて，使用関係が否定されるのが一般である。なお，建築請負における元請・下請の間には実質的な指揮監督関係がある場合が多く，その場合には使用関係が肯定される。

(b) 名義貸与　Case 9-6 ❹について，判例は，1) 指揮監督関係の存在を理由に使用関係を認めるもの (大判昭 11・11・13民集 15巻 2011 頁)，2) 名義使用の許諾による表示の責任を理由に使用関係を認めるもの (大判昭 4・5・3民集 8 巻 447 頁)，3) 名義貸与が違法であるとしつつ単に 715 条の法理を理由とし使用関係を認めるもの (最判昭 41・6・10民集 20 巻 5 号 1029 頁。事実上の指揮監督関係にあったか否かは問うまでもないとする原審を維持) などに分かれる。名義貸し自体が違法である場合には規範的に被用者に対して指揮監督すべき

地位が与えられたと解し，名義貸し自体が違法でない場合には，他の場合と同様に実質的指揮監督関係の有無によって使用関係の有無を判断することが適切である。

（c）　複数の使用関係　　工事請負人が運転手付きでトラックを借り受けた場合，運転手と雇用関係にある雇い主がほかにいるときも，工事請負人は使用者責任を負う（最判昭41・7・21民集20巻6号1235頁）。派遣労働者が不法行為をした場合には，派遣先事業主と派遣元事業主は，それぞれ指揮監督関係の有無により，使用関係を判断することになる。

使用関係が縦に競合する場合もある。下請の従業員Aが元請の工事に従事する場合においてAが事故を起こしたとき，元請企業は「直接間接に元請負人の指揮監督関係が及んでいる場合」には使用者責任を負う（最判昭37・12・14民集16巻12号2368頁）。

---

Case 9-7 ━━━━━━━━━━━━━━━━━━━━━━━━━━━━━━

**1**　Y社で株券発行事務に従事していた庶務課長Aは，自己の金融を図るため，Y社の株券を偽造して米相場取引の際の証拠金の代用としてXに交付したところ，当該相場取引から損失が生じ，Aの無資力と相まってXに損害が発生した。XはY社に対して損害賠償を請求できるか。

**2**　AはY社の被用者であり，Y社の取り扱う商品の外交販売に従事し，随時Y社の自動車を使用することを許されていたところ，勤務時間後に同自動車を私用で運転している際，Xと接触し重傷を負わせた。XはY社に対して損害賠償を請求できるか。

**3**　Y社の主任Aは，自らの利益を図る目的をもって，その主任としての権限を濫用し，Y社の名義を用いてX社から製菓原料を購入する売買契約を締結したところ，Y社からは売買代金が支払われず，X社に

損害が発生した。X社の支配人Bは，Aがその職務の執行として取引を行っていないことを知り，または知りうる立場にあった。X社はY社に対して損害賠償を請求できるか。

---

被用者が「事業の執行について」損害を発生させたこと

(1) 序　　使用者が責任を負うのは，被用者が「事業の執行について」損害を発生させた場合，すなわち，被用者の加害行為と使用者の事業との間に一定の関連がある場合に限られる。これは通説の報償責任や危険責任の考え方からも説明できる。起草者は，「事業の執行のために」では狭すぎ，「事業の執行に際して」では広すぎると考え，その中間の「事業の執行に付き」としたが，十分な基準を示すものではない。

　加害行為が事業の執行についてなされたといえるためには，1)事業の範囲が使用者の事業と一定の関連があること，および2)加害行為が被用者の職務の範囲と関連するものであることの双方が必要であるが，1)については，判例は，今日では，本来の事業に限ることなく，事業と密接に関連する行為に及ぶものとして緩やかに解しており，実際に争われるのは，2)に限られる。

　(2) 取引的不法行為における外形標準説の生成　　大正初期の判例は，事業執行性を限定的に解し，Case 9-7 ▪のような，被用者の職務権限の濫用・逸脱による加害行為の場合にはこの要件を満たさないとしていたが（大判大5・7・29刑録22輯1240頁。被用者の行為が使用者の事業執行と「一体を成し不可分の関係に在る」ことが必要とした），その後，判例を変更し，事業執行性は広く解されるべきであるとされた。Case 9-7 ▪の事案について事業執行性を認める立場をとり（大連判大15・10・13民集5巻785頁），さらに，「被用者の当該行為が外観上業務執行と同一なる外形を有するもの」であれば被用者が

自己のためにそれをなしたか否かを問わずに事業執行性を認めるべきであるとするに至り（外形標準説。大判昭15・5・10判決全集7輯20号15頁），この立場が戦後，判例上定着したのである。このような判例変更は，使用者の過失責任的な発想から，企業活動が増大し事故が多発する中で，報償責任や危険責任に基づいて使用者責任を理解する学説の立場への移行を意味していた。

戦後も，最高裁は，取引的不法行為について，「使用者の事業の施設，機構および事業運営の実情と被用者の当該行為の内容，手段等とを相関的に斟酌し，当該行為が，(い)被用者の分掌する職務と相当の関連性を有し，かつ，(ろ)被用者が使用者の名で権限外にこれを行うことが客観的に容易である状態に置かれているとみられる場合」は，外形上の職務行為に該当するとした（最判昭40・11・30民集19巻8号2049頁）。

(3) 外形標準説の展開と事実的不法行為　その後，判例上，Case 9-7 **2**のような事実的不法行為について外形標準説を用いる例も現れた。判例は，私用を禁止する内部規則に違反して会社の車を運転中に交通事故を起こした場合でも，外形標準説を用いて事業執行性を認めた（最判昭37・11・8民集16巻11号2255頁）。他方，被用者が自家用車を運転して交通事故を起こした場合は，事業執行性が認められないことが多い（最判昭52・9・22民集31巻5号767頁は，自家用車での出張中に惹起した事故について，会社内で従業員の自家用車の利用が許容されていたことを認めるべき事情のないことを総合的に考慮して事業執行性を否定している）。

外形標準説が裁判例上問題となるケースは，取引的不法行為であると事実的不法行為であるとを問わず，「濫用・逸脱」に関する事例である。外形標準説によれば，このような濫用・逸脱という事実だけでは事業執行性は失われないが，同時に，被用者の行為が第三

者に対して正常な業務執行としての外観を呈する程度に，被用者の職務と関連性を有することは必要となるのである。

　もっとも，客観的に職務執行の外形があることは，取引的不法行為の場合には有効な基準となるが，事実的不法行為の場合には，相手方は行為の外形を信頼して行動するわけではなく，これを基準とすることは理論的に適切ではない。そのため，多数説は，事実的不法行為についても外形標準説を用いる判例には批判的である。

　そこで，事実的不法行為については，裁判例を分析し，①被用者の行為が客観的にみて「使用者の支配領域」に入っているかどうかで判断し，②暴行等による不法行為については「事業の執行行為との密接な関連性」が認められるかどうかで判断するとの命題が多数説によって打ち出されている。Case 9-6 **2**に関し，最高裁は，対立抗争において暴力団の構成員がした殺傷行為は，A組の威力を利用しての資金獲得活動にかかる事業の執行と密接に関連する行為としたのである（前掲最判平 16・11・12）。

　(4)　取引的不法行為と被害者の悪意・重過失　　判例は，Case 9-7 **3**のように，取引的不法行為において，被用者の濫用・逸脱について被害者が悪意または重過失である場合につき，被用者の行為の業務執行性を否定する（最判昭 42・4・20 民集 21 巻 3 号 697 頁，最判昭 42・11・2 民集 21 巻 9 号 2278 頁）。学説も基本的にこの考え方を支持するが，学説上は，悪意の場合は信義則を根拠として使用者責任の規定の適用を排除し，それ以外の場合には，重過失を含めて過失相殺で処理する見解が有力である。重過失の場合であっても，軽過失と同じように業務執行性は失われず，過失相殺によって使用者・被害者間の調整を図るのが，両者の公正なリスク配分に適すると考えられる。

　悪意者・重過失者排除の理論は，被用者の行為の直接の相手方か

らの転得者にも適用されるとするのが判例の立場である（最判昭45・2・26民集24巻2号109頁。転得者が善意・無重過失であれば，直接の相手方が悪意でも，転得者は使用者に対して損害賠償請求権を取得する）。

判例の立場では，被害者の悪意・重過失については，使用者側に証明責任がある。悪意等は，その被害者について例外的に業務執行性を排除する事由だからである。

**Web** 被用者が第三者との間で権限を逸脱した取引的不法行為をした場合，715条と110条との関係はどうか ❖❖❖❖❖❖❖❖❖❖❖❖❖❖❖

主要な相違点は四つある。第1に，110条の下では取引行為が有効として扱われ，使用者において契約の履行が問題となるが，715条ではその損害賠償責任が問題となる。第2に，110条では被用者について基本代理権が必要である一方，715条では使用被用関係と事業執行性が必要である。第3に，110条では，被用者の権限踰越について使用者の善意無過失が要求されるが，715条では（判例上）善意無重過失が要求されるにすぎず，使用者に軽過失がある場合には過失相殺の問題となる。第4に，110条では，判例は手形の転得者を同条の第三者に含めていないが（最判昭36・12・12民集15巻11号2756頁），715条では上記のように転得者からの使用者責任の追及が認められる。

110条と715条については，判例，学説上，選択適用を認める立場が一般である。

❖❖❖❖❖❖❖❖❖❖❖❖❖❖❖❖❖❖❖❖❖❖❖❖❖❖❖❖❖❖❖❖❖❖❖❖❖❖❖❖

被用者が「第三者」に「損害」を「加えた」こと

「第三者」とは，使用者および加害被用者以外の者をいう。同じ使用者に雇われている被用者もこれに含まれる（判例，通説）。

被用者の加害行為は一般的不法行為要件のすべてを満たしていなければならないとするのが従来の判例，多数説である。715条が基本的には代位責任としての性格を有しているとの立場からはこのよ

うに解される。これに対して，前述したように，被用者の過失は不要であるとする少数有力説も存在するが（⇒[1]使用者責任の性質）），判例・通説の立場からは，本条が使用者の選任監督上の過失について立証責任を転換した上，さらに被用者の故意・過失を不要とすると，使用者にあまりに過剰な負担を負わせることになるとの理由づけも示されている。

したがって，判例・多数説の立場によれば，被用者に責任能力が必要とされ，加害行為をした被用者が責任無能力であった場合には，使用者は（責任無能力者の監督義務者として）714条の責任または（責任無能力者を用いたこと自体を過失と捉えて）709条の責任を負うと解すればよいとされる。もっとも，被用者の責任能力を不要とする少数有力説も存在する。この見解によれば，責任能力制度自体が損害賠償責任を負担することを政策的に排除するための制度として把握されることから，使用者の損害賠償責任が問われる局面では不問とされるべきであるとされる。

| 免責事由の不存在 | 使用者は，被用者の選任・監督について相当の注意をしたことを立証すれば責任を免

れる（715条1項ただし書）。ここにいう「相当の注意」とは，善良なる管理者の注意と同じ意義であると解されている。判例上，この免責事由はほとんど認められていない。715条が報償責任や危険責任に基づく代位責任の規定であると解するときは，判例のこの姿勢は適切である。学説上は，一般的な企業については免責は事実上認められないが，家事使用関係，個人営業の使用関係，一時的使用関係については依然として適用の余地があると解されている。

使用者の選任監督上の注意義務違反と損害との間に因果関係を欠くときは免責される。「相当の注意」を払っても損害が発生したことを証明することは難しいため，この免責事由が認められる場面も

ほとんどない。

免責事由についての立証責任は使用者の側にある。

### ③　賠償義務者

使用者は，被用者の不法行為で生じた損害について賠償責任を負うが（715条1項），さらに，「使用者に代わって事業を監督する者」（代理監督者）にも使用者と同様の責任が認められている（同条2項）。判例は，代理監督者を「客観的に見て，使用者に代り現実に事業を監督する地位にある者」（最判昭42・5・30民集21巻4号961頁）としており，支店長，工場長，現場監督などがこれにあたる。もっとも，このように実際に監督にあたっていた者には報償責任が妥当しないことが多いため，学説上は，選任監督上の無過失による免責の余地を使用者責任の場合よりも広く認める解釈や，715条にいう代理監督者を，事業活動から実質的に利益を受けている者に限定する解釈が唱えられている。

なお，一般社団法人の代表理事その他の代表者がその職務を行うにあたって第三者に加えた損害については，同法人が賠償責任を負う。この場合には免責規定はない（一般法人78条）。

### ④　求　　償

Case 9-8

**1**　石油輸送・販売を業とするＡ社は，被用者ＢがＡ所有のタンクローリーを運転中に起こした交通事故により，被害者Ｃに対して使用者責任に基づく損害賠償金を支払った。Ａ社はＢに対し，自らがＣに支払った賠償金を求償できるか。

**2**　貨物運送を業とするＡ社の被用者Ｂは，トラック運転手として荷物の運送業務に従事している際に，Ｃの運転する自転車にトラックを

接触させ，Cを死亡させるに至った。Bは，Cの相続人Dからの請求に応え，賠償金を弁済供託した上で，A社に対して求償した。Bの求償は認められるか。

---

| 使用者の求償権 | 715条3項は，使用者ないし代理監督者が賠償を支払った場合には，被用者に求償し

うると規定している。多数説は，この求償を代位責任の考え方に根拠をおくものと説明してきた。もっとも，使用者責任の根拠を報償責任や危険責任におく考え方が一般化し，それを対外的に（被害者に対して）無過失責任的な解釈を採用する場合だけでなく，対内的に（被用者に対して）用いる議論が有力化する中，最高裁は，Case 9-8 **1**について，「使用者が，その事業の執行につきなされた被用者の加害行為により，直接損害を被り又は使用者としての損害賠償責任を負担したことに基づき損害を被つた場合には，使用者は，その事業の性格，規模，施設の状況，被用者の業務の内容，労働条件，勤務態度，加害行為の態様，加害行為の予防若しくは損失の分散についての使用者の配慮の程度その他諸般の事情に照らし，損害の公平な分担という見地から信義則上相当と認められる限度において，被用者に対し右損害の賠償又は求償の請求をすることができる」と判断した（最判昭51・7・8民集30巻7号689頁）。

　もっとも，本判決はさまざまな事情を挙げており，これが求償権の範囲について基準を打ち出しているといえるかには疑問もある。学説上は，①被用者の濫用，故意の場合には全額の求償を認め，②それ以外の軽過失による内部関係上の義務違反の場合には，使用者の選任・監督上の過失の程度を斟酌して両者の間の負担割合を分割し，③被害者に対する不法行為をした際に内部関係を規律する職務義務違反を認めることができない場合には，求償できないとする見

解が有力である。

　使用者の求償権の法的性格については，多数説は，被用者の使用者に対する債務不履行ないし不法行為に求めてきた。しかし，使用者は一定のリスク負担をすべきであるとの立場からは，求償権は，使用者と被用者の不法行為に基づく損害賠償債務の負担部分の存在に根拠を有しており，使用者がその負担部分を超えて賠償した部分について被用者に不当利得として返還請求できると考えられる。このような考え方は逆求償に関する最近の判例の立場とも適合的である。

| 逆　求　償 | 加害行為をした被用者が被害者に賠償した場合，使用者に対して求償できるか。最判 |

令2・2・28民集74巻2号106頁は，Case 9-8 **2**の事案について，被用者が第三者の被った損害を賠償したとしても，共同不法行為者間の求償として認められる場合等を除き，使用者に対して求償することはできないとした原判決を破棄した。そして，前掲最判昭51・7・8を引用し「上記の場合と被用者が第三者の被った損害を賠償した場合とで，使用者の損害の負担について異なる結果となることは相当でない」とし，「被用者が使用者の事業の執行について第三者に損害を加え，その損害を賠償した場合には，被用者は，上記諸般の事情に照らし，損害の公平な分担という見地から相当と認められる額について，使用者に対して求償することができる」とした。報償責任，危険責任を根拠とし，また，前掲最判昭51・7・8との整合性を図るため，逆求償を認めたのである。

　使用者と被用者の最終的な損害の負担に関しては，損害の公平な分担の観点から，負担部分が存在するという考え方を採用したものである。この点では，使用者と被用者について，競合的不法行為・共同不法行為の場合と類似した発想の下に，負担部分を認めたこと

になる。

　結局，判例上，代位責任の発想は，（対外的に被害者との関係で）被用者に故意過失を要求する点，使用者の免責をきわめて限定する点では基本的には維持されているが，（対内的に）求償・逆求償については使用者・被用者各自の負担部分を決定するのであり，代位責任の発想は貫徹されなくなったといえよう。

> **使用者と被用者の責任の関係**

使用者と被用者は不真正連帯債務を負うと解されてきた（判例，通説）。最高裁は，上述のように，逆求償を認め，使用者と被用者の最終的な損害の負担に関しては，損害の公平な分担の観点から，両者にそれぞれ負担部分が存在するという考え方を採用した（前掲最判令2・2・28）。

　2017（平成29）年改正民法では，新たに連帯債務の規定が改正されたが（436条），使用者と被用者の責任の関係はどのように解されるか。この点に関しては，436条および442条が（類推）適用されるとの見解もある。しかし，紛争の一回的解決の必要から，求償の場合に自己の負担部分を超えることを要件とする必要性は，逆求償の場合は特に高いとすると，これを不真正連帯と解し，442条の適用はないとするのが適当であると考えられる。この点，715条については（719条と異なり）442条にいう連帯と解さなければならない条文上の根拠（制約）はないといえよう。

# *4* 監督者責任

## ① 意　義

Case 9-9 ─────────────

　Ａら夫婦の子Ｂ（10歳）は，同級生Ｃと口論になり，Ｃを殴って負傷させた。

─────────────

> 補充的責任

　712条・713条は，①責任能力（責任弁識能力）のない未成年者，および，②精神障害のために責任能力を欠く者の行為について，賠償責任を否定する。これを受けて，714条は，上記①②の責任無能力者を監督する義務を負う者（法定監督義務者），および，これに代わって責任無能力者を監督する者（代理監督者）の賠償責任を規定する。

　Case 9-9 では，ＢのＣに対する不法行為責任は免責される（712条）が，これに対する補充的責任として，Ｂの親権者（818条・820条参照）であるＡら夫婦が714条に基づく責任を負うことで，被害者Ｃが保護されることになる。

> 709条の原則との関係

　714条は，責任無能力者に対する監護権または監護しうる地位に基づく《自己の監督上の責任》を根拠とする点においては，基本的には，709条の自己責任・過失責任の原則に立脚するものといえる。もっとも，①責任無能力者の特定の加害行為の防止のみならず一般的な監督のあり方も問題とされている点，および，②ただし書前段で過失の立証責任が転換されている点（中間責任）において，709条の一般不法行為よりも責任が加重されていることに注意を要する。

714条がこのような形で責任を加重している趣旨について，一種の危険責任として捉える学説もあるが，多くの学説は家族関係の特殊性に基づくものとしている。

なお，709条の場合は加害者が賠償義務者となるが，714条（や715条）については，直接の加害者と賠償義務者とが異なる点に注意されたい（②以下の説明では直接の加害者の意味で「加害者」を使う。724条1号の「加害者」が714条や715条に関して賠償義務者の意味に解されることについて⇒第8章9 ③ 短期の消滅時効の起算点 ）。

## 2  要　　件

監督者責任は，被害者が，①加害者が責任無能力者であること，②責任無能力者の不法行為（故意または過失によって被害者の権利または法律上保護される利益を侵害し被害者に損害が発生したこと），を立証し，監督義務者等が，③監督義務を怠らなかったこと，または，④監督義務違反と損害発生との因果関係がなかったこと，という免責事由の立証に成功しなかったときに責任が成立し，監督義務者等が責任を負うものである。以下，①～④の順番で説明する（監督義務者等については③で説明する）。

加害者の責任無能力　　714条は，前2条（712条・713条）の規定により責任無能力者がその責任を負わない場合について，監督義務者の責任を規定するものであり，加害者が責任無能力者であることが714条の責任の要件となる。

（1）　**責任無能力者であることの立証責任**　　上記のように，①被害者が加害者の監督義務者に対し714条に基づく請求をする場合，加害者が責任無能力者であること（その具体的内容は⇒第8章5 ②）の立証責任は，被害者側が負う。これに対し，②被害者が加害者に対し709条に基づく請求をする場合には，加害者側が免責を得るため

に責任無能力者であることの立証責任を負うことになる。責任能力の有無は裁判所の判断によるので，①②のいずれの請求をすべきか事前に分からないことがあり，かつ，①②の立証責任は相反する関係にあることから，訴えを提起する上で問題となりうる。

◆民事訴訟法上の問題　上記①②については，主位的には加害者に対し709条に基づく請求をし，予備的に監督義務者に対する714条の請求をすること（あるいはその逆）が認められれば問題がないが，訴えの主観的予備的併合は認められないと解されてきた。そこで，民事訴訟法の平成8年改正により，同41条の「同時審判の申出がある共同訴訟」によることが考えられる。なお，後述する最判昭49・3・22を前提とすれば，監督義務者に対して，主位的に714条に基づく請求，予備的に709条に基づく請求をすることについては，問題なくできることになる。

(2)　関連問題──責任能力ある未成年者

Case 9-10

　Ａら夫婦の子Ｂ（15歳）は，小遣いの金銭欲しさから，新聞配達の集金をしていた中学生Ｃを殺して金銭を強奪した。Ｂの709条に基づく責任だけでなく，Ａらの709条に基づく責任も認められるか。

　加害者が12歳程度に達して責任能力がある場合，加害者の709条に基づく責任が問題となって，監督義務者の714条に基づく責任は成立しない。しかし，加害者が未成年者で，監督義務者である親権者に820条に基づく義務の違反がある場合，資力に乏しいことが多い未成年者だけが責任を負って，資力のあることの多い親権者が何ら責任を負わないことは，被害者の救済に欠ける点で問題がある。

　そこで，714条が「責任無能力者がその責任を負わない場合」について規定するのは，監督義務者の過失の推定（同条1項前段）に特別な意味があるのであって，①監督義務者の過失，および，②過

失と加害行為との間の相当因果関係，が立証された場合の709条に基づく責任を排除するものではないとする学説が主張された。判例もこれを支持するに至り，Case 9-10と同様の事件でAらの709条に基づく責任を認めた（最判昭49・3・22民集28巻2号347頁。「未成年者が責任能力を有する場合であっても監督義務者の義務違反と当該未成年者の不法行為によって生じた結果との間に相当因果関係を認めうるときは，監督義務者につき民法709条に基づく不法行為が成立するものと解するのが相当であって，民法714条の規定が右解釈の妨げとなるものではない」とした）。

◆新たな不法行為類型か　　上記判決は，監督義務者の過失と未成年者の殺人行為との間に相当因果関係を肯定するのにかなり無理がある事案であった。そこで学説の中には，上記判決における709条に基づく責任について，709条と714条が融合した新たな不法行為類型と位置づけるものや，714条に基づく責任と同じく包括的一般的な身上監護義務（820条）に基づく点で射程の広い義務であると説明するものもみられた。しかし，近時，最高裁は，間もなく成年に達する未成年者が強盗傷人事件を犯したという事案に関して，《親権者の及ぼしうる影響力が限定的なものである》ことなどを理由に親権者に同事件に結びつきうる義務違反があったとはいえないとする判断を示しており（最判平18・2・24判時1927号63頁），間もなく成年に達する未成年者に対する親権者の義務を必ずしも包括的一般的なものとは捉えていないことがみてとれる。実はすでに，前掲最判昭49・3・22が維持した原判決の判断において，同事件における未成年者の年齢（15歳）に照らし，親権者の及ぼしうる影響力が責任無能力者の場合（714条が適用される14歳程度までの場合）とほとんど変わらないほど強いものがあることが理由中で述べられていたところであった。

◆精神障害者の加害行為と老親の709条の責任　　統合失調症（かつては精神分裂病といった）で心身耗弱状態にあった者（47歳）が

隣人を殺害した事件において，同居していた母親（76歳）の709条に基づく責任を否定した裁判例がある（東京高判平15・10・29判時1844号66頁）。①母親・通院先の医師とも具体的な予見可能性がなかったことや，②扶養義務者にとどまる母親にのみ過重な義務を負わせるのは相当でないことがその理由である。後掲最判平28・3・1（JR東海事件⇒*Column⑩*）の判示のように，法定監督義務者に該当しない近親者について「法定の監督義務者に準ずべき者」として714条が類推適用されることがあるが，同判決がかなり限定された場合に714条の類推適用を認めているように，精神障害者の家族への709条の適用にも慎重になるべきであろう。

責任無能力者の
不法行為

責任無能力者の加害行為について，714条は，「責任無能力者が第三者に加えた損害」という文言でしか規定していないが，責任能力を除いた不法行為の要件をすべて満たすことが必要だと解されている。

児童の「鬼ごっこ」中の加害行為につき違法性が阻却されるとして幼児の監督義務者の責任を否定した最高裁判決（最判昭37・2・27民集16巻2号407頁⇒**第8章5⑤**）は，このような考え方に基づくものである。

監督義務を怠らなかっ
たことの証明がないこ
と

714条1項ただし書前段は，「監督義務者がその義務を怠らなかったとき」は責任を負わないものとし，監督義務者による義務を怠らなかったこと（免責事由）の証明がないことが監督者責任の要件となっている。

監督義務の内容について，学説は大きく二つの類型に分けて論じる傾向にある。すなわち，①責任能力のない未成年者の親権者のように包括的一般的な身上監護義務を負う場合と，②代理監督者である小学校の教員，保育士などのように，ある程度特定された生活側

面における，ある程度具体的な危険行為を回避する義務を負う場合という類型である。

①は広汎で高度な義務であり，監督義務を怠らなかったこと（免責事由）の証明は困難であるとされてきたが，「サッカーボール事件」で最高裁として初めて免責が認められた（⇒*Column*⑨）。同判決が「通常は人身に危険が及ぶものとはみられない行為」に着目して親権者の監督義務の範囲を画した議論は，㋐中間責任である親権者の監督義務の自己責任としての適切な範囲，㋑子の健全な生育，㋒補充的責任による被害者保護，の相互の調整を図るものとして，妥当な解決を提示したものと評価できる。ただし，責任能力のない《子の年齢が比較的高い場合》を前提とする判断と指摘されている点に留意する必要がある。

②はある程度限定された義務であるので，①に比べて上記の免責事由の証明が認められやすいといえる。

①の義務と②の義務は排斥し合うものではない。教員の②の監督義務の責任が成立しなくても，親の①の監督義務の責任が成立することもありうるし，親と教員の両方の責任が認められることもありうる。

*Column*⑨　サッカーボール事件（最判平 27・4・9 民集 69 巻 3 号 455 頁）•━•━•━•━•━•━•━•━•━•━•━•━•━•

小学校の校庭横の道路を自動二輪車で走行中の A（85 歳）が，校庭から転がり出たサッカーボールを避けようとして転倒・負傷し，その後死亡したことについて，A の相続人 X らが，ボールを蹴った B（11 歳で責任無能力者）の親権者 Y らの監督者責任を主張した事件。B は，放課後に開放されていた校庭に使用可能な状態で設置されていたサッカーゴールに向けてボールを蹴っていて，①「校庭の日常的な使用方法として通常の行為」であり，②ボールが道路に出ることが「常態」であったとはいえず，③B が「殊更に」道路

に向けてボールを蹴ったなどの事情は窺われない。

　最高裁は,「責任能力のない未成年者の親権者は,その直接的な監視下にない子の行動について,人身に危険が及ばないよう注意して行動するよう日頃から指導監督する義務がある」が,「日頃の指導監督は,ある程度一般的なものとならざるを得ないから,通常は人身に危険が及ぶものとはみられない行為によってたまたま人身に損害を生じさせた場合は,当該行為について具体的に予見可能であるなど特別の事情が認められない限り,子に対する監督義務を尽くしていなかったとすべきではない」との判断枠組みを示しつつ,上記①②③に照らすと,Bの行為は「通常は人身に危険が及ぶような行為であるとはいえ」ず,Yらは「危険な行為に及ばないよう日頃からBに通常のしつけをして」おり,「具体的に予見可能であったなどの特別の事情」も窺われないとして,親権者たるYらの714条1項ただし書による免責を認めた。

| 因果関係の不存在の証明がないこと | 714条1項ただし書後段は,監督義務者が「その義務を怠らなくても損害が生ずべきであったとき」は責任を負わないものとし, |

監督義務者による因果関係不存在の証明がないことが監督者責任の要件となっている。

　この規定は2004（平成16）年改正によって置かれたものである（使用者責任についてはこれに対応する715条1項ただし書後段が同改正前から存在した）が,以前から解釈論上認められていたものである。もっとも,包括的抽象的な義務違反との間の因果関係であることや,715条1項ただし書後段の場合と同様,相当の注意をしても到底損害発生が避けられなかったことが明確な場合に限定されるべきこと（大判大4・4・29民録21輯606頁）から,この証明は難しいと指摘されている。

**賠償義務者**

714条は, 1項で「責任無能力者を監督する法定の義務を負う者」
(法定監督義務者), 2項で「監督義務者に代わって責任無能力者を監
督する者」(代理監督者) を賠償義務者として規定する。

法定監督義務者に誰があたるかについては,
個別に明示した民法上の規定がなく, 次に
述べる820条などの個別に規定された義務の性質に照らした「解
釈」によることになる (714条が補充的責任であることを睨みつつ個々
の責任主体の義務の性質を踏まえた判断をすべきであろう)。

　未成年者については, 親権者 (820条), 親権代行者 (833条・867
条), 未成年後見人 (857条), 児童福祉施設の長 (児福47条1項) が
該当する。未成年者の父母の離婚時に親権者・監護者が分属した場
合 (766条参照) には, 親権者は主に子の財産管理権を有するにとど
まるため, 子を監護する監護者が法定監督義務者にあたると解され
ている。

　成年被後見人については, 従前は成年後見人 (843条・858条) が
あたると解されてきた。しかし, 最高裁は, ①平成11年改正で
「療養看護義務」から改正された858条の「身上配慮義務」(ないし
「事務」) について, 「成年後見人が契約等の法律行為を行う際に成
年被後見人の身上に……配慮すべきことを求めるものであって」,
「事実行為として成年被後見人の現実の介護を行うことや成年被後
見人の行動を監督することを求めるものと解することはできない」
として, 法定監督義務者に該当しないとした (最判平28・3・1民集
70巻3号681頁〔⇒*Column⑩* JR東海事件。傍論〕)。

　また, 同判決は, ②平成11年の精神保健福祉法改正で保護者の
自傷他害防止監督義務が削除されたことから, 平成11年改正後の

保護者（平成25年改正で廃止）についても法定監督義務者に該当せず，また，③配偶者の協力扶助義務（752条）は「第三者との関係で夫婦の一方に何らかの作為義務を課するものではな」いとして，配偶者についても，該当しないとした。

　その結果，713条で免責される場合には，本来，補充的責任を負うべき法定監督義務者が民法の明文上は存在しないという大きな問題が生じている（責任無能力者の衡平責任や，責任保険とリンクした成年後見人の責任制度など，立法的対応を検討すべきであろう）。

<table>
<tr><td>代理監督者</td></tr>
</table>

契約または事務管理に基づくもので，①施設ないし事業体が託された場合と，②個人が託された場合とがある。

　①については，㋐施設ないし事業体自体（またはその長）が代理監督者にあたるとする説，㋑施設ないし事業体の教職員・保育士などの個人が代理監督者にあたるとする説の対立がある。学説では㋐の説が優勢であるが，裁判例では㋑の説をとって，施設ないし事業体は715条または国家賠償法1条の責任を負うとするものが多い。

<table>
<tr><td>準（法定）監督義務<br>者・事実上の監督者</td></tr>
</table>

精神障害による責任無能力者（713条）に法定監督義務者に該当する者がいない場合においても，同居の親など，事実上監護をしていた近親者について，①法定の監督義務者に準ずべき者（最判昭58・2・24判時1076号58頁。同居する両親が老齢であることや，暴行等の差し迫った危険がなかったことから，該当性を否定した原判決を是認）や，②事実上の監督者（福岡高判平18・10・19判タ1241号131頁。監督の具体的必要性等から該当性を肯定し，他害の認識可能性から責任を肯定）として，714条の責任の有無が問題とされてきたが，①について，前掲最判平28・3・1（JR東海事件）が詳細な判断をした。総合考慮による判断ではあるが，単に同居して介護していたというレベ

ルではない，かなり高度なものが想定されている点で，責任回避の
ための介護引受拒否につながらないよう一定の配慮がされている。
714条の類推適用のみならず前述のように709条の適用にも慎重に
なるべきである。

*Column⑩* JR東海事件（最判平28・3・1民集70巻3号
681頁）●-●-●-●-●-●-●-●-●-●-●-●-●-●-●-●-●-●-●

　認知症に罹患したA（91歳）が，駅構内の線路に立ち入り，X鉄
道会社の運行する列車に衝突して死亡。Xが列車の遅延等による
損害について，Aの介護をしていた妻Y₁（85歳で要介護1）と，長
男Y₂（妻をA宅の近所に住まわせて通いで介護をさせて，自分は月3回ほ
ど横浜から愛知のA宅を訪ねていた）に賠償請求した事件。

　最高裁は，以下の一般論の下，Y₁・Y₂とも，Aを監督すること
が可能な状況にあったとも，その監督義務を引き受けていたとみる
べき特段の事情があったともいえないとして，「法定の監督義務者
に準ずべき者」（準監督義務者）に該当しないとした。

　「法定の監督義務者に該当しない者であっても，責任無能力者と
の身分関係や日常生活における接触状況に照らし，第三者に対する
加害行為の防止に向けてその者が当該責任無能力者の監督を現に行
いその態様が単なる事実上の監督を超えているなどその監督義務を
引き受けたとみるべき特段の事情が認められる場合」には，「衡平の
見地」から法定の監督義務者と同視して，「法定の監督義務者に準ず
べき者」として714条1項が「類推適用」されるべきあり，①その
者自身の生活状況や心身の状況，②精神障害者との親族関係の有
無・濃淡，③同居の有無その他の日常的な接触の程度，④精神障害
者の財産管理への関与の状況などその者と精神障害者とのかかわり
の実情，⑤精神障害者の心身の状況や日常生活における問題行動の
有無・内容，⑥これらに対応した監護や介護の実態など，諸般の事
情を総合考慮して，「精神障害者を現に監督しているかあるいは監督
することが可能かつ容易である」など「衡平の見地から」責任を問
うのが相当といえる客観的状況があるか否かの観点から判断すべき

である。

❖❖❖❖❖❖❖❖❖❖❖❖❖❖❖❖❖❖❖❖❖❖❖❖❖❖❖❖❖❖❖❖❖❖❖❖❖❖❖❖❖

法定監督義務者と
代理監督者の関係

前述のように，法定監督義務者の義務と代
理監督者の義務は排斥し合うものではない。
両者の責任が成立して連帯責任の関係に立
つ場合もあるし，代理監督者についてのみ監督義務を怠らなかった
ことの証明が認められて，法定監督義務者の責任のみが成立する場
合もある。

# 5 物の管理者の責任

## 1 土地工作物責任の意義

はじめに

土地工作物責任（717条）は，動物占有者
責任（718条）とともに，物の危険から発
生した損害について，その管理者等に対し709条の過失責任の原則
よりも重い責任（危険責任）を課したものである。土地工作物の占有
者には過失の立証責任を転換した中間責任，所有者には無過失責任
が規定される（717条1項ただし書）一方，動物占有者責任には中間
責任が規定されている（718条1項）。民法は，物の管理者の責任に
ついて，717条では「土地の工作物」という人工物の不動産を主な
対象とする（解釈上は土地・建物と接着した動産も含まれている）一方，
718条では動産のなかの動物のみを対象として，製造物の動産につ
いては製造物責任法（⇒第10章1）という特別法によっている。物
の管理者の責任は，民法の沿革上，建物の倒壊や家畜による加害が
念頭に置かれてきたためである。

717条1項は,「土地の工作物」の「設置
又は保存に瑕疵がある」ことによって他人
に生じた損害について,その工作物の占有者または所有者に賠償責
任を負わせている。これを土地工作物責任(工作物責任)という。

　同条2項は,「竹木の栽植又は支持に瑕疵がある」場合に,同条
1項を準用する。人工物でない竹木は,「工作物」にあたらず,同
条1項では責任を問えないため設けられた規定である。庭木が倒れ
た場合が典型例であるが,管理地内の天然木の枯れ枝が遊歩道に落
ちて負傷した事例(東京高判平19・1・17判タ1246号122頁)や,道
路に張り出した生垣で自転車走行中の児童が転倒し自動車事故で死亡
した事例(大阪地判平19・5・9判タ1251号283頁)もみられる。

717条1項は,まず本文で,工作物の「占
有者」が賠償責任を負う場合を規定する。
これを受けて,同項ただし書で,「占有者が損害の発生を防止する
のに必要な注意をしたとき」には,「所有者」が責任を負うものと
して,占有者を免責しているが,所有者には免責規定はない。

　すなわち,第1次的な責任主体である占有者は,過失の立証責任
が転換された中間責任を負い,無過失の立証に成功したときは免責
されて,第2次的な責任主体である所有者が無過失責任を負うこと
になる。

　いずれも土地の工作物が有する倒壊等の危険(リスク)を管理す
る者に対する危険責任の考え方に基づいて709条の原則を修正した
ものと解されているが,所有者のほうが重い責任を課されているの
はなぜか。ある学説は次のように説明する。

　占有者は,損害発生防止に関して直接的な関係にあるので第1次
的な責任が課されるが,あくまでも危険物に対して一面的な利益を
有する一時的支配者にすぎないので中間責任にとどまる。これに対

し，所有者は，危険物の全面的・終極的な利益帰属者であり，かつ，資力の点で占有者よりも優れている（と少なくとも従前は考えられてきた）ので，第2次的ではあるが占有者より重い無過失責任を課されることになる。

◆**起草者の見解**　起草者は，土地工作物責任について，過失責任の考え方を基礎としつつ，これを少々押し拡げて，（709条の自己責任を超えて）「他人の過失」について責任を認めたものと位置づけていた。その後，ドイツの危険責任論の影響や産業化の進展による企業災害の発生を背景として，大正期に占有者は中間責任，所有者は（純粋な）無過失責任と捉える学説が主張されて，今日の通説が形成された。もっとも，起草者の考え方は，今日においても後述する（⇒ [2] 設置または保存の瑕疵 (2)）有力説（義務違反説）に影響を与えているとみることができる。

◆**建物についての設計・施工者等の責任**　建物の瑕疵による損害については，占有者・所有者の他人に対する717条の責任のほかに，設計・施工者等（設計者・施工者・工事監理者）の契約関係にない居住者等（建物利用者・隣人・通行人等）に対する709条の過失責任も問題となりうることに注意されたい（最判平19・7・6民集61巻5号1769頁，最判平23・7・21判時2129号36頁⇒**第8章4** [5]）。

## [2]　土地工作物責任の要件

土地工作物責任は，①「土地の工作物」にあたること，②その「設置又は保存に瑕疵」があったこと，③瑕疵と損害の発生との間に因果関係があったこと，が成立要件となる（717条1項本文）。以下，この順に説明する。

土地の工作物　「土地の工作物」の定義について，古い判例は，「土地に接着して人工的作業を為したるに依りて成立せる物」（大判昭3・6・7民集7巻443頁）として，

①土地への接着性と，②人工的作業による成立，を要素としていた。①については次述(1)のように緩和されているものの，①と②を要素とするこの定義は，今日においても基本的に妥当している。

　(1)　土地への接着性　　大審院は，工場内に設置された機械等は建物に接着しているだけで土地に（直接に）接着していないとして，織物工場内のシャフトについて土地の工作物にあたらないとした（大判大元・12・6民録18輯1022頁）。

　通説は，これを批判し，工場とその中の機械等を一体として土地の工作物と認めれば足りると解した。下級審裁判例も，工場内のサンドタンク（浦和地判昭57・5・19判時1066号106頁〔落下による事故〕），パン焼機（東京高判平3・11・26判時1408号82頁〔火災〕），エレベーター（東京地判平5・10・25判時1508号138頁〔転落事故〕）など，建物内に設置された機械等について，土地の工作物と認めている。さらに，工場の排水による被害について，工場に設置された濾過装置を土地の工作物として責任を認めた事例もみられる（前橋地判昭46・3・23下民集22巻3＝4号293頁）。

　土地への接着性の緩和は，送電線等について土地の工作物と認めた点で，前掲大判大元・12・6以降の判例（大判昭12・7・17新聞4172号15頁，最判昭37・11・8民集16巻11号2216頁）にも，その傾向をみることができる。

　接着性の程度（定着性）についても，最高裁は緩和した判断を示している。すなわち，ガスボンベと導管とを接続する着脱が容易な高圧ゴムホースの欠陥について，ガス消費設備（コンクリート面に固定）・導管（一部地下を通って建物に金具で固定）・ガスボンベと一体をなすものとして，土地工作物責任を認めている（最判平2・11・6判時1407号67頁）。

　以上に対し，従来の裁判例で土地の工作物ではないとされたもの

として，たとえば，空地に置かれたゴミ箱の上に載せられたコンクリート製の流し台（東京地判昭46・11・29判時665号66頁）や，デパートの屋上に置かれたアルミ製のデッキチェア（東京地判昭47・12・11判時704号70頁）がある。土地への接着性（定着性）は緩和されたとはいえ，「土地の工作物」概念が無限定に拡大しないための歯止めになっている（上記のデッキチェアの脚がボルトやモルタル等で床面に固定されていれば肯定された余地があろう）。

(2) **人工的作業による成立**　土地に接着していても，自然に存在する池沼は工作物にはあたらない（東京高判昭50・6・23判時794号67頁）。これに対し，スキー場のゲレンデ（長野地判昭45・3・24判時607号62頁）や，ゴルフコース（横浜地判平4・8・21判タ797号234頁）は，自然の地形を利用しつつも人工的作業が加わっているので工作物として認められる（造成地も認められよう）。そのほか，掘られた穴やその水たまりも工作物にあたる（鹿児島地判昭51・3・26判時846号89頁，鹿児島地判昭48・3・29判時723号74頁）。

---

**Case 9-11**

　A鉄道会社の甲踏切道は，列車が数十メートル近づかなければ見えない見通しの悪さの中，1日約700人の通行と約500本の運行により過去に数回の接触事故がありながら，保安施設（警報機・遮断機）を設置しておらず，幼児Bの死亡事故が発生した。

---

設置または保存の瑕疵

(1) **意義**　通説は，設置・保存の瑕疵について，「その工作物が本来（または通常）備えるべき性質や設備を欠いていること」とする。近時は，より端的に，工作物が通常備えるべき「安全性を欠いていること」という用語による学説が多く，最近の最高裁判決も，工作物の種類に

応じて「通常有すべき安全性を欠いていること」と定義している（最判平25・7・12判時2200号63頁）。

　いずれにしても，設置・保存の瑕疵について，①物の客観的性状が問題とされているのであって，人の行為義務が問題とされているのではないこと，②「通常」予想される危険に対し「通常」備えるべき安全性ないし設備が問題とされているのであって，異常な行動による危険や異常な自然力による危険に対するものまでは問題とされていないことが含意されている（国家賠償法2条における通常有すべき安全性と異常な行動に関する最判昭53・7・4民集32巻5号809頁，最判平5・3・30民集47巻4号3226頁参照）。

　**(2)　瑕疵の意義をめぐる議論**　　上記(1)①の点に関して二つの議論がある。

　最高裁は，Case 9-11と類似の事案で，踏切の軌道施設について，踏切道の機能として必要とされる保安施設と併せ一体として考察すべきだとした上で，見通しの悪さ・交通量・列車回数などに照らし，「踏切道における軌道施設として本来具えるべき設備を欠き，踏切道としての機能が果されていない」として保安設備がないことをもって設置上の瑕疵を認めている（最判昭46・4・23民集25巻3号351頁）。学説でも，瑕疵は，単なる物理的な欠陥に限定されるものではなく，その工作物の機能との関連からも判断されるべきだとされている（機能的瑕疵）。

　他方，一部の学説は，後述する国家賠償法（国賠法）2条（営造物責任⇒*Column⑰*）や717条の瑕疵を「義務違反」として捉える説をとる（義務違反説）。このような立場は，営造物ないし工作物それ自体の瑕疵だけではなく危険防止上の瑕疵についても責任を問いうる利点がある反面，危険防止のための義務に着目する結果，回避可能性の判断が入ることによる責任の制限も生じうる。

河川・堤防のような自然公物については，まさに外的な危険（洪水）防止が問題となり，財政的・技術的・社会的制約の下での損害の回避可能性を考慮せざるをえない（最判昭59・1・26民集38巻2号53頁〔水害〕）。道路などの人工公物についても，外的な被害や危険の防止については（程度の差こそあれ）同様の考慮を要する場合がある（最判平7・7・7民集49巻7号1870頁〔道路公害について上記の回避可能性を消極的要件として考慮した上で責任肯定〕，最判平22・3・2判時2076号44頁〔高速道路のキツネ防護柵の不備につき費用対効果から責任否定〕）。その点で，国賠法2条の上記類型について義務違反（および回避可能性）を問題とすることには合理性があろう。しかし，このような議論を717条の工作物一般に及ぼすことができるかについては疑問が残る。一方，717条・国賠法2条とも，物理的瑕疵だけではなく機能的瑕疵も問題とされている（前掲最判昭46・4・23，最大判昭56・12・16民集35巻10号1369頁〔大阪空港事件。空港騒音〕）点で，義務違反説に立たなくても危険防止上の瑕疵を問題とすることができよう。

*Column⑪* 国賠法2条（営造物責任） •◦•◦•◦•◦•◦•◦•◦•◦•

国賠法2条は，道路・河川その他の「公の営造物」の「設置又は管理に瑕疵」があったために他人に損害を生じたときの「国又は公共団体」の賠償責任を規定する。民法717条に準じていたかつての判例を明文化したものであるが，①「土地の工作物」に対し「公の営造物」という⑦不動産だけでなく（土地への接着性のない）動産を含むとともに，④人工物（人工公物）だけでなく河川・海岸・湖沼など自然公物をも対象とする点，②717条の占有者に認められている免責規定がない点のほか，③規定上，設置または「管理」の瑕疵が要件とされている点が異なる。判例は，設置・管理の瑕疵について，公の営造物が「通常有すべき安全性」を欠いている状態のこととする客観説を基本とし，国や公共団体に過失がなくても責任を認

める（最判昭 45・8・20 民集 24 巻 9 号 1268 頁〔落石防護柵〕）が，上記のように回避可能性を問題とするものもある。確かに，自然力や第三者からの危険・被害の防止上の瑕疵については義務違反を問題とすることに合理性があるが，営造物一般に及ぼすことができるかはここでも疑問が残る。

（3）　瑕疵の判断基準時　　次に前記(1)②の点（「通常」予想される危険に対し「通常」備えるべき安全性ないし設備が問題とされていること）に関して，安全性を有したか否かの評価の基準時が問題となる。

事故時を基準に評価するのが原則と解されている（点字ブロックと国賠法 2 条に関する最判昭 61・3・25 民集 40 巻 2 号 472 頁も参照）が，石綿（アスベスト）健康被害のように長期間の曝露によるもので，その間の科学的知見等が変化した場合については，「通常有すべき安全性を欠くと評価されるようになったのはいつの時点からであるか」を確定した上で，その瑕疵と損害との間の相当因果関係の判断をする必要がある（前掲最判平 25・7・12）。同判決は，科学的な知見・一般人の認識・法規制を含む行政の対応等の変化に伴って，上記の評価が変化しうることを示唆している。

（4）　瑕疵の立証責任　　瑕疵の立証責任は賠償を請求する被害者側にあるが，大地震など異常な外力がないのに建物が崩壊したような場合については，瑕疵の存在が推定されるべきだとする学説が有力である。

瑕疵と損害の発生との間の因果関係

（1）　たとえば，震度 5 程度の地震によって，塀が倒壊して他人が負傷した場合はどうか。仮に少なくとも震度 5 程度を想定した安全性が要求されるべきだとすれば（仙台地判昭 56・5・8 判時 1007 号 30 頁参照），自然力が競合したとはいえ，その塀の瑕疵がなければ損害はまったく発生しなかった（その瑕疵により損害が全部発

生した）ことになる。自然力との関係で瑕疵があると判断され，その瑕疵と損害の発生との間の因果関係が肯定された以上は，自然力という他原因の競合を理由に賠償額を減ずるべきではない（名古屋高判昭 49・11・20 高民 27 巻 6 号 395 頁〔飛騨川バス転落事故事件〕参照）。

(2)　これに対し，かなり強い地震がおきたために，瑕疵（相当程度の震度を想定した安全性の欠如）の有無を問わず，多かれ少なかれ損害が発生したが，瑕疵がなかったとしたら損害が少なく済んだ（瑕疵の存在によって被害が拡大した）であろう場合はどうか。この場合は，被害が拡大した限度で，瑕疵との相当因果関係がある損害として，その限度で責任を認めるべきである。

(3)　他方，瑕疵が存在した場合であっても，きわめて異常な大きさの震度の地震による場合はどうか。この場合は，瑕疵と損害発生との因果関係が否定されることがある。仮に瑕疵がなかった（安全性を備えていた）としても，同じ被害が発生したことに変わりがなかったであろう場合は，瑕疵がなければ損害は発生しなかった（あれなければこれなし）とはいえない。損害発生との事実的因果関係が否定されることで賠償責任が否定されることになる。

### ③　土地工作物責任の賠償義務者

占有者と所有者の関係

前述したように，717 条 1 項は，占有者が第 1 次的な責任を負い，占有者が「損害の発生を防止するのに必要な注意をした」ことの立証（無過失の立証）に成功したときは，所有者が第 2 次的な責任主体として無過失責任を負う，という構造になっている（⇒①）。

この構造からは，所有者よりも先に占有者を被告とすることが素直であるが，最初から所有者を被告として訴えることも可能である。もっとも，被告とされた所有者が占有者の存在を立証した場合には，

（占有者ではなく）被害者が，その占有者について「損害の発生を防止するのに必要な注意をした」ことの立証（無過失の立証）に成功しなければ，所有者に無過失責任を負わせることはできないことになる。

**占 有 者**

**(1) 占有者の意義**　工作物の「占有者」か否かは，基本的には物権法の「占有」概念による。

①店舗を任された被用者のような占有補助者ないし占有機関は，工作物の「占有者」にはあたらない（通説）。

②直接占有者のみならず，転貸人のような間接占有者も工作物の「占有者」にあたる（最判昭31・12・18民集10巻12号1559頁〔国が賃借して占領軍に転貸していたという特殊な事案〕）が，間接占有者の責任は直接占有者の責任が否定された場合の第2次的な責任と解すべきである。

**(2) 占有者の免責**　占有者の免責（717条1項ただし書）が認められるための注意義務の程度については，損害の発生を現実に防止しうるものであり，かつ，工作物の種類・性質やその利用者・接近者の種類によって異なるとされる。大審院は，小学校の遊動円棒の瑕疵による事故につき，3人以上乗るなと申し聞かせ，その旨の札を打ちつけておいたとしても，9歳余の理解力の者に対して相当の注意をしたとはいえないとした（大判大5・6・1民録22輯1088頁）。しかし，近時の下級審裁判例では，占有者の免責が認められた事例もみられる（東京地判平18・9・26判時1971号133頁〔エレベーターの扉挟み事故について専門業者によるメンテナンスをしていた建物占有者の免責が認められた事例〕，東京地判平9・2・10判時1623号103頁〔アパートの階段の倒壊事故について手抜き工事を予測し瑕疵をみつけて修理することは期待できないとしてアパートの管理業務受託者の免責が認められた

事例〕，東京地判昭 44・7・14 判時 578 号 65 頁〔肥溜めへの転落事故について土地の周囲に有刺鉄線を張り巡らせるなどしていた土地占有者の免責が認められた事例〕）。修繕義務（606 条）を負わない借家人も，建物について通常の注意を払っていれば免責されよう。

所有者
所有者の責任は免責事由のない無過失責任であり，たとえ前所有者の下で瑕疵が発生したものであっても，現所有者がその責任を負うことになる（大判昭 3・6・7 民集 7 巻 443 頁）。

問題となるのは，所有権が譲渡されたが登記の移転が未了の場合である。学説は，あくまでも実体的な所有権の所在で判断する説と，登記名義人にも責任を追及することができるとする説に分かれるが，後者が妥当であろう。被害者は工作物の所有権の帰属に重大な利害関係を有するところ，移転登記がさほど困難なくできるのにこれを怠って真の所有者探索の困難を強いるのは不当であり，被害者に対し所有権の喪失を主張できないというべきである（妨害排除請求の相手方に関する最判平 6・2・8 民集 48 巻 2 号 373 頁の考え方を参照）。

求償
土地工作物の占有者または所有者が 717 条の責任を負う場合であっても，他に損害の原因につき責任を負うべき者がいる場合には，その者に対して求償権を行使しうる（717 条 3 項）。たとえば，工作物の瑕疵が，請負人や前所有者の過失による場合である。

このような原因者は，被害者との関係で不法行為責任が成立することが必要とされる。被害者は，占有者・所有者の責任と並んで（またはそれに先立って），原因者の責任を追及することもでき，原因者は占有者・所有者と連帯債務を負うことになる。占有者・所有者（過失がある場合）と原因者の負担部分は過失割合によると解されている。

## ④ 動物占有者責任

「物の管理者の責任」として位置づけられるものとして，土地工作物責任（717条）と並んで，「動物が他人に加えた損害」に関する動物占有者責任（718条）がある。危険性を有する物を管理する者に対する危険責任という点で共通性を有するが，動物占有者責任には，「占有者」（同条1項）または占有者に代わって「管理する者」（同条2項。2004〔平成16〕年改正前の文言では「保管スル者」）に対する（過失の立証責任が転換された）中間責任の規定しかない（同条1項ただし書）。動物の所有者については，特に規定はなく，709条によるしかない。

動　物　「動物」による損害は，家畜やペットからの直接の危害によるものが一般的であるが，犬が吠えたことによる騒音（横浜地判昭61・2・18判時1195号118頁），飼主の手を離れて近づいてきた小型犬に小学生がひるんで自転車の操縦を誤ったことによる負傷（最判昭58・4・1判時1083号83頁），犬に襲われた女児が道路に飛び出したことによる交通事故（大阪地判昭51・7・15判時836号85頁）について適用が認められた裁判例がある。学説では，保管していた細菌やウイルスが拡散したことによる被害についても適用を認めるべきだと主張されている。

免　責　718条1項ただし書は，相当の注意をしたことによる免責を認めている。この注意義務は，「通常払うべき程度」のものであって，「異常な事態に対処しうべき程度」のものまでは要求されない（最判昭37・2・1民集16巻2号143頁）。

　もっとも，裁判例では，ただし書の適用は厳しく判断されており，規定上は中間責任であるが，無過失責任に接近しているとみられて

いる。

　なお，動物の運送を委託した場合には，委託者が「占有者」，運送人が「管理」者となり，委託者が，相当の注意をもって「管理」者を選任・監督したときは，占有者としての責任を免れることになる（最判昭40・9・24民集19巻6号1668頁参照〔平成16年改正前の「保管」者に関する判示〕）。

# 第10章 特別法による責任

> 　　民法上の特殊不法行為のほかに，特別法で損害賠償責任を定めるものがある。特別法による損害賠償責任は，民法709条の過失責任を修正している点で共通しており，その多くは，無過失責任を定めるか，または，過失の立証責任を転換している。他方，失火責任法のように，重過失を責任の要件とする法律もある。主要なものとして，製造物責任法，自動車損害賠償保障法，失火責任法，原子力損害の賠償に関する法律がある。本章ではこれらについて説明する。

## *1* 製造物責任

### ① 製造物責任の意義，責任根拠

　製造物責任法に基づく製造者等の責任を，製造物責任という。

　製造物責任については，1994（平成6）年に製造物責任法（以下，本節では「本法」という）が制定された。それ以前は，被害者は製品の売主に対して債務不履行責任や（2017〔平成29〕年の民法改正前の）瑕疵担保責任を追及するか，製造者に対して民法709条の過失を証明して不法行為責任を追及するほかなかった。しかし，人身被害をもたらす瑕疵・欠陥のない目的物の給付義務が契約の内容に含まれることは稀である。また，製造物の構造や製造過程について専門知識をもたない被害者が製造者の過失の証明をすることはきわめて困難である一方，製品の製造者は製品の販売によって利益を得ており

（報償責任），また，人為的に製造された製造物は一定の危険性を有している（危険責任）。さらに，製造者は製品の安全性確保に関して最も多くの情報を有しているとともに，消費者に対して製品に関する保証責任や信頼責任がある。諸外国においては，1960年代からアメリカでは判例上製造物責任について厳格責任（無過失責任）が課されるようになり，1985年にはEUで製造物責任についての指令が採択された。わが国においても，本法の制定により，製造物の欠陥によって損害を被った者は，製造業者等に対して損害賠償を請求できることになったのである。

### ② 製造物責任の内容

適用範囲

（1）「製造物」　欠陥責任が適用される「製造物」とは，「製造又は加工された動産」である（製造物2条1項）。

農水産物自体は「製造」されたとはいえないが，「加工」されていれば，製造物となる。料亭が提供したイシガキダイのアライやかぶと焼きは「加工」されたものとした裁判例がある（東京地判平14・12・13判時1805号14頁）。魚を切り身にしただけで「加工」にあたるかについては争いがあるが，あたらないと解する。なお，牡蠣毒のように，人為的操作が危険性を高める方向に作用していない場合であっても，加工により「製造物」として扱われると解されている。

「製造物」とは「動産」でなければならず，造成した土地や建築した建物，電気や熱等のエネルギー，サービスに欠陥があっても，本法は適用されない。工事に使われた動産に欠陥があったために，建物に欠陥が認められる場合には，その動産の製造者に製造物責任が課される。「動産」として「製造」されていればよく，不動産に

組み入れられて現在は動産でなくなっていても，その動産について本法の適用があると考えられる。

　また，コンピュータソフトに欠陥があった場合，ソフト自体は有体物ではないので製造物ではないが，ソフトがコンピュータ等の製品に組み込まれており，そのソフトに欠陥があれば，製品自体の欠陥と判断される。

　(2)　**本法の責任主体**　　本法の責任主体は「製造業者等」であり（3条），まず，「当該製造物を業として製造，加工又は輸入した者」が製造者として責任を負う（2条3項1号）。「加工……した者」には，製品の修理や改良をした者が含まれる。

　また，「自ら当該製造物の製造業者として当該製造物にその氏名，商号，商標その他の表示（以下「氏名等の表示」という。）をした者又は当該製造物にその製造業者と誤認されるような氏名等の表示をした者」（2号表示製造業者）も責任主体である（2条3項2号）。輸入業者ではないのに輸入業者として自己の名称を表示した者も，これに該当する。責任の根拠は，社会一般の信頼を保護する目的にあり，表見法理とは異なる。そのため，請求者が実際に誤認していたか否かは関係しない。

　また，氏名等の表示がなく，2号表示製造業者にあたらない場合でも，「当該製造物の製造，加工，輸入又は販売に係る形態その他の事情からみて，当該製造物にその実質的な製造業者と認めることができる氏名等の表示をした者」（3号表示製造業者）も，責任主体とされる（2条3項3号）。なお，製品に製造業者の記載がなく，販売業者の表示のみがなされている場合について販売業者に責任を課する規定はない。

　(3)　**権利法益侵害，損害の限定**　　本法は，欠陥によって「生命，身体又は財産」が「侵害」され，その結果生じた損害（拡大損害）

のみを対象としている（3条本文）。製造物の欠陥から生じた損害が当該製造物自体にとどまっている場合には，本法の適用はなく（同条ただし書），この場合には契約責任の問題となるのである。本法は，「財産」侵害（物損）を介さずに生じた経済的損害（いわゆる純粋経済損失。たとえば，欠陥製品の修補費用）には適用されない（純粋経済損失の賠償については，学説上争いはあるが，民法709条の適用の余地を認める裁判例が多い。⇒**第8章4** ⑤）。他方，製品の使用者以外の第三者が被害者として本法に基づく請求をすることは当然ありうる。

　なお，本法の適用は消費者に限定されておらず，事業者に対する「財産」侵害も本法の対象となる（3条本文）。この点は，立法論的に，本法を消費者保護法の一種と位置づけるべきであるとする観点から，批判されることがある。

　　　　　　　　　　　　（1）　欠陥の基本的特徴　　本法における
　　｜「欠　陥」｜　　　「欠陥」の基本的特徴としては，第1に，
それが製品の「安全性」にかかわる問題であることが挙げられる。一方，製造物の品質のみに問題があっても，欠陥にはあたらない。第2に，欠陥は製造物の客観的性状であり，客観的・外形的に判断される。もっとも，後述する「指示・警告上の欠陥」（⇒(3)）については，このように解することに対して学説上批判があり，欠陥全般について製造物の客観的性状であるとの捉え方を貫徹することはできないとの立場が増加している。

　（2）　欠陥の判断基準　　製造物責任は無過失責任であるが，製造物に「欠陥」があることが要件とされている。「欠陥」とは，「当該製造物の特性，その通常予見される使用形態，その製造業者等が当該製造物を引き渡した時期その他の当該製造物に係る事情を考慮して，当該製造物が通常有すべき安全性を欠いていることをいう」（製造物2条2項）。「通常有すべき安全性を欠いていること」という

要件は，民法の土地工作物責任（民717条）や国家賠償法の営造物責任（国賠2条）における「瑕疵」の判断基準として用いられてきたものであるが，EUの製造物責任指令の「正当に期待されるべき安全性を提供しないこと」という定義とも類似している。

Case 10-1 ─────────────────────────────

　A（1歳9か月）はこんにゃくゼリーをのどに詰まらせて窒息死した。Aの両親は，こんにゃくゼリーの製造者Bに対し，本法に基づいて損害賠償を請求した。

───────────────────────────────────

　Case 10-1の事案について，下級審裁判例（神戸地姫路支判平22・11・17判時2096号116頁）は，一般消費者は，事故当時，この商品がこんにゃくの成分を含み，通常のゼリーとは異なることを十分に認識可能であったことなどから，本件こんにゃくゼリーは「通常有すべき安全性を備えて」いるとして，欠陥を否定した。

　（3）　欠陥の類型　　欠陥は，その原因により，①設計上の問題があり，すべての製品に同様の欠陥が生じる「設計上の欠陥」，②製造過程で生じる，品質基準に適合しないなどの欠陥である「製造上の欠陥」，③当該製造物に内在する危険についてあらかじめ警告することを欠いている「指示・警告上の欠陥」に分かれる。

　もっとも，本法は欠陥一般について責任要件を定めているため，どの類型にあたるかを明示して欠陥の立証をすることまでは求められていない。本法が欠陥類型を明示的に採用していないことなどから，類型的区別の意義を否定し，すべての欠陥は総合的・一体的に認定判断されるべきであるとする見解も有力である。裁判例上は，類型的区別を用いるものと用いていないものの両方が存在する。後述するように（⇒欠陥と過失），特に，指示・警告上の欠陥は過失責任と類似する性質があり，類型的区別は解釈論としては有効であろ

う。

*Column*⑫　欠陥の類型と欠陥の判断基準 •••••••••••••••••••••

　　学説においては，アメリカ法とEU法の議論を参照し，②「製造
上の欠陥」には（標準からどれだけ逸脱しているかによって判断する）
標準逸脱基準が用いられる一方，①「設計上の欠陥」と③「指示・
警告上の欠陥」については（危険と効用を比較検討して判断する）危険
効用基準と（消費者の期待を基準として判断する）消費者期待基準のど
ちらを用いるべきかについて争われてきた。このうち，危険効用基
準は，過失の判断について扱ったハンドの定式と類似する考え方で
ある（⇒第8章2②過失の構造(4)）。

•••••••••••••••••••••••••••••••••••••••••••••••••••••

　(4)　**欠陥の存在時期等**　　欠陥がどの時点で存在することが本法
の責任の要件となるか。本法の「その引き渡したものの欠陥」（3
条）という文言などから，欠陥の存在時期は，製造物の「引渡し時
期」を基準とする立場が一般である（最判平25・4・12民集67巻4号
899頁も，これを前提とする。もっとも，同判決は「引渡し時」を問題とし
つつ，実際には「輸入承認時」を基準としている。これに対しては，「引渡
し時」は製品ごとに異なるが，「輸入承認時」は一つの時期になり，両者で
は時期がずれるのではないかという批判がある）。製造物の引渡し後に
法規制や社会の意識が変化し，現在の水準からは欠陥があると判断
される場合であっても，本法の責任は問われない。もっとも，この
ような場合に適切な警告や回収等を行わないことが民法709条の責
任を導く場合がある。なお，この点は，事後的に製品の改良やリコー
ル措置が行われたこと自体をもって欠陥の考慮基準として用いる
ことは意味しない。このようなことをすると，製品の改良やリコー
ル措置を行うことに対する阻害要因となるからである。

　また，事故時に欠陥があると判断されても引渡し時に欠陥があっ
たかが明らかでない場合もあり，立法時には，事故時の欠陥から引

渡し時の欠陥を推定する規定をおく案もあったが，導入されなかった。もっとも，具体的事案において，事故時の欠陥から引渡し時の欠陥が事実上推定されることはありうる（大阪地判平6・3・29判時1493号29頁）。

欠陥判断の考慮要素として，「通常予見される使用形態」が挙げられる（製造物2条2項）。不具合が通常の使用によって生じた場合には，製造物の欠陥といえるが，異常な使用によって発生した場合には，欠陥とはいえない。「通常予見される使用形態」には，本来的な使用方法だけでなく，想定される使用者が通常の注意によって使用した使用方法を広く含む。

**開発危険の抗弁**

さらに，「当該製造物をその製造業者等が引き渡した時における科学又は技術に関する知見によっては，当該製造物にその欠陥があることを認識することができなかったこと」が免責事由とされている（製造物4条1号）。これを開発危険の抗弁という。

この抗弁が，個々の製造業者における（権利・法益侵害や損害発生の）認識可能性を問題としているとすれば，それはただ過失の予見可能性の立証責任を転換しているにすぎないことになるが，それだけでは，過失責任を欠陥責任に置き換えた意義が貫徹されているとはいえない。そこで，学説は，この抗弁は製造物の危険性についての認識と解した上で，この抗弁が認められるのは，当時の最高の科学技術の知見によっても欠陥が認識しえなかった場合に限るとされている（裁判例としては，前掲東京地判平14・12・13）。この考え方自体は正当であるが，科学的知見も徐々に充実していき，また，場合によっては特定の知見が後に否定されることもあり，科学的不確実性がある場合についてどのように判断すべきかという問題は残されている。

科学・技術の水準は，製造物の引渡し時を基準に判断される。したがって，引渡し後の科学・技術の発展によって危険性が発覚した場合には，この抗弁が適用されるが，この場合においても，上述したように，すでに販売された製造物について警告・回収などの措置を行わないことが民法709条の責任を導くことがある。

Case 10-2 ────────────────────────

　Ａは，Ｂが厚生労働大臣の輸入承認を得て輸入販売した抗がん剤「イレッサ」を服用後，間質性肺炎を発症して死亡した末期の肺がん患者Ｃの遺族である。ＡはＢに対して本法に基づいて損害賠償を請求した。

────────────────────────

┌─────────────┐
│　　欠陥と過失　　│
└─────────────┘

　最高裁は，医薬品の指示・警告上の欠陥について，「添付文書の記載が適切かどうかは……副作用の内容ないし程度（その発現頻度を含む。），当該医療用医薬品の効能又は効果から通常想定される処方者ないし使用者の知識及び能力，当該添付文書における副作用に係る記載の形式ないし体裁等の諸般の事情を総合考慮して……予見し得る副作用の危険性が上記処方者等に十分明らかにされているといえるか否かという観点から判断すべき」（下線筆者）であるとし，「本件添付文書……の記載が本件輸入承認時点において予見し得る副作用についてのものとして適切でないということはできない」とした（前掲最判平25・4・12）。

　特に，指示・警告上の欠陥については，医薬品の場合，その副作用の予見可能性が問題とならざるをえず，過失判断と類似の判断が求められるとし，最高裁も同様の立場に立つと評されることが多い。この立場によるときは，欠陥の判断において，その予見可能性も判断することになる。

もっとも，本法の欠陥責任が過失責任を修正し，「被害者の保護」を図る（1条）ことを目的としていることからすると，本法のこの趣旨を活かす解釈をしなければならない。このような立場からは，本法における「欠陥」の予見可能性は，民法709条の過失における（権利・法益侵害や損害の発生の）予見可能性ではなく，製造物の危険性についての予見可能性であることを前提としつつ，本法4条が存在することから，①それは抽象的危険性の予見可能性で足りると解するか，②製造物の危険性に関する予見可能性の問題は，欠陥自体の問題ではなく開発危険の抗弁の問題として扱うか，いずれかの立場を採用することが必要となると解される。②の立場からは，最高水準の知見による危険性の認識可能性は，原則として欠陥判断では考慮されないことになる。

　また，結果回避可能性についても，民法709条の過失における（権利・法益侵害や損害発生の）回避可能性は要求されないが，製造物の危険性の回避可能性は問題となりうる。これについては，製造上の欠陥については，（標準からの逸脱が問題となるという）性質上要求されない。これに対し，設計上の欠陥と指示・警告上の欠陥については回避可能性が要求されるが，先に触れた本法1条の目的に照らし，製造・販売をしないことをも視野に入れつつ，高度の結果回避義務が要求されると解される。

| 「引渡し」 |

本法は「その引き渡したものの欠陥」（3条）を要件としており，「引渡し」は責任発生の要件である。「引渡し」は民法182条以下の占有の移転を意味するが，本法の目的に照らし，製造業者等が自己の意思で現実に占有を移転することが必要であり，またそれで足りると解すべきである。

（1）　部品・原料製造者の抗弁　　部品・原材料を加工し，または組み立てることによって製造される他の製品に欠陥があり，その欠陥が部品や原材料の段階から存在した場合には，被害者は，完成品の製造業者と部品・原材料の製造業者のどちらにも本法の責任を追及することができる。しかし，部品・原料製造者については「その欠陥が専ら当該他の製造物の製造業者が行った設計に関する指示に従ったことにより生じ，かつ，その欠陥が生じたことにつき過失がないこと」を免責事由としている（製造物4条2号）。部品・原料製造者には零細事業者が多く，完成品製造業者の指示に従わざるをえない場合が多い一方，完成品の製造者は製造物責任を負うため，被害者保護に欠けるところのないことから，このような規定がおかれたのである。

（2）　期間制限　　本法による請求権は損害および賠償義務者を知った時から3年（5条1項1号。民法724条の2に合わせて，生命・身体侵害の場合は5年。同条2項），引渡しの時から10年（同条1項2号）で消滅する。後者については，民法（724条2号）とは，期間だけでなく起算点についても異なる扱いをしているのである。

他方，身体に蓄積されて人の健康を害することとなる物質による損害または一定の潜伏期間が経過した後に症状が現れる損害については，損害が生じた時から起算する（製造物5条3項）。

（3）　民法の適用　　製造物責任については，本法によるほか，民法の規定による（製造物6条）。無過失責任であるが，被害者に過失があれば，民法722条2項によって過失相殺される。また，本法の期間制限にかかっていても，民法の期間制限にかかっていなければ，製造業者の過失を証明して民法709条の責任を問うことができる。

# *2* 自動車損害賠償保障法

## 1 序

自賠法の特色

自動車損害賠償保障法（以下，「自賠法」という）の特色は，以下の３点である。

第１に，自賠法３条は，「自己のために自動車を運行の用に供する者」（運行供用者）について，①自己および運転手が注意を怠らなかったこと，②被害者または運転手以外の第三者に故意または過失があったこと，③自動車に構造上の欠陥または機能の障害がなかったこと，の三つすべてを立証しない限り責任を負うものとした。これは，民法709条の過失責任を修正した中間責任の形をとるものであるが，上記をすべて立証することは事実上難しく，実質的には，無過失責任に近いものとなっている。

第２に，同条はあくまでも（「生命又は身体を害した」ことによる）人身損害についての特別規定であり，物損については一般法である民法709条の過失責任主義によることになる。

第３に，自賠法５条は，責任保険への加入を義務づけている。これは，加害者の賠償資力を確保するものであるとともに，同法16条により被害者から保険会社への直接請求を認めることによって被害者救済の実効性を高めている。なお，ひき逃げなど加害者不明の場合については，政府の自動車損害賠償保障事業によって救済される（自賠71条・72条）。

要件の概観

運行供用者責任は，①「運行供用者」が，②自動車の「運行」によって，③「他人」の生命または身体を害したこと，によって成立する。

以下，これらの要件（特にかぎ括弧の文言）について問題点を説明する。

## ② 運行供用者

運行支配 ） 賠償義務者である**運行供用者**について，かつては，715条と同様の外形理論がとられたり，あるいは，「運行支配」と「運行利益」の二つが帰属する者と解されたりした。しかし，その後は，「運行支配」という客観的・外形的基準を中心に，「運行供用者」が広く解される傾向にある。

判例は，自動車の所有者は未成年の子であるが実質的な資金負担者は同居の父親であるという事例（最判昭49・7・16民集28巻5号732頁）や，資金負担者が20歳の子であっても自動車が同居の父親の名義であり父親宅に保管されていた事例（最判昭50・11・28民集29巻10号1818頁）で，いずれも父親を運行供用者として認めている。そのほか，使用貸借の貸主（最判昭46・1・26民集25巻1号102頁。ただし，否定例として最判平9・11・27判時1626号65頁〔借主が長期間乗り回す意図で2時間後に確実に返還すると貸主を騙し督促される度に引き延ばしていた事例〕も参照）やレンタカー会社（最判昭46・11・9民集25巻8号1160頁）も運行供用者として認めている。

Case 10-3 ————

　Aは保有する甲自動車のエンジンキーを差し込んだままドアに施錠せず道路沿いに駐車していて，甲を盗んだBが人身事故を起こした。

泥棒運転 ） 特に問題となるのは盗難車両の運転中の事故である。エンジンキーを差し込んだまま

ドアに鍵をしていない自動車が警備員のいる塀で囲まれたタクシー会社の駐車場から盗まれて事故を起こした事例では，タクシー会社の運行供用者責任が否定されている（最判昭48・12・20民集27巻11号1611頁）。しかし，Cace 10-3の場合については，客観的にみて第三者に対し運転を容認したといわれてもやむをえない事情がある以上，保有者Aは運行供用者としての地位を失ったとはいえず，自賠法3条の責任を負うと解されよう（札幌地判昭55・2・5判タ419号144頁参照）。

### ③ 運　　行

「運行」とは，「自動車を当該装置の用い方に従い用いること」と定義されている（自賠2条2項）。

判例は，クレーン車のクレーン，フォークリフトの荷台といった当該自動車の固有の装置を，その目的に従って操作した場合についても「運行」にあたるとする（最判昭52・11・24民集31巻6号918頁，最判昭63・6・16判時1298号113頁）。下級審裁判例では，夜間に無灯火で駐停車していたために事故となった場合についても「運行」にあたるとされた事例もある（名古屋高金沢支判昭52・9・9判タ369号358頁，大阪地判平2・9・17判時1377号76頁）。

### ④ 他　　人

被害者が自賠法3条の「他人」にあたるかについて，強制保険による保護の対象となるかをめぐって争いになることがある。

判例は，「他人」を「自己のために自動車を運行の用に供する者および当該自動車の運転者を除く，それ以外の者」としており（最判昭42・9・29判時497号41頁），夫が運転して事故を起こした際に同乗していた「妻」について，それだけを理由に「他人」性を否定

することはできないとしている（最判昭47・5・30民集26巻4号898頁）。

　これに対し，同乗していた被害者に運行支配性が認められる場合については，他人性が否定されることになり，最高裁判決には，運行支配が「直接的，顕在的，具体的」であったかを基準に判断するものもある（最判昭50・11・4民集29巻10号1501頁）。所有者Aが同乗者Bからの強い要請により渋々運転を交代しBの運転による事故で死亡した事例では，最高裁は，Aは「所有者として同乗していたのであつて，同人はいつでもBに対し運転の交替を命じ，あるいは，その運転につき具体的に指示することができる立場にあつた」のだから，BがAの指示を守らないなど特段の事情がない限り，Aの支配の程度がBの支配の程度に比し優るとも劣らなかったというべきである，として「他人」性を否定しており（最判昭57・11・26民集36巻11号2318頁。AよりもBのほうに直接的・顕在的・具体的な運行支配を認めてAの他人性を肯定した原判決を破棄），運行支配性を緩く判断している。

# *3* 失火責任法

| 意　義 |

　「失火ノ責任ニ関スル法律」（以下，「失火責任法」という）は，失火については，民法709条の過失責任の原則を修正し，**重過失がある場合のみ責任を認**めている（後述のように重過失の立証責任は被害者側にある。⇒<u>重過失の意義</u>）。

　大審院は，①失火のほとんどが自分の財物を焼失させるものであり，その過失に「宥恕すべき事情」が存することが少なくないこと，②人家密集地では延焼が「幾百千戸に及ぶ」ことがあり，失火者に

測り知れない賠償責任を負わせるのは非常に「酷」であることなどから，失火者を保護する趣旨でこのような規定が置かれた旨を述べている（大連判明45・3・23民録18輯315頁）が，立法論としては批判が強い。

Case 10-4 ────────────────────────────────

借家人Ａの軽過失による失火で，貸主Ｂ所有の家屋だけでなくＣ所有の隣家も焼失した。

────────────────────────────────

> 債務不履行との関係

（1）判例　　大審院は，当初，賃借人の失火についても失火責任法が適用されると解していたが，梅謙次郎（立法論としても失火責任法には反対だとする）などから，契約関係には同法は適用されないとする批判を浴びた。これを受け，大審院は，「家屋の賃借人が火を失して其家屋を焼失せしめ因て之が返還の義務を履行せざるときは，一面に於ては……不法行為たると同時に，他の一面に於ては……債務不履行たること勿論なり。……債務不履行に付ては民法第415条の適用あるを以て，過失の軽重に拘わらず，因りて生じたる損害を賠償せざる可から」ず，として判例変更した（前掲大連判明45・3・23）。最高裁でもこの立場が維持され（最判昭30・3・25民集9巻3号385頁），判例として確立している（なお，「賃貸人」による失火について，賃借人に対し「賃貸人として信義則上債務不履行による損害賠償義務を負う」とした最判平3・10・17判時1404号74頁も参照〔賃貸人の住居部分での失火で賃貸部分の店舗に保管されていた衣料品が焼失した事案〕）。

（2）評価　　失火者の保護という観点からは，不法行為責任か債務不履行責任かで相違を来すのは適当でないと解する余地もある。しかし，Case 10-4を例にとれば，賃借人Ａの失火について，過

失の軽重を問われない債務不履行責任は，契約関係のある賃貸人Ｂとの関係に限定され，延焼して契約関係のない第三者Ｃの家屋を焼失させても，そこでは不法行為責任のみが問題となり，重過失を要件とする失火責任法が適用されて軽過失のＡが免責されることで，必ずしも失火者に酷な結果にはならない。

失火責任法については，立法論的な疑問を示す説が多く，これを解釈論に反映させ，同法の適用を延焼部分に限るべきである（前掲大連判明45・3・23はこの見地からも理解できる）とする学説もみられる。

**失火の意義**

「失火」とは過失による火炎発生行為のことであり，故意による場合（放火）はこれにあたらない。

また，厳格な責任が求められる危険物に関して，失火責任法の適用は制限されるべきであり，大審院は，火薬物その他の物質の爆発による場合は，火力の燃焼作用に起因する場合であっても，同法の適用はない旨を判示している（大判大2・2・5民録19輯57頁〔焚き火による火薬の誘爆の事例〕）。

**重過失の意義**

失火責任法における「重過失」の意義について，最高裁は，「通常人に要求される程度の相当な注意をしないでも，わずかの注意さえすれば，たやすく違法有害な結果を予見することができた場合であるのに，漫然これを見すごしたような，ほとんど故意に近い著しい注意欠如の状態」とする（最判昭32・7・9民集11巻7号1203頁。重過失の立証責任が被害者にある旨の判示もする）。

しかし，その後の下級審裁判例では，故意との比較をせず，行為の危険性や，結果を容易に予見しうるかを問題とするものが少なくない（特に業務にかかわる過失について重過失が認められる傾向にある）。

　失火責任法は，民法714条・715条・717条との関係でどのように適用されるかが問題になる。

　判例は，民法715条との関係では，失火者である被用者について重過失を要件とし，使用者の選任監督については重過失を要件としない（最判昭42・6・30民集21巻6号1526頁。前掲大判大2・2・5も参照）。

　これに対し，判例は，民法714条との関係では，失火者について重過失を要件とせず，監督義務者の監督について重過失を要件とする（最判平7・1・24民集49巻1号25頁）。しかし，失火責任法が民法709条の修正であり，715条との関係では失火者本人の重過失を問題としていること，さらには，最近の考え方では責任無能力者にも客観的な行為態様として過失や重過失を観念しうることから，715条と同様に714条との関係でも，失火者本人の重過失を問題とすべきであろう。

　民法717条との関係については，設置・保存の瑕疵が重過失によることを要件とする趣旨に読める古い判例がある（大判昭7・4・11民集11巻609頁）。学説では，717条が危険責任の考え方に基づくことから，失火責任法の適用を排除するものが有力である。

# *4* 原子力損害賠償法

## 1　原子力損害の賠償に関する法律の概要

　原子力損害の賠償に関する法律（以下，「原子力損害賠償法」という）は，「原子炉の運転等」によって生じた「原子力損害」について，原子炉設置の許可

を受けた者等の「原子力事業者」に無過失責任を負わせており（原賠3条1項），過失責任主義をとる民法（709条）の特別法となっている。「原子力損害」とは，「核燃料物質の原子核分裂の過程の作用又は核燃料物質等の放射線の作用若しくは毒性的作用……により生じた損害」（同2条2項）であり，放射線の作用等によって直接受ける健康被害等だけでなく，そのような被害を避けるために行われた避難による損害も含まれる。

原子力損害賠償法の目的は，「被害者の保護」とともに「原子力事業の健全な発達」にある（原賠1条）。後者については批判もあるが，2018（平成30）年の改正で維持された。

原子力損害賠償法の特色は，①無過失責任としたこと（原賠3条1項），②原子力事業者に責任が集中していること（同4条1項。なお，5条1項），③原子力事業者による無限責任とされていること（同3条・4条）にある。

*Column⑬*　原子力損害賠償法の適用事例　◆◇◆◇◆◇◆◇◆◇◆◇◆◇

本法がこれまで適用された事件は，1999（平成11）年のJCO核燃料加工施設東海村臨界事故と，2011（平成23）年の東日本大震災により発生した東京電力福島第一原発事故である。福島原発事故は，水素爆発や広範囲にわたる放射性物質の放出という重大な結果をもたらし，政府による避難等により，十数万人もの住民が，避難その他の行動を余儀なくされ，また，福島県全体のみでなく周辺の各県も含めたきわめて広い範囲に影響を及ぼした。2022年5月現在，東京電力の賠償額は約10.4兆円（除染費用を含む）である。

責任要件　原子力損害賠償法は，危険責任の観点から無過失責任を定めている（原賠3条1項本文）。ただし，事業者は「異常に巨大な天災地変又は社会的動乱によつて」原子力損害が生じた場合には免責される（同項ただし書）。

「社会的動乱」とは，戦争，内乱等をいう。「異常に巨大な天災地変」とは何か。2点挙げておきたい。第1に，本法制定の際の国会の審議では，「全く想像を絶するような」「超不可抗力」，「不可抗力性の特に強い場合」であるとしている。「異常に巨大な天災地変」が，単なる不可抗力を超えたものであることが示されているのである。第2に，本法3条1項ただし書は，本法制定以前に調印された，1960年の「原子力の分野における第三者責任に関するパリ条約」の規定を導入したものと理解されているが，そこでは，やはり通常の不可抗力よりも免責される場面を限定する趣旨が示されている。

　福島原発事故が東日本大震災を契機に発生したことに関して，本法3条1項ただし書の免責規定の適用があるか。政府はこれを否定しており，原子力損害賠償紛争審査会もこれを否定することを前提としていると考えられる（ただし，明示はされていない）。裁判例としては，東京地判平24・7・19判時2172号57頁が上記第1点を理由として，これを否定した。

　なお，福島原発事故に関し，裁判例上東京電力の義務違反を認定し，慰謝料額（の増額）に反映させるか否かに関しては，判断が分かれている（肯定するものとして，仙台高判令2・9・30判時2484号185頁など）。

| 責任集中 |

原子力損害賠償法は，原子力事業者の責任集中を規定する。被害者は原子力事業者以外の者には，賠償請求ができないとする（原賠4条1項）とともに，故意の第三者たる自然人が原因者である場合以外は，原子力事業者は原因者に対して求償できない（同5条1項）としている。また，原子力損害については，製造物責任法の適用は排除されている（同4条3項）。このような責任集中の根拠としては，①機器等の資機材供給を行う事業者（関連事業者）を免責することにより資機材の安

定供給に資すること，②損害賠償措置にかかる保険契約に関して保険の引受能力を最大化しうるようにすること，③被害者にとって賠償請求の相手方が明確になることが挙げられるが，③については，被告が複数になっても連帯債務とすれば被害者にとって不利益ともいえず，重要なのは①と②であろう（なお，この責任集中制度が憲法違反であるとの主張は，裁判例上否定された〔東京高判平29・12・8裁判所ウェブサイト（最決平31・1・23判例集未登載は上告不受理）〕）。

　なお，このように本法は原子力事業者の責任集中を定めているが，これは，4条の規定の経緯からみると，原子炉の製造者等に対する免責を目的としたものであり，国家賠償責任まで排除したものではないと解される（判例もこの立場に立つ）。仮に排除した規定と捉えるときには，憲法17条に違反するおそれがある。福島原発事故に関して国の違法な規制権限不行使に対する国家賠償が認められるかに関しては，下級審裁判例は分かれていたが，最高裁はこれを否定した（最判令4・6・17民集76巻5号955頁）。

| 無限責任 |

諸外国では，原子力損害賠償について（危険責任を定めるとともに）有限責任の規定をおいているところも少なくない（無限責任の規定をおいている国は，わが国のほか，ドイツおよびスイスである）。この点は原子力損害賠償法の2018（平成30）年改正の際にも議論されたが，無限責任が維持された。さまざまな理由があるが，最大の理由は，被害者の原子力事業者に対する賠償債権を制限する場合，その制限を超える部分については国が補償しない限り，財産権保護の観点から憲法上の疑義が生ずるが，国の補償規定をおくことができなかったことにあるといえよう。

| 損害賠償措置等 |

原子力損害賠償の責任の履行確保のため，原子力事業者はあらかじめ基金を用意して

おかなければならず（原賠6条。損害賠償措置），これには，①日本原子力保険プールとの原子力損害賠償責任保険契約（同8条）と，②政府との原子力損害賠償補償契約（同10条）の2種類がある。通常の事故の場合には①が用いられるが，天災の場合，正常運転による場合，後発損害の場合は，②が用いられる。福島原発事故は天災に起因したものであるため，①は用いられず，②が用いられた。もっとも，損害賠償措置額は，1工場または1事業所当たり1,200億円にすぎない。

　本法3条1項ただし書の免責規定が適用されない場合において，原子力損害が事業者の賠償措置額を超え，かつ，本法の目的を達成するため必要があると認められるときは，政府は「援助」を行うことができる（原賠16条1項）。他方，免責規定の適用がある場合には，政府は，被災者の救助および被害の拡大の防止のため，自ら必要な「措置」を講ずるようにするものとする（同17条）。福島原発事故においては，政府は，本法16条の具体化として，原子力損害賠償・廃炉等支援機構法を制定した。

　なお，原子力損害賠償に関して紛争が生じた場合における和解の仲介および当該紛争の当事者による自主的な解決に資する一般的な指針の策定のため，原子力損害賠償紛争審査会がおかれる（原賠18条）。福島原発事故においては，同審査会は，同法18条2項2号に基づき，賠償に関する指針（中間指針）を策定した。

### ② 賠償されるべき損害

　原子力損害賠償法は，賠償されるべき損害の範囲について何ら規定を置いていない。そのため，一般法である民法に戻り，放射線作用等との間に相当因果関係が認められる損害は何かを検討すべきことになる。原子力損害賠償紛争審査会の中間指針でも「本件事故と

相当因果関係のある損害，すなわち社会通念上当該事故から当該損害が生じるのが合理的かつ相当であると判断される範囲のもの」が原子力損害として賠償されるとの考え方を用いている。

　中間指針は，同事故に基づく各種の原子力損害について，「類型化が可能な損害項目やその範囲等」を示したものであり，中間指針で対象とされなかったものが賠償の対象とならないわけではない。もっとも，この指針は，東京電力への直接請求や和解仲介の基礎となっており，相当の重要性を有する。一方，裁判例は蓄積され，最決令和4年3月2日，同年3月7日，同年3月30日により，七つの高裁判決が上告不受理とされ，確定した。

*Column*⑭　中間指針の新規性 ●●●●●●●●●●●●●●●

　原子力損害の被害規模の大きさ，継続性，コミュニティ自体の破壊，放射線被曝の安全性に対する科学的不確実性などの特徴から，中間指針は，従来の損害賠償論にないいくつかの注目すべき点を含んでいる。以下，3点挙げておく。

　第1は，損害の種類の拡大および権利法益侵害の種類の拡大である。拡大したとみられるのは，①避難指示等対象区域以外の地域からの自主的避難者および当該地域に留まった滞在者の，リスクに基づく不安に対する法益侵害・損害の賠償，②相当量（20 mSv/年程度）の線量地域に一定期間滞在したことによる健康不安に基づく法益侵害・損害の賠償，③避難指示等対象区域の居住者であった者についての区域別の生活基盤喪失・変容による損害（ふるさと喪失・変容損害）の賠償，④（主に）帰還困難区域からの避難者の住居の再取得費用である，いわゆる住居確保損害の賠償，⑤一種の環境損害の賠償（国・自治体が除染等を行った費用の求償），の五つである。

　第2に，従来よりも要件が緩和されたものとして，間接損害が挙げられる。すなわち，中間指針は，代替性がなければ間接損害（⇒**第8章9**①間接被害者（その2）企業損害））を認めることとし，従来の最高裁判決（最判昭43・11・15民集22巻12号2614頁）における「経

済的一体性」の要件をはずしたのである。これは，本件が従来にない大規模被害の事案であったことが関連している。

　第3に，従来の裁判例の基準（名古屋高金沢支判平元・5・17判時1322号99頁）を用いつつ，適用例を大量に認めたものとして風評損害が挙げられる。これは純粋経済損失にあたるものである（⇒第8章4⑤）。

福島原発事故の損害賠償訴訟の裁判例はそれぞれ特色を有しているが，いくつかの点を指摘できる。

　第1に，前掲の三つの最高裁決定以前の中間指針（第4次追補まで）は，精神的損害について，①避難指示に伴う通常の慰謝料以外に，②自主的避難者・滞在者に対するリスクに伴う不安に基づく慰謝料，③帰還困難区域居住者に対する一括賠償（ふるさと喪失に対する慰謝料の一部に対応する）を認めていたが，裁判例の中には，中間指針を超える（類型化される）損害として，(i)自主的避難者等の損害の範囲を拡大し，また，(ii)帰還困難区域居住者の一括賠償（ふるさと喪失慰謝料）を（実際には帰還できないことを踏まえて）居住制限区域等に拡大するものも見られた。最高裁判所の三つの決定は，上述したように，七つの高裁判決の上告すべてに対して不受理決定をし，これらの高裁判決が確定した。これを受け，中間指針第5次追補は，(i)および(ii)を肯定した（*Column*⑭の①および③に関連する）。

　第2に，原告団の多くは，原子力事故によって侵害された法益を「包括的生活利益としての平穏生活権」と捉えてその侵害の賠償を請求し，裁判例においてもこの考え方を採用するものがある。ただ，①平穏生活権の概念は，従来健康リスクがある場合か，内心の主観的利益が問題となる場合に用いられており（⇒第8章4⑧，⑪），概念の転用を必要とすること，②本件事故で（強制的な）避難指示を受けた者と自主的避難者とは，権利法益侵害の内容はまったく異な

っており，避難指示を受けた者は当然に権利法益侵害を受けたのに対し，自主的避難者はリスクに伴う不安に基づく従来型の平穏生活権から損害が発生している点に特徴があると考えられること，③論者のいう包括的な生活利益はむしろ生活基盤に関連する損害の問題であり，損害論で検討すべきことなどを指摘することができる。

### ③ 期 間 制 限

原子力損害に対する賠償請求権の期間制限に関しては，民法724条等の適用が問題となる。もっとも，原子力損害賠償法にはいくつか特別の規定等がおかれている。

第1に，紛争審査会における和解仲介手続について，時効の懸念によってその利用が躊躇されることがないよう，和解の仲介が打ち切られた場合における時効の中断（完成猶予）にかかる特例が設けられた。本法の2018（平成30）年改正による（原賠18条の2）。和解仲介を申し立てた当事者が，和解仲介の打ち切りの通知を受けた日から1か月以内に，裁判所に訴えを提起した場合には，和解仲介の申立ての時に訴えを提起したものとみなされる。

第2に，福島原発事故に限ってではあるが，3年の短期時効につき時効期間を10年とし，20年の長期時効の起算点を「損害発生の時」とする特例法（東日本大震災における原子力発電所の事故により生じた原子力損害に係る早期かつ確実な賠償を実現するための措置及び当該原子力損害に係る賠償請求権の消滅時効の特例に関する法律）が2013（平成25）年に定められた。

なお，2021（令和3）年には，この特例法に基づき，短期時効が満了となる事案が生じたが，東京電力は，基本的には時効を援用しない方針を公表している（東京電力の総合特別事業計画に記載された）。

# 事項索引

## あ 行

悪意の受益者‥‥‥‥‥‥‥‥‥‥‥47
　──の返還義務の範囲‥‥‥‥‥‥47
悪意の占有者‥‥‥‥‥‥‥‥‥‥‥49
あれなければこれなし‥‥‥‥‥‥208
安全配慮義務違反‥‥‥‥‥‥‥‥146
意思的共同不法行為‥‥‥‥‥‥‥292
慰謝料‥‥‥‥‥‥‥183, 224, 228, 230
　──の補完的機能‥‥‥‥‥‥‥224
慰謝料請求権
　──の一身専属性‥‥‥‥‥‥‥276
　──の相続‥‥‥‥‥‥‥‥‥‥267
異常に巨大な天災地変‥‥‥‥‥‥364
遺族年金‥‥‥‥‥‥‥‥‥‥‥‥247
イタイイタイ病事件‥‥‥‥‥‥‥209
一応の推定‥‥‥‥‥‥‥‥‥‥‥147
一時金賠償‥‥‥‥‥‥‥‥‥‥‥251
逸失利益‥‥‥‥‥‥‥‥‥‥‥‥225
　後遺障害の──‥‥‥‥‥‥‥‥253
　障害者の──‥‥‥‥‥‥‥‥‥227
　女子年少者の──‥‥‥‥‥‥‥226
　不法就労者の──‥‥‥‥‥‥‥223
一般的人格権‥‥‥‥‥‥‥‥‥‥171
一般不法行為‥‥‥‥‥‥‥‥‥‥124
委　任‥‥‥‥‥‥‥‥‥‥‥‥‥‥4
違法性
　──の推定‥‥‥‥‥‥‥‥‥‥158
　──の阻却‥‥‥‥‥‥‥‥‥‥172
　──の認識‥‥‥‥‥‥‥‥‥‥129
違法性一元説‥‥‥‥‥‥‥‥‥‥152
違法性概念‥‥‥‥‥‥151, 156, 159
違法性段階説‥‥‥‥‥‥‥‥‥‥263
違法性論‥‥‥‥‥‥‥‥‥‥‥‥153

医療過誤‥‥‥‥‥‥‥‥‥‥‥‥142
医療水準‥‥‥‥‥‥‥‥‥‥‥‥143
因果関係‥‥‥‥‥‥‥‥‥‥204, 207
　──の終点‥‥‥‥‥‥‥‥‥‥222
　──の推定‥‥‥‥‥‥‥‥‥‥294
　──の推認‥‥‥‥‥‥‥‥‥‥209
　受益と損失との間の──‥‥‥‥35
インターネット‥‥‥‥‥‥‥‥‥262
運　行‥‥‥‥‥‥‥‥‥‥‥‥‥358
運行供用者‥‥‥‥‥‥‥‥‥‥‥357
運行支配‥‥‥‥‥‥‥‥‥‥‥‥357
営業上の利益‥‥‥‥‥‥‥‥‥‥168
営造物責任‥‥‥‥‥‥‥‥‥338, 339
疫学的因果関係‥‥‥‥‥‥‥‥‥210
エホバの証人訴訟‥‥‥‥‥‥‥‥193
大阪アルカリ事件大審院判決‥‥‥134
大阪空港事件‥‥‥‥‥‥‥‥‥‥200

## か 行

外形標準説‥‥‥‥‥‥‥‥‥314, 315
解除条件説‥‥‥‥‥‥‥‥‥‥‥265
開発危険の抗弁‥‥‥‥‥‥‥352, 354
回避可能性‥‥‥‥‥‥‥‥‥‥‥133
回避措置のコスト‥‥‥‥‥‥‥‥134
加害者不明‥‥‥‥‥‥‥‥‥‥‥303
加害者を知った時‥‥‥‥‥‥‥‥279
価額返還‥‥‥‥‥42, 50, 51, 62, 88, 91
拡大損害‥‥‥‥‥‥‥‥‥‥‥‥348
確率的心証論‥‥‥‥‥‥‥‥172, 210
加　工‥‥‥‥‥‥‥‥‥‥‥‥‥347
瑕　疵‥‥‥‥‥‥‥‥‥‥‥338, 350
　設置・管理の──‥‥‥‥‥‥‥339
　設置・保存の──‥‥‥‥‥‥‥337
家事使用関係‥‥‥‥‥‥‥‥‥‥318

家事使用人 ……………………………307

瑕疵担保責任 …………………………346

過　失 …………………………346, 353

　　——の推定 ……………………146

　　——の二重構造論 ……………132

過失一元説（一元論）………152, 155, 157

過失責任の原則 ………………………120

過失相殺 …………………………232, 245

過失相殺能力 …………………………234

果実の返還……………………49, 59, 64

肩代わり損害 …………………………277

価値所有権……………………………97, 113

学校選択の自由 ………………………192

環境権説 ………………………………258

間接侵害 ………………………………148

間接損害 ………………………………367

間接被害 ………………………………167

間接被害者 ………………268, 271, 273

監督（義務）者責任 …………307, 323

関連共同性………287〜289, 291, 302

　　強い—— …………292, 298, 306

　　弱い—— …………………292, 298

関連的共同不法行為 …………………293

期間制限 …………………………355, 369

企業損害 ………………………………271

危険効用基準 …………………………351

危険性関連説 …………………………217

危険責任……121, 307, 315, 318, 320, 321,
333, 347

危　険

　　——の引受け …………………200

　　——への接近 …………………200

期限前の弁済……………………………68

危殆化行為類型 …………136, 140, 142

期待権 …………………………192, 193

期待権侵害訴訟 ………………………193

期待利益 ………………………………192

規範的損害論 …………………………206

基本代理権 ……………………………317

義務違反説 ……………………………338

義務射程説 ……………………………216

逆求償 …………………………………321

逆相続 …………………………………266

客観的共同説 …………………………290

客観的行為義務違反 …………………131

求　償 …………………………………343

求償関係 …………………………237, 238

求償権 …………………………………301

求償利得 …………………………82, 85

　　——の効果 ………………………88

　　——の要件 ………………………86

給　付 …………………………53, 82

給付利得……………………26, 53, 82

　　——の効果 ………………………56

　　——の要件 ………………………56

競合的不法行為 …………………287, 302

強制認知 ………………………………178

共同不法行為 …………………238, 286

　　意思的—— ……………………292

　　加害者不明の—— ……………294

　　関連的—— ……………………293

　　狭義の—— ……………………288

寄与度不明 …………………297, 298, 303

緊急事務管理……………………………13

緊急避難 ………………………………199

近親者固有の慰謝料請求権 …………268

金銭的評価 ……………………………221

金銭の返還義務…………………………51

金銭の利得の消滅………………………46

金銭賠償の原則 ………………………249

空港騒音 ………………………………200

国立景観訴訟 ………………156, 175, 260

具体的過失説 …………………………132

熊本水俣病第1次訴訟 …………134, 137

景観侵害 ………………………………260

景観利益 …………………157, 175, 251, 257

経済的利益 ……………………154
刑事責任 ……………………117
継続説 ……………………222, 253
契約責任 ……………………349
結果回避義務違反 …………133, 152
欠　陥 ……………………349
　──の事実上の推定 …………352
　──の存在時期 ……………351
　指示・警告上の── ……349, 350, 353
　製造上の── ………………350
　設計上の── ………………350
権限踰越 ……………………317
健康リスク型平穏生活権 …………192
現実賠償 ……………………250
原状回復…………………54, 249, 254
　──義務 ………………………60
　──の原則………………………60
原子力事業者 ………………363
原子力損害 …………………362
原子力損害賠償・廃炉等支援機構法
　………………………366
原子力損害賠償紛争審査会 …………366
建設アスベスト訴訟 ………294, 296, 297
現存利益の返還………………………44
現代的過失 …………………136
原物返還 ………………………39, 54
　──の原則………………………27, 57
　──の不能………………40, 58, 61
権　利 …………127, 158, 171, 176
権利侵害から違法性へ……147, 150, 155, 159
権利侵害要件存置説 ………151, 157
権利説 ……………………258
権利・法益二分論 …………157
権利本位の法律観 …………159
権利または法律上保護される利益 …122
権利濫用論 …………………173
権利論 …………147, 153, 155, 159, 190

故　意 ……………………166
故意不法行為と過失相殺 …………234
行　為 ……………………309
後遺障害者の将来の介護費用 ………252
行為不法 ……………………152
好意無償関係 ………………243
公　害 ……………………290, 309
広義の競合的不法行為概念 …………303
公共性 ……………………174, 263
鉱業法 ……………………254
工作物 ……………………335
工作物責任 …………………334
公　示 ……………………164, 165, 167
公序良俗違反…………………………74
行動の自由の保障 …………136
高度の蓋然性 ………………211
高度の危険性 ………………142
公　平 ……………………233
国道 43 号線訴訟…………………263
個人間の効用 ………………141
国家賠償責任 ………………365
国家賠償法 …………150, 157, 350
古典的過失 …………………136
誤振込み ……………………112
個別損害項目積上げ方式 …………224
個別的過失相殺 ……………305
婚姻予約 ……………………177

さ　行

債　権 ……………………160
債権侵害 ……………………130, 165
　──の類型 ……………………166
債権の準占有者 ……………167
裁判を受ける権利 …………169
債務不履行（責任）……143, 145, 321, 346
詐害行為取消権……………………98
差額説 ……………………205

作為義務 ……………………138

指　図 ………………………105

　　──の対価関係 …………105

　　──の補償関係 …………105

　　──に基づく出捐 ………105

差　止 …………………171, 250, 251

サッカーボール事件 ………………328

山王川事件 ……………………288

自衛官合祀訴訟 …………191, 154

JR東海事件 ……………………332

指揮監督関係 ……………………312

事　業 ………………………311

　　──の執行について ………314

時　効 ………………………277

自己危険回避義務違反 ……………233

自己決定 ……………………178

自己決定権 ……………………193

自己決定利益 ……………………193

自己情報コントロール権 …………186

自己責任の原則 ………………120

事実上の監督者 ………………331

事実上の推定 ………………146

事実的因果関係 …………207, 288

　　──の立証 ………………209

事実的不法行為 ………………315

支出利得（負担利得）……………26, 82

自主的避難者 …………367, 368

死傷損害説 ……………………226

私生活の平穏 ……………………186

自然公物 ……………………339

自然力 …………………244, 341

失　火 ………………………361

失火責任法 ……………………359

疾患と素因 ……………………240

私的自治の原則 …………………2

自動車損害賠償保障法（自賠法）

　　…………………144, 356

老　舗 ………………………149

シノギ ………………………311

死亡被害者の過失 ………………239

死亡保険金 ……………………246

事　務 …………………………6

　　──の管理 …………………6

　　──の本人の意思への適合性…11

　　──の本人の利益への適合性…11

　客観的自己の── ……………7

　客観的他人の── ……………7

　主観的他人の── ……………8

　他人の── ……………………6

　中性の── ……………………7

事務管理…………………………4, 83

　　──の管理者 ………………4

　　──の効果……………………12

　　──の追認 …………………11

　　──の補充性…………………10

　　──の本人 …………………4

　　──の要件……………………5

事務管理意思（他人のためにする意思）

　　……………………………8

事務管理者の義務…………………13

事務管理者の権利…………………15

氏　名 ………………………189

氏名等の表示 ……………………348

氏名を正確に呼称される利益 …154, 191

社会保険給付 ……………………247

社会本位の法律観 ………………159

謝罪広告 …………184, 187, 254

重過失 …………………359, 361

自由競争 …………160, 162, 165, 168

集団的寄与度 ……………………298

十分性 …………………296, 299

就労可能年数 ……………………225

受　益 …………………………32

受益者 …………………………24

主観・客観併用説 …………290, 291

主観的共同 …………………293, 300

主観的共同説 ……………………290
主観的注意義務違反 ……………131
手段債務 …………………………145
出費の節約 …………………46, 89
取得時効………………………………36
受忍限度論 ………………173, 174
主要事実 …………………………145
準（法定）監督義務者 …………331
準事務管理……………………………19
純粋経済損失 ……………170, 349
使用関係 …………………………312
消極的侵害 ………………………260
消極的生活妨害（消極的侵害）…173, 174
消極的損害 ………………………207
償　金………………………………37
条件関係 …………………………207
使用者責任 ………………………307
肖像権 ……………………………188
消費者期待基準 …………………351
消滅時効 …………………146, 277
　　――の起算点 …………279, 284
使用利益………………………50, 59, 64
除斥期間 …………………………282
処分権主義 ………………………253
所有権に基づく返還請求…………………39
所有者 ……………………………343
自力救済 …………………………202
事理弁識能力 ……………………235
心因的要因 ………………240, 242
侵害行為の態様 ………150, 168, 174, 176
侵害利得………………………26, 30, 83
　　――の効果（序論）…………………39
　　――の要件……………………32
人格権 ……………………………171
人格遡及説 ………………………265
人格的利益 ………………153, 156
信義則 ……………………………316
信玄公旗掛松事件 ………………173

人工公物 …………………………339
真実性 ……………………………181
新主観的共同説 …………………291
新受忍限度論 ……………………152
人身損害 …………………………224
身体的素因 ………………………241
身体的特徴 ………………………241
信頼責任 …………………………347
信頼の原則 ………………………144
SLAPP 訴訟 ……………………169
生活費 ……………………225, 245
制限能力説 ………………………265
制限賠償主義 ……………………216
制　裁……………………………118
制裁的慰謝料 ……………………119
精神障害 …………………197, 326
精神保健福祉法 …………………330
製造業者等 ………………………348
製造物 ……………………………347
製造物責任法 ……………………346
生存の相当程度の可能性（相当程度の
　生存可能性）…………………172, 213
正当行為 …………………………201
正当防衛 …………………………198
成年後見人 ………………………330
西武鉄道事件 ……………………231
生命・身体の侵害と消滅時効期間 …278
生命保険金 ………………………246
責任充足因果関係 ………………204
責任集中 …………………………364
責任設定因果関係 ………………204
責任阻却事由 ……………………195
責任（弁識）能力 ………196, 318
責任無能力 ………………195, 324
セクシャル・ハラスメント ………191
積極的侵害 ………………………260
積極的生活妨害 …………………173
積極的損害 ………………………207

設計・施工者等の責任 ……………335
絶対権 ………………148, 160, 258
絶対権侵害 ………………127, 151
絶対権・相対権二分論 …………158
絶対的過失相殺 …………………304
絶対的効力 ………………………300
切断説 ……………………………222
善意の自主占有者…………………46
善意の受益者 …………………44, 59
　　──の返還義務の範囲…………44
善意の占有者………………………49
先行行為 …………………………138
占有者 ……………………………342
占有訴権 …………………………255
素　因 ……………………………240
素因の発見・統制義務 …………243
相関関係説 …………150, 154, 159, 160
相殺の禁止 ………………………146
相続構成 …………………………266, 270
相続否定説と相続肯定説 …………267
相対的過失相殺 …………………304
相対的効力 ………………………300
相当因果関係 ………………215, 218, 231
相当性 ……………………………181
相当程度の生存可能性（生存の相当程
　度の可能性）………………172, 213
相当ナル設備 ……………………134
相当の注意 ………………………318
訴訟物 ……………………………254
損益相殺 …………………………244
損益相殺的調整 …………………244
損　害 ……………………………204
　　──の金銭的評価 ……………220
　　──の公平な分担……22, 233, 253, 321
　　──の塡補 ……………………118
　　──を知った時 ………………280
損害額の算定 ……………………221
損害項目 ……………………206, 224

損害事実説 ………………………205
損害賠償請求権 …………………264
　　──の譲渡 ……………………275
　　──の相続 ……………………265
　　──の代位行使 ………………276
損害賠償措置等 …………………365
損害賠償の範囲（賠償範囲）……213, 214,
　273
損害保険金 ………………………246
損　失 ………………………………33
損失者………………………………24

た　行

第1種利益 ………………………169
第2種利益 ………………………169, 172
代位責任 ………………307, 318, 320, 322
代位責任説 ………………………308
大学湯事件 ………………………149
大気汚染 …………………………290
対抗利益 …………………………160
胎　児 ……………………………264
代償請求……………………………42
代物請求……………………………41
代理監督者 ………………………319, 331
択一的競合………………294～297, 303
多数当事者間の不当利得……………94
建物としての基本的な安全性を損なう
　瑕疵 ……………………………170
他　人 ……………………………358
他人の債務の弁済……………………70
他人のためにする意思（事務管理意思）
　………………………………………8
短期の消滅時効 …………………278
遅延損害金 ………………………146
竹　木 ……………………………334
秩序説 ……………………………260
知的財産権 ………………………164

中間最高価格 ……………………229
中間指針 ……………………366
中間責任 …………307, 323, 334, 344, 356
中間利息の控除 ……………………225
抽象的過失説 ……………………132
抽象的損害計算 ……………………227
長期の消滅時効 ……………………282
調査義務 ……………………135
重畳的競合 ……………………208
重複塡補 ……………………246
眺望侵害 …………………174, 257, 260
眺望利益 ……………………251
直接侵害行為類型 ……………………136
追　完 ……………………43
ツイッター ……………………263
通常人 ……………………132
通常有すべき安全性 ……………………349
定期金賠償 ……………………251
停止条件説 ……………………265
訂正請求 ……………………185
抵当権 ……………………163
手形の転得者 ……………………317
適格性 ……………………296, 298
転得者 ……………………317
添付文書 ……………………353
転用物訴権 ……………………98
統一的不法行為要件 ……………………126
東京スモン訴訟 ……………………135
東京大気汚染訴訟 ……………………140
動　産 ……………………347
同時履行 ……………………65
東大輸血梅毒事件 ……………………143
東大ルンバール事件 ……………………211
動物占有者責任 ……………………344
特殊不法行為 …………………124, 362
特定性 ……………………296
特約（損害賠償の方法）……………………250
土地工作物責任 ……………………333

土地の工作物 ……………………335
取消広告 ……………………254
取引的不法行為……………………314〜317
泥棒運転 ……………………357

## な　行

内心型平穏生活権 ……………………191
内心の静穏の感情を害されない利益
……………………154, 191
711条 ……………………146
新潟水俣病第1次訴訟……134, 135, 142, 209
西原理論 ……………………226
二重譲渡 ……………………167
西淀川公害第1次訴訟 …………290, 292
日照妨害 …………174, 256, 257, 260
乳房温存手術事件 ……………………144
認　容 ……………………128

## は　行

賠償者の代位 …………270, 274, 277
賠償範囲（損害賠償の範囲）……213, 214, 273
背信的悪意者 ……………………162
排他性 ……………………165
場所的・時間的近接性 ……………………299
パブリシティ権 ……………………188
ハンドの定式 …………137, 140, 351
反倫理的行為 ……………………249
反論権 ……………………254
被害者側の過失 ……………………236
被害者の悪意・重過失 ……………………316
被害者の承諾 ……………………200
光凝固法 ……………………143
引き抜き ……………………166
引渡し ……………………354

非債弁済‥‥‥‥‥‥‥‥‥‥‥54
評価根拠事実 ‥‥‥‥‥‥‥‥146
評価的要件 ‥‥‥‥‥‥‥‥‥145
被用者の過失 ‥‥‥‥‥‥‥‥238
標準逸脱基準 ‥‥‥‥‥‥‥‥351
費用利得 ‥‥‥‥‥‥‥‥82, 89
　──の要件‥‥‥‥‥‥‥‥90
　──の効果‥‥‥‥‥‥‥‥91
ピンク・レディ事件 ‥‥‥‥‥189
品　質‥‥‥‥‥‥‥‥‥‥‥349
不安感・恐怖感 ‥‥‥‥‥‥‥258
風評損害‥‥‥‥‥‥‥‥‥‥368
不可分一体‥‥‥‥‥‥‥‥‥303
富喜丸事件‥‥‥‥‥‥‥215, 228
複合構造説‥‥‥‥‥‥‥‥‥258
付　合‥‥‥‥‥‥‥‥‥‥‥37
不作為‥‥‥‥‥‥‥‥‥‥‥138
不作為不法行為‥‥‥‥‥‥‥213
　──における違法性‥‥‥‥139
　──における因果関係‥‥‥139
不真正連帯債務 ‥‥‥‥300, 303, 322
負担部分‥‥‥‥‥‥‥‥301, 321
負担利得（支出利得）‥‥‥‥26, 82
物権的請求権 ‥‥‥‥‥‥‥‥255
物上代位‥‥‥‥‥‥‥‥‥‥163
不動産の二重譲渡 ‥‥‥‥‥‥161
不当利得‥‥‥‥‥‥‥‥5, 321, 24
　──に関する公平説‥‥‥‥24
　──に関する類型論‥‥‥‥25
　──の要件‥‥‥‥‥‥‥‥32
部品・原材料製造者の抗弁 ‥‥355
不法原因給付‥‥‥‥‥‥‥‥72
　──にいう給付‥‥‥‥‥‥75
　──にいう不法な原因‥‥‥73
不法行為 ‥‥‥‥‥‥‥‥5, 138
　──の成立を阻却する事由 ‥194
　──の時‥‥‥‥‥‥‥‥‥284
扶養構成‥‥‥‥‥‥‥‥266, 270

扶養利益 ‥‥‥‥‥‥‥‥‥270
プライバシー ‥‥‥‥‥‥‥‥185
プライバシー侵害 ‥‥‥‥255, 261
ふるさと喪失損害（慰謝料）‥‥367, 368
分割責任 ‥‥‥‥‥‥‥‥‥286
紛争の一回的解決‥‥‥‥‥‥322
平穏生活権・利益 ‥‥‥‥175, 258, 368
弁護士費用 ‥‥‥‥‥‥‥‥‥232
騙取金銭による弁済‥‥‥‥‥95
包括請求‥‥‥‥‥‥‥‥‥‥227
放射性物質‥‥‥‥‥‥‥‥‥257
報償責任‥‥‥‥121, 307, 315, 318〜321, 347
法　人
　──（企業）自体の709条責任 ‥309
　──に対する名誉毀損 ‥‥183, 207
法定監督義務者 ‥‥‥‥‥‥330
　──に準ずべきもの ‥‥‥‥331
法定債権（債務）関係 ‥‥‥‥5
法律上の原因の不存在‥‥‥‥35
　──の証明‥‥‥‥‥‥‥‥38
補充的責任 ‥‥‥‥‥‥‥‥‥323
保証責任 ‥‥‥‥‥‥‥‥‥‥347
北方ジャーナル事件大法廷判決 ‥‥262

ま　行

未熟児網膜症姫路日赤事件 ‥‥143
未成年者と責任能力 ‥‥‥‥196, 325
未成年の子の利益 ‥‥‥‥‥179
みなし共同行為 ‥‥‥‥‥‥295
水俣病待たせ賃訴訟 ‥‥‥‥191
民事責任と刑事責任 ‥‥‥‥117
民法現代語化 ‥‥‥‥127, 147, 155, 158
無過失責任 ‥121, 130, 334, 347, 349, 363
無形損害 ‥‥‥‥‥‥‥‥207, 228
無限責任 ‥‥‥‥‥‥‥‥‥365
矛盾的態度の禁止‥‥‥‥‥‥67
無資力の危険 ‥‥‥‥‥‥‥303

名義貸与 ……………………………312
名　誉 ………………………………179
名誉回復処分 ………………………184
名誉感情 ………………………180, 260
名誉毀損 …………157, 179, 254, 260, 261
　意見ないし論評の表明による——
　　………………………………182
　事実の摘示による—— …………181
　死者の—— …………………………184
免責事由 ……………………………318
物の管理者の責任 …………………333
物の損傷 ……………………………230
物の滅失 ……………………………228
門前理論 ……………………………209

や　行

有害物質 ……………………………256
許された危険 ………………………137
養育費 ………………………………245
用益物権 ……………………………163
抑　止 ………………………………118
予見可能性 ……………………133, 353
予見義務 ……………………………135
予見義務（調査義務）………………137
四日市（ぜん息）訴訟 …………134, 292

予防原則 ………………………137, 142

ら　行

ライプニッツ方式 …………………225
利益説 ………………………………258
利益の割当て…………………………30
リコール措置 ………………………351
離婚慰謝料 …………………………178
リスクに基づく不安 ………………367
利他的行為 ……………………………4
利得消滅の抗弁 …………………58, 61
利得の押付け ……………………83, 90
利得の消滅 ………………………45, 59
留置権…………………………………38
隣人訴訟 ……………………………244
類型別一律請求 ……………………227
累積的競合 ……………………297, 299
連帯債務 …………………298, 300, 322
連帯責任 ……………………………287
労働能力喪失 ………………………221

わ　行

和解の仲介（原子力損害賠償紛争審査
　会）………………………………366, 369

378

## 大 審 院

大判明 32・12・7 民録 5 輯 11 巻 32 頁
………………………131, 134

大判明 36・12・22 刑録 9 輯 1843 頁
………………………………79

大判明 37・12・19 民録 10 輯 1641 頁
………………………………250

大判明 40・2・8 民録 13 輯 57 頁
………………………………67

大判明 41・4・13 民録 14 輯 436 頁
………………………………233

大判明 41・7・8 民録 14 輯 847 頁
………………………………129

大判明 44・1・26 民録 17 輯 16 頁
………………………………179

大連判明 45・3・23 民録 18 輯 315 頁
………………………360, 361

大判大元・12・6 民録 18 輯 1022 頁
………………………………336

大判大 2・2・5 民録 19 輯 57 頁
………………………361, 362

大判大 2・4・26 民録 19 輯 281 頁
………………………………290

大判大 3・4・23 民録 20 輯 336 頁
………………………………168

大判大 3・7・4 刑録 20 輯 1360 頁
………………………………149

大判大 4・3・10 刑録 21 巻 279 頁
………………………………165

大判大 4・4・29 民録 21 輯 606 頁
………………………………329

大判大 4・5・12 民録 21 輯 692 頁
………………………………197

大判大 4・6・15 民録 21 輯 939 頁
………………………………234

大判大 5・6・1 民録 22 輯 1088 頁
………………………………342

大判大 5・7・29 刑録 22 輯 1240 頁
………………………………314

大判大 5・12・22 民録 22 輯 2474 頁
………………………134, 140

大判大 6・4・30 民録 23 輯 715 頁
………………………………197

大判大 6・12・11 民録 23 輯 2075 頁
………………………………68

大連判大 7・5・18 民録 24 輯 976 頁
………………………………231

大判大 7・5・29 民録 24 輯 935 頁
………………………………233

大判大 7・10・12 民録 24 輯 1954 頁
………………………………166

大判大 8・3・3 民録 25 輯 356 頁
………………………………173

大判大 8・6・5 民録 25 輯 962 頁
………………………………267

大判大 8・11・22 民録 25 輯 2068 頁
………………………………288

大判大 9・4・20 民録 26 輯 553 頁
………………………………266

大判大 9・6・15 民録 26 輯 884 頁
………………………………238

大判大 11・8・7 刑集 1 巻 410 頁
………………………………166

大判大 11・9・19 法律学説判例評論全
集 11 巻民法 937 頁 ………48

大判大 13・12・2 民集 3 巻 522 頁
………………………………270

大判大 14・1・20 民集 4 巻 1 頁

·······················50, 63

大判大14・11・28民集4巻670頁
　·······················149

大判大15・2・16民集5巻150頁
　·······················266

大連判大15・5・22民集5巻386頁
　·················215, 228, 231

大連判大15・10・13民集5巻785頁
　·······················314

大判昭2・5・30新聞2702号5頁
　·······················267

大判昭2・6・15民集6巻403頁
　·······················312

大判昭2・12・26新聞2806号15頁
　·······················47

大判昭3・6・7民集7巻443頁
　·······················335, 343

大判昭4・5・3民集8巻447頁
　·······················312

大判昭5・5・12新聞3127号9頁
　·······················247

大判昭6・4・22民集10巻217頁
　·······················71

大判昭7・4・11民集11巻609頁
　·······················362

大判昭7・5・27民集11巻1289頁
　·······················163

大判昭7・8・10新聞3453号15頁
　·······················257

大判昭7・10・6民集11巻2023頁
　·······················265

大判昭7・10・26民集11巻1920頁
　·······················46

大判昭8・3・3民集12巻309頁
　·······················27

大判昭8・7・8新聞3586号11頁
　·······················257

大判昭9・10・15民集13巻1874頁

大判昭10・7・12判決全集1輯20号
　24頁 ·······················15

大判昭11・5・13民集15巻861頁
　·······················268

大判昭11・7・8民集15巻1350頁
　·······················43

大判昭11・11・13民集15巻2011頁
　·······················312

大判昭12・2・12民集16巻46頁
　·······················270

大判昭12・7・17新聞4172号15頁
　·······················336

大判昭13・12・17民集17巻2465頁
　·······················301

大判昭14・8・24民集18巻877頁
　·······················38

大判昭15・5・10判決全集7輯20号
　15頁 ·······················315

大連判昭15・12・14民集19巻2325
　頁 ·······················281

大判昭16・4・19新聞4707号11頁
　·······················68

大判昭18・2・18民集22巻91頁
　·······················38

控　訴　院

大阪控判大4・7・29新聞1047号25
　頁 ·······················135

最高裁判所

最判昭27・3・18民集6巻3号325頁
　·······················76

最判昭28・1・22民集7巻1号56頁
　·······················80

最判昭29・8・31民集8巻8号1557

頁‥‥‥‥‥‥‥‥‥‥‥‥‥‥‥‥78

最判昭 29・11・5 刑集 8 巻 11 号 1675
　頁‥‥‥‥‥‥‥‥‥‥‥‥‥‥‥51

最判昭 30・3・25 民集 9 巻 3 号 385 頁
　‥‥‥‥‥‥‥‥‥‥‥‥‥‥360

最判昭 30・5・31 民集 9 巻 6 号 774 頁
　‥‥‥‥‥‥‥‥‥‥‥‥‥‥162

最判昭 30・10・7 民集 9 巻 11 号 1616
　頁‥‥‥‥‥‥‥‥‥‥‥‥‥‥74

最判昭 31・2・21 民集 10 巻 2 号 124
　頁‥‥‥‥‥‥‥‥‥‥‥‥‥177

最大判昭 31・7・4 民集 10 巻 7 号 785
　頁‥‥‥‥‥‥‥‥‥‥‥184, 254

最判昭 31・7・20 民集 10 巻 8 号 1059
　頁‥‥‥‥‥‥‥‥‥‥‥‥‥180

最判昭 31・7・20 民集 10 巻 8 号 1079
　頁‥‥‥‥‥‥‥‥‥‥‥235, 239

最判昭 31・12・18 民集 10 巻 12 号
　1559 頁‥‥‥‥‥‥‥‥‥‥342

最判昭 32・1・31 民集 11 巻 1 号 170
　頁‥‥‥‥‥‥‥‥‥‥‥‥‥229

最判昭 32・7・9 民集 11 巻 7 号 1203
　頁‥‥‥‥‥‥‥‥‥‥‥‥‥361

最判昭 33・4・11 民集 12 巻 5 号 789
　頁‥‥‥‥‥‥‥‥‥‥‥‥‥177

最判昭 33・7・17 民集 12 巻 12 号
　1751 頁‥‥‥‥‥‥‥‥‥‥230

最判昭 33・8・5 民集 12 巻 12 号 1901
　頁‥‥‥‥‥‥‥‥‥‥‥‥‥269

最判昭 34・11・26 民集 13 巻 12 号
　1573 頁‥‥‥‥‥‥‥‥‥‥236

最判昭 34・11・26 民集 13 巻 12 号
　1562 頁‥‥‥‥‥‥‥‥‥‥239

最判昭 35・3・10 民集 14 巻 3 号 389
　頁‥‥‥‥‥‥‥‥‥‥‥‥‥230

最判昭 35・5・6 民集 14 巻 7 号 1127
　頁‥‥‥‥‥‥‥‥‥‥‥‥‥68

最判昭 35・9・16 民集 14 巻 11 号

2209 頁　‥‥‥‥‥‥‥‥‥‥73

最判昭 36・1・24 民集 15 巻 1 号 35 頁
　‥‥‥‥‥‥‥‥‥‥‥‥275, 277

最判昭 36・2・16 民集 15 巻 2 号 244
　頁‥‥‥‥‥‥‥‥‥‥‥‥‥143

最判昭 36・12・12 民集 15 巻 11 号
　2756 頁‥‥‥‥‥‥‥‥‥‥317

最判昭 37・2・1 民集 16 巻 2 号 143 頁
　‥‥‥‥‥‥‥‥‥‥‥‥‥‥344

最判昭 37・2・27 判タ 130 号 58 頁
　‥‥‥‥‥‥‥‥‥‥‥‥‥‥50

最判昭 37・2・27 民集 16 巻 2 号 407
　頁‥‥‥‥‥‥‥‥‥‥‥201, 327

最判昭 37・3・8 民集 16 巻 3 号 500 頁
　‥‥‥‥‥‥‥‥‥‥‥‥‥73, 74

最判昭 37・5・25 民集 16 巻 5 号 1195
　頁‥‥‥‥‥‥‥‥‥‥‥‥‥80

最判昭 37・6・12 民集 16 巻 7 号 1305
　頁‥‥‥‥‥‥‥‥‥‥‥‥‥76

最判昭 37・9・4 民集 16 巻 9 号 1834
　頁‥‥‥‥‥‥‥‥‥‥‥‥‥146

最判昭 37・11・8 民集 16 巻 11 号
　2255 頁‥‥‥‥‥‥‥‥‥‥315

最判昭 37・11・8 民集 16 巻 11 号
　2216 頁‥‥‥‥‥‥‥‥‥‥336

最判昭 37・12・14 民集 16 巻 12 号
　2368 頁‥‥‥‥‥‥‥‥‥‥313

最判昭 38・2・1 民集 17 巻 1 号 160 頁
　‥‥‥‥‥‥‥‥‥‥‥‥‥‥177

最判昭 38・12・24 民集 17 巻 12 号
　1720 頁‥‥‥‥‥‥‥‥‥51, 52

最判昭 39・1・16 民集 18 巻 1 号 1 頁
　‥‥‥‥‥‥‥‥‥‥‥‥‥‥257

最判昭 39・1・24 判時 365 号 26 頁
　‥‥‥‥‥‥‥‥‥‥‥‥‥‥51

最判昭 39・1・28 民集 18 巻 1 号 136
　頁‥‥‥‥‥‥‥‥‥‥‥183, 207

最判昭 39・6・23 民集 18 巻 5 号 842

頁 ……………………………229

最大判昭 39・6・24 民集 18 巻 5 号
854 頁 ……………………233, 235

最判昭 39・9・25 民集 18 巻 7 号 1528
頁 ……………………………246

最判昭 40・3・25 民集 19 巻 2 号 497
頁……………………………75

最判昭 40・9・24 民集 19 巻 6 号 1668
頁 ……………………………345

最判昭 40・11・30 民集 19 巻 8 号
2049 頁……………………………315

最判昭 40・12・7 民集 19 巻 9 号 2101
頁 ……………………………202

最判昭 40・12・17 民集 19 巻 9 号
2178 頁 ……………………74, 78

最判昭 40・12・21 民集 19 巻 9 号
2221 頁 ……………………………68

最判昭 41・6・10 民集 20 巻 5 号 1029
頁 ……………………………312

最判昭 41・6・21 民集 20 巻 5 号 1078
頁 ……………………233, 239

最判昭 41・6・23 民集 20 巻 5 号 1118
頁 ……………………………181

最判昭 41・7・21 民集 20 巻 6 号 1235
頁 ……………………………313

最判昭 41・7・28 民集 20 巻 6 号 1265
頁 ……………………………74, 76

最判昭 41・11・18 民集 20 巻 9 号
1886 頁 ……………………………301

最判昭 42・4・20 民集 21 巻 3 号 697
頁 ……………………………316

最判昭 42・5・30 民集 21 巻 4 号 961
頁 ……………………………319

最判昭 42・6・27 民集 21 巻 6 号 1507
頁 ……………………236, 237

最判昭 42・6・30 民集 21 巻 6 号 1526
頁 ……………………………362

最判昭 42・7・18 民集 21 巻 6 号 1559

最判昭 42・9・29 判時 497 号 41 頁
……………………………358

最大判昭 42・11・1 民集 21 巻 9 号
2249 頁 ……………………………267

最判昭 42・11・2 民集 21 巻 9 号 2278
頁 ……………………………316

最判昭 42・11・10 民集 21 巻 9 号
2352 頁 ……………………………205

最判昭 43・2・9 判時 510 号 38 頁
……………………………201

最判昭 43・4・23 民集 22 巻 4 号 964
頁 ……………………288, 290, 300

最判昭 43・7・4 裁判集民 91 号 567 頁
……………………………257

最判昭 43・7・25 判時 530 号 37 頁
……………………………144

最判昭 43・10・3 判時 540 号 38 頁
……………………………247

最判昭 43・11・15 民集 22 巻 12 号
2614 頁 ……………167, 271, 272, 367

最判昭 44・2・6 民集 23 巻 2 号 195 頁
……………………………210

最判昭 44・2・27 民集 23 巻 2 号 441
頁 ……………………………232

最判昭 44・2・28 民集 23 巻 2 号 525
頁 ……………………………270

最判昭 44・7・8 民集 23 巻 8 号 1407
頁 ……………………………169

最判昭 44・11・27 民集 23 巻 11 号
2265 頁 ……………………280, 281

最大判昭 44・12・24 刑集 23 巻 12 号
1625 頁 ……………………………188

最判昭 45・2・26 民集 24 巻 2 号 109
頁 ……………………………317

最判昭 45・7・16 民集 24 巻 7 号 909
頁 ……………………………100

最判昭 45・7・24 民集 24 巻 7 号 1177

頁 ································246

最判昭 45・8・20 民集 24 巻 9 号 1268
頁 ································340

最大判昭 45・10・21 民集 24 巻 11 号
1560 頁 ··················74, 75, 79

最判昭 45・12・18 民集 24 巻 13 号
2151 頁 ···········179, 180, 184

最判昭 46・1・26 民集 25 巻 1 号 102
頁 ································357

最判昭 46・4・23 民集 25 巻 3 号 351
頁 ····························338, 339

最判昭 46・10・28 民集 25 巻 7 号
1069 頁 ···························74

最判昭 46・10・28 民集 25 巻 7 号
1069 頁 ···························75

最判昭 46・11・9 民集 25 巻 8 号 1160
頁 ································357

最判昭 47・5・30 民集 26 巻 4 号 898
頁 ································359

最判昭 47・6・27 民集 26 巻 5 号 1067
頁 ····························123, 175

最判昭 47・9・7 民集 26 巻 7 号 1327
頁································65

最判昭 47・11・16 民集 26 巻 9 号
1633 頁 ·······················182

最判昭 48・4・20 判時 707 号 49 頁
································219

最判昭 48・6・7 民集 27 巻 6 号 681 頁
································218

最判昭 48・11・16 民集 27 巻 10 号
1374 頁 ·······················279

最判昭 48・12・20 民集 27 巻 11 号
1611 頁 ·······················358

最判昭 49・3・22 民集 28 巻 2 号 347
頁 ····························325, 326

最判昭 49・4・15 民集 28 巻 3 号 385
頁 ································230

最判昭 49・4・25 民集 28 巻 3 号 447

頁 ································219

最判昭 49・7・16 民集 28 巻 5 号 732
頁 ································357

最判昭 49・9・26 民集 28 巻 6 号 1243
頁 ·····························24, 96

最判昭 49・12・17 民集 28 巻 10 号
2040 頁 ·······················269

最判昭 49・12・17 民集 28 巻 10 号
2059 頁 ·······················278

最判昭 50・1・31 民集 29 巻 1 号 68 頁
································246

最判昭 50・6・27 金判 485 号 20 頁
································46

最判昭 50・10・24 民集 29 巻 9 号
1417 頁 ····················209, 211

最判昭 50・11・4 民集 29 巻 10 号
1501 頁 ·······················359

最判昭 50・11・28 民集 29 巻 10 号
1818 頁 ·······················357

最判昭 51・3・25 民集 30 巻 2 号 160
頁 ····························237, 238

最判昭 51・7・8 民集 30 巻 7 号 689 頁
································320, 321

最判昭 51・9・30 民集 30 巻 8 号 816
頁 ································146

最判昭 52・5・27 民集 31 巻 3 号 427
頁 ································247

最判昭 52・9・22 民集 31 巻 5 号 767
頁 ································315

最判昭 52・10・25 判タ 355 号 260 頁
································219

最判昭 52・10・25 民集 31 巻 6 号 836
頁 ································247

最判昭 52・11・24 民集 31 巻 6 号 918
頁 ································358

最判昭 53・7・4 民集 32 巻 5 号 809 頁
································338

最判昭 53・10・20 民集 32 巻 7 号

1500 頁 ……………………246

最判昭 54・3・30 民集 33 巻 2 号 303
頁 …………………………177, 179

最判昭 54・12・13 交民 12 巻 6 号
1463 頁 ……………………272

最判昭 55・10・30 判時 986 号 41 頁
…………………………………182

最判昭 55・12・18 民集 34 巻 7 号 888
頁 ……………………146, 267

最判昭 56・2・16 民集 35 巻 1 号 56 頁
…………………………………146

最判昭 56・2・17 判時 996 号 65 頁
…………………………………238

最判昭 56・11・27 民集 35 巻 8 号
1271 頁 ……………………311

最大判昭 56・12・16 民集 35 巻 10 号
1369 頁 ……………174, 200, 339

最判昭 56・12・22 民集 35 巻 9 号
1350 頁 ……………………221

最判昭 57・3・4 判時 1042 号 87 頁
…………………………………300

最判昭 57・7・20 判時 1053 号 96 頁
…………………………………143

最判昭 57・11・26 民集 36 巻 11 号
2318 頁 ……………………359

最判昭 58・2・24 判時 1076 号 58 頁
…………………………………331

最判昭 58・4・1 判時 1083 号 83 頁
…………………………………344

最判昭 58・10・6 民集 37 巻 8 号 1041
頁 …………………………………276

最判昭 58・10・20 判時 1112 号 44 頁
…………………………………181

最判昭 59・1・26 民集 38 巻 2 号 53 頁
……………………………290, 339

最判昭 61・3・25 民集 40 巻 2 号 472
頁 …………………………………340

最大判昭 61・6・11 民集 40 巻 4 号

872 頁 ……………185, 258, 262

最判昭 62・1・22 民集 41 巻 1 号 17 頁
…………………………………139

最判昭 62・2・6 判時 1232 号 100 頁
…………………………………252

最判昭 62・4・24 民集 41 巻 3 号 490
頁 ……………………184, 255

最判昭 62・7・10 民集 41 巻 5 号 1202
頁 …………………………………247

最判昭 63・1・26 民集 42 巻 1 号 1 頁
…………………………………169

最判昭 63・2・16 民集 42 巻 2 号 27 頁
……………………123, 153, 189, 191

最判昭 63・4・21 民集 42 巻 4 号 43 頁
…………………………………241

最大判昭 63・6・1 民集 42 巻 5 号 277
頁 ……………………154, 191

最判昭 63・6・16 判時 1298 号 113 頁
…………………………………358

最判昭 63・7・1 民集 42 巻 6 号 451 頁
…………………………………301

最判平元・4・11 民集 43 巻 4 号 209
頁 …………………………………245

最判平元・12・8 民集 43 巻 11 号 1259
頁 …………………………………168

最判平元・12・21 民集 43 巻 12 号
2209 頁 ……………………282

最判平 2・3・6 判時 1354 号 96 頁
…………………………………239

最判平 2・4・17 民集 44 巻 3 号 547 頁
…………………………………154

最判平 2・11・6 判時 1407 号 67 頁
…………………………………336

最判平 3・4・26 民集 45 巻 4 号 653 頁
……………………………153, 191

最判平 3・10・17 判時 1404 号 74 頁
…………………………………360

最判平 3・10・25 民集 45 巻 7 号 1173

頁 ·····································302

最判平 3・11・19 民集 45 巻 8 号 1209
　頁 ·····································44, 46

最判平 3・11・19 判時 1407 号 64 頁
　·····································144

最判平 4・6・25 民集 46 巻 4 号 400 頁
　·····································241

最判平 5・2・25 判時 1456 号 53 頁
　·····································201

最大判平 5・3・24 民集 47 巻 4 号
　3039 頁 ·····························245, 247

最判平 5・3・30 民集 47 巻 4 号 3226
　頁 ·····································338

最判平 5・4・6 民集 47 巻 6 号 4505 頁
　·····································270, 271

最判平 5・9・9 判時 1477 号 42 頁
　·····································220

最判平 6・2・8 民集 48 巻 2 号 149 頁
　·····································123, 186, 187

最判平 6・2・8 民集 48 巻 2 号 373 頁
　·····································343

最判平 6・11・24 判時 1514 号 82 頁
　·····································300

最判平 7・1・24 民集 49 巻 1 号 25 頁
　·····································362

最判平 7・1・30 民集 49 巻 1 号 211 頁
　·····································246

最判平 7・3・10 判時 1526 号 99 頁
　·····································202

最判平 7・6・9 民集 49 巻 6 号 1499 頁
　·····································143

最判平 7・7・7 民集 49 巻 7 号 1870 頁
　·····································174, 263, 339

最判平 7・7・7 民集 49 巻 7 号 2599 頁
　·····································258, 263

最判平 7・9・5 判時 1546 号 115 頁
　·····································186

最判平 7・9・19 民集 49 巻 8 号 2805

頁 ·····································100, 101

最判平 8・1・23 民集 50 巻 1 号 1 頁
　·····································133

最判平 8・3・26 民集 50 巻 4 号 993 頁
　·····································123, 177, 178

最判平 8・4・25 民集 50 巻 5 号 1221
　頁 ·····································222, 253

最判平 8・4・26 民集 50 巻 5 号 1267
　頁 ·····································113

最判平 8・5・28 民集 50 巻 6 号 1301
　頁 ·····································219

最判平 8・5・31 民集 50 巻 6 号 1323
　頁 ·····································222, 245, 253

最判平 8・10・29 民集 50 巻 9 号 2474
　頁 ·····································241, 243

最判平 9・1・28 民集 51 巻 1 号 78 頁
　·····································223

最判平 9・5・27 民集 51 巻 5 号 2024
　頁 ·····································180

最判平 9・7・11 民集 51 巻 6 号 2573
　頁 ·····································119, 221, 229

最判平 9・9・9 民集 51 巻 8 号 3804 頁
　·····································182, 183

最判平 9・9・9 判時 1618 号 63 頁
　·····································238

最判平 9・11・27 判時 1626 号 65 頁
　·····································357

最判平 10・1・30 判時 1631 号 68 頁
　·····································183

最判平 10・5・26 民集 52 巻 4 号 985
　頁 ·····································110

最判平 10・6・12 民集 52 巻 4 号 1087
　頁 ·····································283

最判平 10・9・10 判時 1654 号 49 頁
　·····································248

最判平 11・2・25 民集 53 巻 2 号 235
　頁 ·····································138, 206, 212, 222

最判平 11・10・22 民集 53 巻 7 号

1211 頁 ……………………247

最判平 11・10・26 民集 53 巻 7 号
1313 頁 ……………………182

最大判平 11・11・24 民集 53 巻 8 号
1899 頁 ……………………163

最判平 11・12・20 民集 53 巻 9 号
2038 頁 ……………………222

最判平 12・2・29 民集 54 巻 2 号 582
頁 ……………………123, 193, 202

最判平 12・3・24 民集 54 巻 3 号 1155
頁 ……………………242

最判平 12・9・7 判時 1728 号 29 頁
……………………270

最判平 12・9・22 民集 54 巻 7 号 2574
頁 ……………………123, 172, 213

最判平 13・3・13 民集 55 巻 2 号 328
頁 ………287, 288, 293, 302, 305, 306

最判平 13・11・27 民集 55 巻 6 号
1154 頁 ……………………144

最判平 14・1・29 判時 1778 号 49 頁
……………………181

最判平 14・1・29 民集 56 巻 1 号 185
頁 ……………………182

最判平 14・1・29 民集 56 巻 1 号 218
頁 ……………………278, 280

最判平 14・3・8 判時 1785 号 38 頁
……………………182

最決平 14・7・9 交民 35 巻 4 号 917 頁
……………………226

最決平 14・7・9 交民 35 巻 4 号 921 頁
……………………226

最判平 14・9・24 判時 1802 号 6 頁
……………………188

最判平 14・11・8 判時 1809 号 30 頁
……………………143

最判平 15・3・14 民集 57 巻 3 号 229
頁 ……………………186

最判平 15・7・11 民集 57 巻 7 号 815

頁 ……………………305, 306

最判平 15・9・12 民集 57 巻 8 号 973
頁 ……………………186, 187

最判平 15・10・16 民集 57 巻 9 号
1075 頁 ……………………180, 181

最判平 15・11・11 民集 57 巻 10 号
1466 頁 …………123, 143, 172, 213

最判平 16・7・15 判時 1870 号 15 頁
……………………181, 182, 183

最判平 16・10・15 民集 58 巻 7 号
1802 頁 ……………………284

最判平 16・11・12 民集 58 巻 8 号
2078 頁 ……………………311, 316

最判平 16・11・18 民集 58 巻 8 号
2225 ……………………193

最判平 16・12・20 判時 1886 号 46 頁
……………………247, 248

最判平 16・12・24 判時 1887 号 52 頁
……………………282

最判平 17・7・14 民集 59 巻 6 号 1569
頁 ……………………123

最判平 17・11・10 民集 59 巻 9 号
2428 頁 ……………………188

最判平 17・12・8 判時 1923 号 26 頁
……………………172, 192

最判平 18・2・24 判時 1927 号 63 頁
……………………326

最判平 18・3・30 民集 60 巻 3 号 948
頁 ……………………123, 156, 175, 260

最判平 19・3・8 民集 61 巻 2 号 479 頁
……………………41, 42

最判平 19・3・20 判時 1968 号 124 頁
……………………168

最判平 19・4・24 判時 1970 号 54 頁
……………………238

最判平 19・7・6 民集 61 巻 5 号 1769
頁 ……………………170, 335

最判平 20・2・28 判時 2005 号 10 頁

··············139

最判平 20・6・10 民集 62 巻 6 号 1488
頁 ··············73, 80, 248

最判平 20・6・12 民集 62 巻 6 号 1656
頁 ··············124, 192

最判平 20・6・24 判時 2014 号 68 頁
··············74, 80, 249

最判平 20・7・4 判時 2018 号 16 頁
··············238

最判平 20・10・10 民集 62 巻 9 号
2361 頁 ··············113

最判平 21・4・28 民集 63 巻 4 号 853
頁 ··············283

最判平 21・11・9 民集 63 巻 9 号 1987
頁··············47

最判平 21・12・10 民集 63 巻 10 号
2463 頁 ··············124, 192

最判平 22・3・2 判時 2076 号 44 頁
··············339

最判平 22・6・17 民集 64 巻 4 号 1197
頁··············249

最判平 22・6・29 判時 2089 号 74 頁
··············191

最判平 22・9・13 民集 64 巻 6 号 1626
頁 ··············245, 248

最判平 23・2・25 判時 2108 号 45 頁
··············172

最判平 23・4・28 民集 65 巻 3 号 1499
頁 ··············182

最判平 23・7・21 判時 2129 号 36 頁
··············170, 335

最判平 23・9・13 民集 65 巻 6 号 2511
頁 ··············231

最判平 24・2・2 民集 66 巻 2 号 89 頁
··············189

最判平 24・2・24 判時 2144 号 89 頁
··············232

最判平 25・4・12 民集 67 巻 4 号 899

頁 ··············351, 353

最判平 25・7・12 判時 2200 号 63 頁
··············338, 340

最判平 26・10・10 民集 68 巻 8 号
1325 頁 ··············74

最大判平 27・3・4 民集 69 巻 2 号 178
頁 ··············248

最判平 27・4・9 民集 69 巻 3 号 455 頁
··············328

最判平 28・3・1 民集 70 巻 3 号 681 頁
··············327, 330, 331, 332

最決平 29・1・31 民集 71 巻 1 号 63 頁
··············188, 263

最判平 29・10・23 判時 2351 号 7 頁
··············187

最決平 31・1・23 判例集未登載〔上告
不受理〕··············365

最判平 31・2・19 民集 73 巻 2 号 187
頁 ··············178

最判令 2・2・28 民集 74 巻 2 号 106 頁
··············321, 322

最判令 2・7・9 民集 74 巻 4 号 1204 頁
··············253

最判令 2・10・9 民集 74 巻 7 号 1807
頁 ··············186

最判令 3・5・17 民集 75 巻 5 号 1359
頁 ··············294, 296, 297, 298

最判令 3・11・2 民集 75 巻 9 号 3643
頁 ··············281

最決令 4・3・2 判例集未登載〔上告不
受理〕··············175, 367

最決令 4・3・7 判例集未登載〔上告不
受理〕··············367

最決令 4・3・30 判例集未登載〔上告
不受理〕··············367

最判令 4・6・17 民集 76 巻 5 号 955 頁
··············365

最判令 4・6・24 民集 76 巻 5 号 1170

頁 ‥‥‥‥‥‥‥‥‥‥‥188, 263

## 高等裁判所

東京高判昭 29・7・10 下民集 5 巻 7 号
　1060 頁 ‥‥‥‥‥‥‥‥‥229
名古屋高金沢支判昭 47・8・9 判時
　674 号 25 頁 ‥‥‥‥‥‥210
名古屋高判昭 49・11・20 高民 27 巻 6
　号 395 頁 ‥‥‥‥‥‥244, 341
東京高判昭 50・6・23 判時 794 号 67
　頁 ‥‥‥‥‥‥‥‥‥‥‥337
名古屋高金沢支判昭 52・9・9 判タ
　369 号 358 頁 ‥‥‥‥‥‥358
東京高判昭 53・9・28 判時 915 号 62
　頁 ‥‥‥‥‥‥‥‥‥‥‥182
東京高判昭 54・4・17 判時 929 号 77
　頁 ‥‥‥‥‥‥‥‥‥‥‥272
大阪高判昭 54・11・27 判時 961 号 83
　頁 ‥‥‥‥‥‥‥‥‥‥‥180
大阪高判昭 56・2・18 判タ 446 号 136
　頁 ‥‥‥‥‥‥‥‥‥‥‥273
名古屋高判昭 56・12・23 交民 14 巻 6
　号 1320 頁‥‥‥‥‥‥‥‥273
東京高判昭 62・6・29 判タ 658 号 135
　頁 ‥‥‥‥‥‥‥‥‥‥‥231
東京高判昭 62・7・15 判時 1245 号 3
　頁 ‥‥‥‥‥‥‥‥‥‥‥201
名古屋高金沢支判平元・5・17 判時
　1322 号 99 頁 ‥‥‥‥‥‥368
東京高判平 3・9・26 判時 1400 号 3 頁
　‥‥‥‥‥‥‥‥‥‥‥‥189
東京高判平 3・11・26 判時 1408 号 82
　頁 ‥‥‥‥‥‥‥‥‥‥‥336
福岡高判平 4・3・6 判時 1418 号 3 頁
　‥‥‥‥‥‥‥‥‥‥‥‥281
東京高判平 6・11・29 判時 1516 号 78
　頁 ‥‥‥‥‥‥‥‥‥‥‥227

福岡高那覇支判平 9・12・9 判時 1636
　号 68 頁‥‥‥‥‥‥‥‥‥311
福岡高判平 12・1・28 判タ 1089 号
　217 頁 ‥‥‥‥‥‥‥‥‥191
東京高判平 13・7・5 判時 1760 号 93
　頁 ‥‥‥‥‥‥‥‥‥‥‥183
東京高判平 13・8・20 判時 1757 号 38
　頁 ‥‥‥‥‥‥‥‥‥‥‥226
福岡高那覇支判平 14・12・5 判時
　1814 号 104 頁 ‥‥‥‥‥‥311
東京高判平 15・10・29 判時 1844 号
　66 頁 ‥‥‥‥‥‥‥‥‥‥327
東京高判平 17・1・27 判時 1953 号
　132 頁 ‥‥‥‥‥‥‥‥‥206
福岡高判平 18・10・19 判タ 1241 号
　131 頁 ‥‥‥‥‥‥‥‥‥331
東京高判平 19・1・17 判タ 1246 号
　122 頁 ‥‥‥‥‥‥‥‥‥334
東京高判平 22・4・7 判時 2083 号 81
　頁 ‥‥‥‥‥‥‥‥‥‥‥190
仙台高判平 23・2・10 判時 2106 号 41
　頁 ‥‥‥‥‥‥‥‥‥‥‥281
東京高判平 29・12・8 裁判所ウェブサ
　イト ‥‥‥‥‥‥‥‥‥‥365
東京高判令 2・3・4 判時 2473 号 47 頁
　‥‥‥‥‥‥‥‥‥‥‥‥123
大阪高判令 2・6・23 判タ 1495 号 127
　頁 ‥‥‥‥‥‥‥‥‥‥‥180
仙台高判令 2・9・15 判例集未登載
　‥‥‥‥‥‥‥‥‥‥‥‥257
仙台高判令 2・9・30 判時 2484 号 185
　頁 ‥‥‥‥‥‥‥‥‥175, 364

## 地方裁判所

東京地判昭 39・9・28 判時 385 号 12
　頁 ‥‥‥‥‥‥‥‥‥‥‥123
東京地判昭 44・7・14 判時 578 号 65

頁 ‥‥‥‥‥‥‥‥‥‥‥343

長野地判昭 45・3・24 判時 607 号 62
頁 ‥‥‥‥‥‥‥‥‥‥‥337

前橋地判昭 46・3・23 下民集 22 巻
3 = 4 号 293 頁 ‥‥‥‥‥‥336

新潟地判昭 46・9・29 下民集 22 巻
9 = 10 号別冊 1 頁 ‥134, 142, 209, 227

鳥取地判昭 46・10・18 判時 654 号 80
頁 ‥‥‥‥‥‥‥‥‥‥‥162

東京地判昭 46・11・29 判時 665 号 66
頁 ‥‥‥‥‥‥‥‥‥‥‥337

津地四日市支判昭 47・7・24 判時 672
号 30 頁 ‥‥‥‥‥‥‥134, 292

東京地判昭 47・12・11 判時 704 号 70
頁 ‥‥‥‥‥‥‥‥‥‥‥337

熊本地判昭 48・3・20 判時 696 号 15
頁 ‥‥‥‥‥‥‥134, 138, 264

鹿児島地判昭 48・3・29 判時 723 号
74 頁 ‥‥‥‥‥‥‥‥‥337

名古屋地判昭 48・3・30 判時 700 号 3
頁 ‥‥‥‥‥‥‥‥‥‥‥244

東京地判昭 48・8・29 判時 717 号 29
頁 ‥‥‥‥‥‥‥‥‥‥‥138

大阪地判昭 50・3・28 判時 800 号 80
頁 ‥‥‥‥‥‥‥‥‥‥‥265

大阪地判昭 51・2・19 判時 805 号 18
頁 ‥‥‥‥‥‥‥‥‥‥‥290

鹿児島地判昭 51・3・26 判時 846 号
89 頁 ‥‥‥‥‥‥‥‥‥337

大阪地判昭 51・7・15 判時 836 号 85
頁 ‥‥‥‥‥‥‥‥‥‥‥344

東京地判昭 51・12・23 判時 857 号 90
頁 ‥‥‥‥‥‥‥‥‥‥‥265

東京地八王子支判昭 53・7・31 交民
12 巻 2 号 347 頁 ‥‥‥‥‥272

東京地判昭 53・8・3 判時 899 号 48 頁
‥‥‥‥‥‥‥‥‥‥‥‥135

大津地判昭 54・10・1 下民集 30 巻 9

~12 号 459 頁 ‥‥‥‥‥‥273

札幌地判昭 55・2・5 判タ 419 号 144
頁 ‥‥‥‥‥‥‥‥‥‥‥358

名古屋地判昭 55・9・26 交民 13 巻 5
号 1203 頁 ‥‥‥‥‥‥‥273

仙台地判昭 56・5・8 判時 1007 号 30
頁 ‥‥‥‥‥‥‥‥‥‥‥340

静岡地判昭 56・7・17 判時 1011 号 36
頁 ‥‥‥‥‥‥‥‥‥‥‥184

大阪地判昭 56・9・28 判時 1022 号
123 頁 ‥‥‥‥‥‥‥‥‥184

東京地判昭 56・12・10 判時 1028 号
67 頁 ‥‥‥‥‥‥‥‥‥‥80

東京地判昭 57・2・1 判時 1044 号 19
頁 ‥‥‥‥‥‥‥‥‥‥‥119

浦和地判昭 57・5・19 判時 1066 号
106 頁 ‥‥‥‥‥‥‥‥‥336

津地判昭 58・2・25 判時 1083 号 125
頁 ‥‥‥‥‥118, 120, 122, 244

福島地白河支判昭 58・3・30 判時
1075 号 28 頁 ‥‥‥‥‥‥295

津地判昭 58・4・21 判時 1083 号 134
頁 ‥‥‥‥‥‥‥‥‥‥‥244

秋田地判昭 60・9・3 交民 18 巻 5 号
1191 頁 ‥‥‥‥‥‥‥‥‥270

横浜地判昭 61・2・18 判時 1195 号
118 頁 ‥‥‥‥‥‥‥‥‥344

東京地判昭 62・1・22 判時 1261 号 95
頁 ‥‥‥‥‥‥‥‥‥‥‥234

大阪地判昭 63・6・30 交民 21 巻 3 号
687 頁 ‥‥‥‥‥‥‥‥‥234

大阪地判平・8・7 判時 1326 号 18
頁 ‥‥‥‥‥‥‥‥‥‥‥281

東京地判平元・11・21 判時 1332 号 96
頁 ‥‥‥‥‥‥‥‥‥‥‥208

大阪地判平元・12・27 判時 1341 号 53
頁 ‥‥‥‥‥‥‥‥‥‥‥184

大阪地判平 2・9・17 判時 1377 号 76

頁 ·····································358

大阪地判平 3・3・29 判時 1383 号 22
　頁 ·········227, 281, 289, 292, 298, 299

仙台地決平 4・2・28 判時 1429 号 109
　頁 ·····································259

横浜地判平 4・8・21 判タ 797 号 234
　頁 ·····································337

東京地判平 5・10・25 判時 1508 号
　138 頁 ······························336

横浜地川崎支判平 6・1・25 判時 1481
　号 19 頁·························292, 301

大阪地判平 6・3・29 判時 1493 号 29
　頁 ·····································352

大阪地判平 7・7・5 判時 1538 号 17 頁
　·······································242

東京地判平 9・2・10 判時 1623 号 103
　頁 ·····································342

神戸地判平 11・6・23 判時 1700 号 99
　頁 ·····································186

神戸地判平 11・9・20 判時 1716 号
　105 頁 ······························244

東京地判平 12・10・18 交民 33 巻 5 号
　1680 頁 ·····························244

東京地判平 13・6・29 判タ 1139 号
　184 頁 ······························169

横浜地判平 14・10・16 判時 1815 号 3
　頁 ·····································201

東京地判平 14・10・29 判時 1885 号
　23 頁 ·································140

東京地判平 14・12・13 判時 1805 号
　14 頁 ···························347, 352

東京地判平 14・12・18 判時 1829 号
　36 頁 ·····················176, 257, 260

東京地判平 15・4・25 判時 1832 号

141 頁 ·····································206

東京地判平 16・7・12 交民 37 巻 4 号
　943 頁 ······························244

東京地判平 17・3・30 判時 1896 号 49
　頁 ·····································169

札幌地判平 17・8・18 判時 1913 号
　112 頁 ······························190

東京地判平 18・3・29 交民 39 巻 2 号
　472 頁 ······························238

東京地判平 18・9・26 判時 1971 号
　133 頁 ······························342

東京地判平 19・3・23 判時 1975 号 2
　頁 ·····································224

大阪地判平 19・5・9 判タ 1251 号 283
　頁 ·····································334

東京地判平 19・6・25 判時 1988 号 39
　頁 ·····································119

那覇地判平 20・3・4 判時 2035 号 51
　頁 ·····································182

青森地判平 21・12・25 判時 2074 号
　113 頁 ······························227

東京地判平 22・9・29 判時 2095 号 55
　頁 ·····································274

神戸地姫路支判平 22・11・17 判時
　2096 号 116 頁 ·····················350

東京地判平 24・7・19 判時 2172 号 57
　頁 ·····································364

大阪地判平 27・9・16 判時 2294 号 89
　頁 ·····································274

東京地判平 28・2・24 判時 2320 号 71
　頁 ·····································219

大阪地判平 29・8・30 判時 2364 号 58
　頁 ·····································190

【有斐閣アルマ Specialized】
民法6　事務管理・不当利得・不法行為

2023 年 8 月 30 日　初版第 1 刷発行

著　者　　大塚　直＝前田陽一＝佐久間　毅
発行者　　江草貞治
発行所　　株式会社有斐閣
　　　　　〒101-0051 東京都千代田区神田神保町 2-17
　　　　　https://www.yuhikaku.co.jp/
装　丁　　デザイン集合ゼブラ＋坂井哲也
印　刷　　株式会社精興社
製　本　　牧製本印刷株式会社
装丁印刷　株式会社亨有堂